近世の朝廷制度と朝幕関係

村　和明［著］

東京大学出版会

A Political History of the Emperor System in the Edo Period

Kazuaki MURA

University of Tokyo Press, 2013
ISBN 978-4-13-026233-0

近世の朝廷制度と朝幕関係／目次

序章　課題と視角

1　本書の課題

本書における筆者の基本的な課題は、近世における朝廷の人的機構・制度を素材として、その具体的な成立過程や機能、変遷のあり方を明らかにすることを通じて、近世日本の国家・社会における朝廷の位置や、天皇・朝廷の近世段階における特徴を検討することである。本章では、本書の課題と視角について、主要な論点となる、朝幕関係、朝廷制度と番衆制、朝廷運営と「院政」、朝廷の儀礼的側面の四つの点から、簡単に述べる。

2　朝幕関係史（近世の天皇・朝廷論）

まず、朝幕関係について。朝幕関係とは、狭義には朝廷と幕府の二者間の関係を指すが、より広義に、近世国家全体における天皇・朝廷の位置づけを指す語や、日本近世史において天皇・朝廷を扱う議論すべてを指す語として用いられることが多い。近世の天皇・朝廷を対象とする研究は、戦前以来の長い蓄積をもつ。戦前の研究の到達点は、明治維新にむかって尊王論がいかに発達を遂げたか、との枠組みにおいて叙述されており(1)、朝幕関係という語にはこの視座に由来して、朝廷・幕府間二者間の関係を問題にするという含意があったと思われる。戦後は忌避感もあって、無力な存在・「臍の緒」とみなされ、研究対象とされることは多くなかった。一九七〇年代以降、教科書問題、いわゆる「Xデー」問題、昭和天皇の死去と代替わりに関わる諸国家政策と社会の反応などの時代背景や、国家史の隆盛を背景に、近世史においても天皇・朝廷を対象とする研究が隆盛を迎えた(2)。こうした契機であったため、研究はまず統一政権・将軍権力が近世日本を統治するにあたり、朝廷・天皇がどのような地位・役割を与えられたか、という観点から研究が発表され、江戸幕府が天皇・朝廷を不可欠な一部として取り込むことで国家となっているとの定説が速やかに形成された(3)。当初は実証研究の蓄積には限界があり、対象とされる時期も移行期が主だったが、こうした動向によって近世の天皇・朝廷に対する評価は、近世国家・社会の重要な一要素へと転換をとげ、現存する膨大な史料を利用して(4)、多くの実証的な成果が積み重ねられてきた。

戦前以来の研究史に関する詳細な整理として、一九八九年の久保貴子による整理と(5)、一九九五年の山口和夫による整理があげられる(6)。久保は、同時代の研究動向について、特徴として近世中後期への対象の拡大、および朝廷・公家の実証研究を挙げ、具体的な研究を機構・制度・家職の三点にまとめて把握した。山口は、戦前の蓄積にも意を配り時代ごとの把握を行い、一九八〇年代以降については、研究の方法論、天皇・天皇家、公家・官人・門跡、公家社会、朝廷の諸機能、法規範、朝廷機構、通史的展望の構築、の八項目に分けて把握している。その後の展開について、本格的な整理を行うことは本書ではできないが、その後めざましい成果をあげたテーマとして、たとえば次のようなものが認められる。公家を本所とする宗教者や、身分的に町人などと重なる地下官人などを介し、朝廷とそれを取りまく社会的動向の関係に着目するもの(7)。幕府・大名との関係において、統一政権における中世以来の神国意識を論じたもの(8)。武家官位の制度・実態を明らかにしたもの(9)。近世後期の幕政における天皇・朝廷の位置づけを明らかにしたもの(10)。古代・中世以来の古転籍の伝来を軸に、近世朝廷史料の全貌をも追究するもの(11)。毎年成果が蓄積されており、以上はごく一部にすぎないのであるが(12)、天皇・朝廷じたいに着目するのみならず、他分野・隣接分野との関連を意識した論点が出されているといえよう(13)。

通史や講座、学界回顧でも、天皇・朝廷に一定の紙幅を割くのが通例となり(14)、研究分野として明瞭に認知されたことが、発表の機会を増やし、新たな研究者を増やしている。近年では、専門の研究大会が開催され、論文集も刊行されるようになった[15]。また、研究の基盤形成の進展にもめざましいものがある。近年は特に大部の史料集・名鑑の刊行や[16]、WEB上での画像史料・データベースの公開が目立つ[17]。さまざまな局面からして、今後も大きく研究が進展していくことが期待される領域であるといえよう。

こうした中での本書の課題であるが、戦国時代の極小の規模から江戸幕府の支援を得て復興をとげた近世朝廷が、独自の制度・機構を整備していく過程を明らかにすることを、ひとつの狙いとする（研究史は各章「はじめに」参照）。一見地味なテーマであるが、天皇・朝廷の機能や性格を超歴史的に把握するのではなく、個別の時代の中で捉えていくためには、近世朝廷が発達させた制度・機構の特質を検討することは不可欠である。また、前後の時代と比較したり、朝廷外部と近世朝廷の関係に着目したり、国家史・政治史との関係を検討するにおいても、近世朝廷じたいの基礎的な制度の成立過程や時代ごとの特質は、前提となる問題であり、いまだ研究の余地が十分あると考えている。特に一七世紀中期までの時代については、江戸幕府の全体的な政策や、幕府本体の制度の影響に留意したい。

その際、朝廷と幕府の関係について、対立・協調という枠組みで叙述するという方法はあまりとらなかった。戦前の研究においては、江戸幕府と近世朝廷の関係は基本的に対立するものと想定されていたが、幕府と朝廷の関係についても協調・融和が強調されるようになった[18]。近年では、特に近世前期においては江戸幕府の支援のもとに朝廷が近世化されており、対立の契機はない、とする理解が提出されている[19]。これに対して、対立面を強調する研究もある[20]。本書においては、基本的には朝廷と幕府の二者間の対立という枠組みを発展的に解消する方向で考えていきたい。むろん、狭義の朝幕関係、つまり幕府と朝廷の間で、具体的な政治状況や個別の案件をめぐってたびたび摩擦が生じることを否定するものではないが、朝廷と幕府が独立した政治勢力として相対しているという認識の枠組みはあまりにも強力であるので、特に留意するものである。近世の朝廷が、近世国家・社会の中に存在する一集団であったことは当然であって、近世朝廷が、近世国家・近世社会の強い規定をうけており、すぐれて近世的な存在であったことを念頭におき、近世国家・社会全体の中に位置づけつつ朝廷を理解する視角をできるだけ失わず、具体的な歴史的過程の中で検討してゆきたい。

3　朝廷制度と番衆制

続いて、朝廷制度について。朝廷の制度といっても、さまざまなレベルが存在するが、本書で特に扱うのは、堂上公家が輪番で御所に参仕する番衆制度（小番制度）と、それに付随する職制である。小番制度は中世から存在し、室町期には禁裏御所に内々・外様の二つの番が形成され、上皇にも固有の番衆が付けられた。(22) 小番の上位に伝奏―奉行が存在していたが、(23) 戦国時代、経済的にも人的にもミニマムな状態に縮小した朝廷では、天皇を取りまく小番衆が最後の基盤であった。(24) 江戸幕府は慶長一八（一六一三）年の「公家衆法度」において、輪番で御所に参仕することを、家職と並ぶ役に位置づけた。近世朝廷の編成にあたり、番衆制度を踏襲することが確認されたのである。(25) 近世を通じて、番衆制は朝廷の編成の基本であり、その廃絶は近代に入ってしばらく後であった。(26)

朝廷運営・朝幕交渉を担う武家伝奏ら、天皇の御所（禁裏御所）の機構に関する研究史が分厚いが、仙洞御所もまた、近世朝廷の重要な構成要素として注目されるようになっている。仙洞御所を含む番衆制の大まかな動向として、生前譲位が復活して一七世紀には院御所が群立する状況となり、番衆を確保するため家数が増え、続いて群立が解消したことにより剰員化し、禁裏御所の番衆への吸収と再編成が図られる一方で、階層化が進むという把握が示されている。(27) 具体的には、一七世紀後半から一八世紀にかけ、旧来の内々・外様に加えた第三の小番である近習小番や、(28) そこから選抜されて独自の番を組む武家伝奏・議奏、(29) 院御所の院伝奏・評定など、(30) 番衆制に立脚して、各御所の中枢をなす機構の整備が進んでいる。(31)

こうした中での本書の課題であるが、番衆制とそれに立脚する職制について、特に従来知見の乏しい上皇や、ほとんど研究のない皇嗣の御所を含めた複数の御所について、相互に関連づけながら、その成立過程を具体的に明らかにしていくことである。結論を先取りして大まかにいえば、複数の院御所と天皇の御所（禁裏御所）が群立する状況から、一つの院・禁裏・皇嗣の三御所（御殿）が鼎立する形に移行することとなる。確立したおのおのの制度を静的に論じるのみではなく、近世社会の常として、個別の政治状況に基づく施策が先例となり、次第に定着して制度となっていく具体的な過程を検討することとする。その際、制度が初めから制度として設計されるとは限らない点、また必ずしも当初の意図通りに実現され定着するわけではない点に留意し、未完の計画や定着過程での変容についても意を配ることにする。また、基礎的な研究にとどまり、十分明らかにできない場合があるが、できるだけ具体的な政治過程や制度の定着・変容がもつ意義を論じる。

こうした研究は基礎的なものであり、研究基盤の形成にも寄与すると考える。近世朝廷が残した史料が膨大であることは（研究がタコツボ化しやすいという問題点にもつながっているが）、適切な史料を選択するための道具類を必要とする。一九九〇年に、史料として近世の公家日記を用いる上での困難の一つとして、近世の公家社会を実際に運営していた役職についての補任が明らかでないことが指摘されている[32]。官位・家格・家職はある程度容易にわかるが[33]、膨大に残された公家の記録から、特に政治的な情報を読み取っていく場合は、記主の番衆制度上の位置を考える必要がある[34]。番衆制とそれに立脚する職制、その補任状況については、前述のように基盤形成の蓄積は進展しているが[35]、いまだ十分明らかでない部分が大きく、本書でその一部を補いたいと考える。

4　朝廷運営と「院政」

上記のような問題を考える上で、特に留意すべき点として、朝廷運営の構造の問題がある。職制上は、天皇のもとに関白（摂政）と武家伝奏・議奏がおり、彼らの議論（朝議）によって朝廷としての意思決定がなされることになっている。むろん実態は時代によりさまざまであり、朝廷を政治史的に叙述する際の軸となるため、史料が豊富な時期については研究も分厚い[36]。

この中で、本書で着目するのは上皇の存在である。上記の職制の整備過程との関わりでいえば、初期には後水尾院・霊元院[37]という長命の人物が存在し、譲位後も朝廷を主導しており、一七世紀後半を中心に朝廷機構の整備・確立が進むに際しても、後水尾院・霊元院が主導的な役割を果たしていたことが明らかにされてきた（各章の「はじめに」参照）。上皇をめぐる朝廷運営のあり方をめぐる対立としては、後水尾院没後の天和〜元禄期に霊元院による「院政」路線と、関白近衛基熙らの関白—武家伝奏という「統制機構」主導路線が対立し、後者を是とする幕府による圧力があり、結局「院政」路線は排されて関白・武家伝奏らによる「統制」が確立する、という枠組みが提示されている[38]。

これをうけて、本書の課題としては、仙洞御所を含む朝廷機構の成立を論じる際に、上皇の政治関与のあり方の変化に特に留意したい。近世朝廷において先例として意識されたであろう生前譲位途絶以前では、周知のごとく、治天と称する朝廷の頂点は上皇であり（かつて天皇でなかった場合もあった）、その政治形態は院政と呼称されている。一七世紀に入っても実態としても後水尾院・霊元院という二人の上皇が大きな影響力をもっていた。他方、近代天皇制国家では生前譲位が否定され、院政は原理的に不可能となった。本書では、近世朝廷が組織化をとげていく中で、天皇家による統治（近世の場合、対象となる範囲はごく狭いが）の原理としての「院政」がどうなったのかを検討してみたい。なお、上皇が朝廷運営の中心となる政治上の実態と、それを近世朝廷の制度上や幕府との交渉上に明確に位置づける試みを峻別することに留意したい。

5　朝廷の儀礼的側面

本書では上記のような番衆制に立脚する編成や政治過程の検討を行う一方で、これを側面から照射する視角を与えるべく、儀礼的な側面についても検討する。近世の天皇・朝廷研究においては、初期の重要な同時代的課題として即位儀礼が注目を集めた[39]。その後の研究史においても、形骸化したかつての行政慣行を含め、朝廷の儀式・行事の再興・復古は具体的な政治的事件として格好のトピックであり、さまざまな形でとりあげられてきた[40]。儀礼的な側面に関する史料は、近世朝廷に関する史料中でも膨大で、事例が豊富であるし、またその点に表れているように近世朝廷において朝儀は非常に重視されており、近世朝廷を検討する上では欠かせない分析対象である。

本書では、特に上皇の政治的な動きや、仙洞御所の機構に関わるような、いくつかの儀礼・行事をとりあげ、実態、変遷、象徴する内容を明らかにする。儀礼的な職制や行事を扱うに関しても、やはり静的な説明に終始しないように、できるだけその成立過程や変化に注目して、近世朝廷において具体的にどのように展開したかを論じることにしたい。戦国以前のものの再興と理解されるものが主で、名称に中世以前のものを用いる場合も多いが[41]、近世朝廷の実質的な秩序・編成や構成員の意識がまったく反映されないわけでもない[42]。朝廷再興の進展との視点はとらず、近世朝廷独自の要素や意義づけ、同時代の武家の制度や行事の影響にできるだけ着目したい。

6　本書の構成

本書は、序章・終章を除き九章構成であり、内容と対象時期によって三部構成で配列した。第I部・第II部は、主に番衆制とその基盤、政治過程の分析であり、ある程度の連続性をもっているので、内容が時系列となるように配列してある。第III部には、視角が異なる論考を収めた。分析対象とする時代は、第I部・第II部と重なっている。

以下、それぞれの章について簡単に説明する。

第I部は、近世朝廷機構の整備・確立について、従来知られている時期より以前の時期について、当該期の幕府の政策基調や制度の影響を特に念頭におきながら検討した論考を集めた。第I部第1章では、近世的な朝廷機構が成立していく初期の段階について、将軍の血を引く特異な上皇であった明正院に付けられた公家を事例として検討し、幕府の外戚路線が朝廷機構に与えた影響を論じた。続く第2章、および第II部の前提である。第I部第2章では、近世朝廷の編成の一つの基幹として、公家の知行・家禄・役料をとりあげて整理し、確立する時期と幕府制度の影響を論じ、あわせて家綱政権期の朝幕関係史上の位置づけについて論じた。

第II部は、禁裏御所以外の御所に焦点を当て、実際の朝廷運営のあり方との関係を念頭におきながら、職制の成立過程や具体的な機能について検討した論考を集めた。第II部第1章では、一七世紀後半から享保期における仙洞御所機構の確立過程を、番衆の勤番体制から検討し、霊元院の譲位前後の「院政」構想と挫折との関わりを通じて、実際に成立した近世の朝廷機構の特質を論じた。第II部第2章では、禁裏・仙洞と並ぶ御所となった皇嗣の御所において、「三卿」と呼ばれる役職が成立し変容する過程を、霊元院の政治構想と関連づけて論じた。また前章の内容を合わせ、確立した体制の意義について論じた。第II部第3章では、前章までの内容を踏まえ、以降の時代の上皇による実際の朝廷運営のあり方について、桜町上皇の時代を例に、複数の事件から明らかにした。第II部第4章では、日本史上最後の上皇である光格上皇の御所の機構について、その機構を検討し、院伝奏・院評定、および番衆と彼らが兼務する各種の奉行について詳しく検討した。

第III部は、形式が整備されてゆく儀礼や擬古的な職制をとりあげ、実際の朝廷運営や民衆との関係を検討した文章を集めた。第III部第1章では、従来着目されていない題材である、「院司」と総称される仙洞御所の職制をとりあげ、完全に形式的な存在にすぎない段階から、近世を通じて整備され、儀礼的な体系として整備される過程を明らかにした。第III部第2章では、具体的な儀式として天皇・院の四方拝をとりあげ、拝礼じたいの変化を論じるとともに、政治上の意義付けや、仙洞御所の職制との関わりについて論じた。第III部第3章では、仙洞御所の庭で行われる年中行事「田植御覧」と、仙洞御所の宗教施設である鎮守についてとりあげ、実態、変遷、相互の関連、特質を論じた。

7　表現上の注意点

厳密には、天皇号の復活は光格天皇以降であるが[43]、慣例にならって譲位前・譲位後については「某天皇」「某上皇」のように呼称する。記述が譲位の前後にわたったり、特に身位にこだわらず個人を指す場合、譲位前後にまたがる記述などには、「某院」のように呼称する。また中世について知られている院政のイメージによって近世朝廷のあり方を把握してしまうことを避けるため、カギ括弧をつけて「院政」と表現した。

既発表論考をベースとした章のうち、第Ⅰ部第2章、第Ⅱ部第2章・第4章、第Ⅲ部第1章については、かなり加筆・改稿を行っている。その他の既発表論考については、重複する部分を省略し、明らかな誤りを訂正し、文章表現を整える程度にとどめ、その後の考えの変化や、新しい研究動向については基本的に註釈によって追記する形とした。

また、史料・注については、章ごとに番号を改めたが、図表については通し番号とし、巻末に図表一覧を付した。ただし参考表・参考図については、巻末にまとめて掲載した。

注

（1）　三上参次『尊皇論発達史』（冨山房、一九四一）。

（2）　研究史上のひとつの起点は、青木美智男「問題提起　幕藩制国家論をめざして」（『歴史学研究別冊特集　歴史における国家権力と人民闘争――一九七〇年度歴史学研究会大会報告』青木書店、一九七〇）にあろう。後掲の久保・山口の整理を参照。以降、詳しい研究史については大部分を各章の「はじめに」に譲る。

（3）　宮地正人『天皇制の政治史的研究』（校倉書房、一九八一）、深谷克己『近世の国家・社会と天皇』（校倉書房、一九九一）、朝尾直弘『将軍権力の創出』（岩波書店、一九九四、のち朝尾直弘著作集第三巻、二〇〇四）などにまとめられている。また、ひとつの答を示す形ではないが、多くの課題・論点を示した点で、山口啓二・永原慶二・深谷克己（司会）「対談・日本封建制と天皇」（『歴史評論』三一四、一九七六）も大きな影響を与えた。

（4）　研究領域としてのひとつの特徴は、公家の日記を代表として、規模に比すときわめて膨大な史料が残存しているという点にある。
(5) 久保貴子「近世朝幕関係史の課題」（『歴史評論』四七五、一九八九、後『近世の朝廷運営』岩田書院、一九九八所収）。
(6) 山口和夫「近世天皇・朝廷研究の軌跡と課題」（『講座　前近代の天皇五　世界史の中の天皇』青木書店、一九九五）。宗教社会史、身分的周縁論などの影響が強い。
(7) 井上智勝『近世の神社と朝廷権威』（吉川弘文館、二〇〇七）、梅田千尋『近世陰陽道の研究』（吉川弘文館、二〇〇九）、西村慎太郎『近世朝廷社会と地下官人』（吉川弘文館、二〇〇八）。
(8) 高木昭作『将軍権力と天皇』（青木書店、二〇〇三）。
(9) 橋本政宣編『近世武家官位の研究』（続群書類従完成会、一九九九）。
(10) 藤田覚『近世政治史と天皇』（吉川弘文館、一九九九）。
(11) 田島公編『禁裏・公家文庫研究』一―四（思文閣出版、二〇〇三―一二）、および同研究代表の一連の科研報告書を参照。
(12) 近年の『史学雑誌』による学界回顧「回顧と展望」では、天皇・朝廷に関する論考について、独立した一項を立てる場合が目立つ。
(13) こうした研究動向は、天皇・朝廷のみに着目して研究することで、過度の天皇・朝廷像の肥大化を招き、近世社会全体での位置づけが見失われるという批判・問題意識と相応しているものであろう。
(14) 『日本の近世』（中央公論社、一九九一―九四）、『講座　日本通史』（岩波書店、一九九三―九六）、『日本の時代史』（吉川弘文館、二〇〇二―〇四）、歴史学研究会・日本史研究会編『日本史講座』（東京大学出版会、二〇〇四―〇五）、『身分的周縁と近世社会』（吉川弘文館、二〇〇六―〇八）など。
(15) 朝幕研究会編『近世の天皇・朝廷研究』（学習院大学人文科学研究所共同研究プロジェクト「近世朝幕研究の基盤形成」、学習院大学人文科学研究所、二〇〇八―）。
(16) 藤井讓治・吉岡眞之監修・解説『天皇・皇族実録』（ゆまに書房、二〇〇五―）、朝幕研究会編『近世朝廷人名要覧』（学習院大学人文科学研究所、二〇〇五）、深井雅海・藤實久美子編『近世公家名鑑編年集成』（柊風舎、二〇〇九―）。
(17) 国立公文書館、国文学研究資料館、東京大学史料編纂所、京都大学電子図書館、早稲田大学図書館など。
(18) 高埜利彦「江戸幕府の朝廷支配」（『日本史研究』三一九、一九八九）、同『江戸幕府と朝廷』（山川出版社、二〇〇一）など。

(19) 山口和夫『近世の朝廷・幕府体制と天皇・院・摂家』(大津透編『史学会シンポジウム叢書　王権を考える――前近代日本の天皇と権力』山川出版社、二〇〇六)。なお、詳しくは各章で述べるが、山口の仕事は本書の検討の大きな前提となっている。
(20) 野村玄『日本近世国家の確立と天皇』(清文堂出版、二〇〇六)。
(21) 公家が御所に輪番で参仕することで、武家が輪番で参仕する「大番」(近世では二条定番)に対する語といわれる。
(22) 明石治郎「室町期の禁裏小番――内々小番の成立に関して」(『歴史』七六、一九九一)。
(23) 富田正弘「室町殿と天皇」(『日本史研究』三一九、一九八九)。
(24) 池享『戦国・織豊期の武家と天皇』(校倉書房、二〇〇三)。
(25) 橋本政宣「江戸幕府と公家衆の家業」(『国史学』一七一、二〇〇〇、後『近世公家社会の研究』吉川弘文館、二〇〇二所収)。西村慎太郎の整理では、近世の公家は、番と家職を役とする堂上公家、家職のみを役とする地下官人、に分けられるという(前掲著)。さらに、番のみを家職とすると思われる非蔵人を加えるべきであると思われる。本書では、基本的に堂上公家を検討対象とした。
(26) 刑部芳則「宮中勤番制度と華族――近習・小番の再編」(『大倉山論集』五七、二〇一一)。
(27) 山口和夫「天皇・院と公家集団――編成の進展と近世朝廷の自律化、階層制について」(『歴史学研究』七一六、一九九八)など。
(28) 母利美和「禁裏小番内々衆の再編――後水尾天皇側近衆の動向」(『日本史研究』二七七、一九八五)、本田慧子「近世の禁裏小番について」(『書陵部紀要』四一、一九九〇)、田中暁龍「江戸時代近習公家衆について」(『東京学芸大学附属高等学校大泉校舎研究紀要』一五、一九九〇、のち『近世前期朝幕関係の研究』吉川弘文館、二〇一一)・「近世前期朝幕関係史の一視点――寛文～元禄期の公家処罰を中心に」(『人民の歴史学』一三〇、一九九六、のち前掲著所収)。
(29) 摂政・関白とともに朝廷の運営の中心となり、幕府との交渉を担当する。堂上公家が就任する代表的な重職である。中世の伝奏と連続性があるものと考えられているが、具体的な変遷についてはなお明らかでない。大屋敷佳子「幕藩制国家における武家伝奏の機能」一・二(『論集きんせい』七・八、一九八二・八三)、平井誠二「武家伝奏の補任について」(『日本歴史』四二二、一九八三)。
(30) 番衆など御所の人員を統括し、武家伝奏を補佐し、朝議に参画。成立過程については本書の中で詳しく触れる。平井誠二

「確立期の議奏について」（『中央大学文学部紀要』一二八、一九八八）、田中暁龍「江戸時代議奏制の成立について」（東京学芸大学史学会『史海』三四、一九八八、のち前掲著所収）、松澤克行「後光明天皇期における禁裏文庫」（田島公編『禁裏・宮家・公家文庫収蔵古典籍のデジタル化による目録学的研究』科学研究費補助金（A）（一）研究成果報告書、二〇〇六、のち加筆して田島公編『禁裏・公家文庫研究』第三輯、思文閣出版、二〇〇九所収）。

(31) 山口前掲一九九八、「霊元院政について」（今谷明・高埜利彦編『中近世の宗教と国家』岩田書院、一九九八）・「近世史料と政治史研究――江戸時代前期の院近臣の授受文書を中心に」（石上英一編『日本の時代史三〇　歴史と素材』吉川弘文館、二〇〇四）・「朝廷と公家社会」（歴史学研究会・日本史研究会編『日本史講座六　近世社会論』東京大学出版会、二〇〇五）・「近世の朝廷・幕府体制と天皇・院・摂家」（大津透編『史学会シンポジウム叢書　王権を考える――前近代日本の天皇と権力』山川出版社、二〇〇六）。および、本書所収の拙稿。

(32) 今江広道「江戸時代の公家日記」（別冊歴史読本『日本歴史「古記録」総覧　下』新人物往来社、一九九〇）。斉木一馬「江戸時代の日記」（『国史学』一〇〇、一九七六、同著作集『古記録の研究　上』吉川弘文館、一九八九）があげた数量の膨大さ・刊本のわずかさなどの諸点にも触れている。

(33) 公家の名鑑としては、同時代に作成され伝来する黒板勝美・国史大系編修会編『新訂増補 公卿補任』（吉川弘文館、一九六四―六六）や正宗敦夫『諸家伝』上・下（自治日報社、一九六八）、近年刊行された橋本政宣編『公家事典』（吉川弘文館、二〇一〇）などがある。これらは主として官位およびそれに対応する律令官職、令外官などの職歴を記したものであって、小番やそれと関連した奉行・役人などの職制はほとんど記されていない。

(34) 天皇・上皇との親疎、他の公家との同僚関係、流れてくる触の性格づけなど。ただし、拘束時間は単なる番衆の場合数日に一日であるし、当番であっても出仕しない番の懈怠は、近世朝廷を通じて問題となり、調査や優秀者の顕彰が行われている（前掲本田論文）。番衆制が近世の公家社会の実態のすべてを示すわけではむろんない。

(35) 武家伝奏・議奏の一覧としては川田貞夫・本田慧子「武家伝奏・議奏一覧」（『日本史総覧　補巻二 通史』新人物往来社、一九八六）、院伝奏・院評定の一覧としては今江廣通「江戸時代における院伝奏と評定の補任」（『季刊ぐんしょ』再刊第三八号、一九九七）がある。上皇付の公家を知るものとしては、近世に刊行された名鑑類が一部刊行されている（前掲注(16)参照）。その他、たとえば渡辺修「神宮伝奏の補任について」（『学習院史学』三八、二〇〇〇）など。

(36) 本書で扱う範囲では、霊元院の譲位の前後（天和―元禄期）は良質な日次記が多く、研究が豊富である（第Ⅱ部第1・2

章)。逆に光格上皇の時代(文政・天保期)は、史料・研究にやや乏しい(第II部第4章)。

(37) 本書では、天皇や上皇を多数扱うが、基本的にその時点での身位に即して「―天皇」「―上皇」のように呼称する。ただし、譲位の前後にまたがる記述や、系譜上の位置に言及する場合などで、時点・身位を特定すると却って混乱を招きやすいと思われる場合には、あえて「―院」のように呼称することがある。歴史上の人物一般と同様に、諱で個人を表記すれば避けられる問題であろうが、逆にあまりに馴染みがない表現となってしまうので避けた。

(38) 久保貴子「天和・貞享期の朝廷と幕府」(『早稲田大学大学院文学研究科紀要　別冊』一四、一九八八、のち前掲著所収)、高埜前掲一九八九、平井誠二「正徳改元の経緯について」(『大倉山論集』三九、一九九六)、田中前掲著など。高埜はこの時期を近世朝廷の「第一の変容期」と位置づけた。

(39) 岩井忠熊・岡田精司編『天皇代替り儀式の歴史的展開』(柏書房、一九八九)、宮地正人「天皇制イデオロギーにおける大嘗祭の機能――貞享度の再興より今日まで」(『歴史評論』四九二、一九九一)など。

(40) 並木昌史「延宝七年石清水放生会の再興」(『国学院雑誌』九六―七、一九九五)、橋本政宣「即位灌頂と二条家」上・下(『東京大学史料編纂所研究紀要』八・九、一九九八・九九、のち『近世公家社会の研究』吉川弘文館、二〇〇二)・「天皇の毎朝御拝と臨時御拝」(『古文書研究』五四、二〇〇一、のち前掲著所収)、藤田覚「伊勢公卿勅使からみた天皇・朝廷」(『論集きんせい』二〇、一九九八、のち『近世政治史と天皇』吉川弘文館、一九九九)・「天保期の朝廷と幕府――朝覲行幸再興を中心に」前掲著)、梅田千尋「近世陰陽道祭祀の性格」(『仏教史学研究』四九―二、二〇〇七、のち『近世陰陽道組織の研究』吉川弘文館、二〇〇九)など。

(41) 近世朝廷独自の、朝幕関係に関わる儀礼を扱い、特質を論じたものとして、平井誠二「朝儀の近世的展開」(大倉精神文化研究所編『近世の精神生活』同所、一九九五)など。

(42) たとえば同じく元日に行われた臨時行事である小朝拝・院拝礼などでは太政官制に基づく序列が視覚的に再現されるが、こうした序列は近世にはそれほど意味をもっていなかった。対照的な例としては禁中並公家中諸法度における親王と大臣の席次規定などがあげられよう。

(43) 藤田覚「「天皇号」の再興」(『別冊文芸・天皇制』河出書房新社、一九九〇)。

第Ⅰ部　近世初期の朝廷機構と江戸幕府

第1章　明正上皇の御所と江戸幕府

はじめに

近年、近世の天皇・朝廷に関する研究は質量ともにめざましい進展をとげてきている。しかしこうした傾向が顕著となったのは一九七〇年代以降であり(1)、現存する膨大な史料を利用する手がかりとなる基礎的な諸制度に関しても、なお不明な点が多いといえる。

武家伝奏、議奏、近習小番、院の機構などといった朝廷制度の整備・確立が、寛文期から元禄期頃なされたことが、これまで明らかにされてきた(2)。この時期に関しては、本書第II部で扱うが、近世朝廷にそれ以前から存在した機構にはどのようなものがあり、その確立には当時の朝幕関係がどのように反映していたであろうか。これが第I部のテーマである。

本章のテーマである明正上皇付の公家衆は、やや結論を先取りしていえば、幕府から役料が給されるという厚遇をうける特殊な存在であった。規模の上ではささやかな存在であるが、当該期の朝幕関係の特徴を示す存在と考えられる。以下本章では、彼らに関して基礎的な事実を整理、その特質を明らかにし、朝廷制度の整備・確立が進められた時期以前の、朝廷機構の一端を明らかにしたい。その特質の分析はまた、以後の近世朝廷の制度整備がどのような方向に進んだかを逆に照射する試みともなり、第II部の前提となるものである。

参考のため、明正院の略歴を述べておこう(3)。元和九（一六二三）年一一月一九日生、諱は興子《おきこ》。父は後水尾天皇、母は徳川和子（東福門院）。寛永六（一六二九）年一〇月二九日内親王宣下をうけた後、同年一一月八日、父が突然に退位したため受禅。寛永二〇（一六四三）年一〇月三日、弟後光明天皇に譲位、同一二日に太上天皇号をうける。譲位後、領地は与えられず、幕府より現米・現金が毎年給付された(4)。元禄九（一六九六）年一一月一〇日没。近世最初の女性天皇で、生涯未婚であった。なお、明正天皇の即位は著名な事件で、女帝としても注目を集める存在であるが、特に譲位後については研究が乏しく、その御所の機構についてもほとんど知られていない。

一　明正上皇付の公家衆

まず明正上皇付の公家衆の設置と、役料の給付について明らかにする。

明正上皇の御所機構に関するほぼ唯一の先行研究は、山口和夫による、「新院伝奏」設置という事実の指摘である(5)。その史料を確認しておこう。

【史料1】(6)

一、清水谷中納言（実任）、去時分新院（明正上皇）之伝　奏被　仰付、依之去年御合力米三十石御増加ニ付而、今日以御太刀目録御礼、披露吉良若狭守（高家義冬）、畢而御廊下（後略）

（姫路酒井家本「江戸幕府日記」正保二年五月八日条(7)）

典拠史料は初期の「江戸幕府日記」の最良の写本とされる姫路酒井家本で(8)、「新院(9)」こと明正院が譲位した二年後、幕府への年頭参賀の使者一行のうち、明正上皇の使者として、清水谷実任が参府した際の記事である。

一般に、朝廷から江戸へ使者が派遣された場合、初めの対面日に天皇・院らの言葉が伝えられ、その後能などの供

表1　明正上皇の院伝奏一覧

名	就任礼	初見	年頭使（回数）	知行（石高）	備考
清水谷実任	正保2（1645）．5．8（史料1）	正保元（1644）．9．27「新院衆」（史料4）	正保元～承応3（11）	200	
難波宗種	明暦3（1657）．9．18（明暦年録397）	明暦2（1656）．10．24（公儀向へ遣状認帳）	明暦3・万治元（2）	180（元和）→300（寛文）	万治2（1659）．2．14在任中没（史料13）
高倉永敦	万治2（1659）．9．22（万治年録325）	万治2（1659）．4．28任（史料5）	万治3～寛文2，寛文4～天和元（20）	812余	昵近衆/天和元（1681）．11．14家来により殺害
鷲尾隆尹	天和2（1682）．3．7（江戸幕府日記）	同左	天和2～貞享2（3）	180	貞享元（1684）．9．3在任中没（庭田重条）
坊城俊広	貞享3（1686）．3．21（江戸幕府日記）	貞享元（1684）．12．2任（基熙公記）	貞享3～元禄8（10）	180	元禄8（1695）．7．6免（俊広）
裏松意光	元禄9（1696）．3．9（徳川実紀6巻254）	元禄8（1695）．7．6任（基量卿記）	元禄9（1）	（正保4地方直し）130	院没まで

典拠：『明暦年録』『万治年録』（野上出版），「江戸幕府日記」坊城俊広「日次記」・「公儀向へ遣状認帳」（内閣文庫），「親王摂家諸家領」「庭田重条日記」（宮内庁書陵部），「京都御領 付領地割」（財団法人尊経閣文庫），「霊元院御時代分限帳」（東京大学総合図書館），『寛文朱印留』，『徳川実紀』．

応があり、辞見日に将軍からの返答がある。[10]どちらの対面の日にも、使者としてのやりとりの後、公家やその家臣が、自分（・自家）の挨拶を将軍に対して行うことがしばしばある。ここで掲げたのは、辞見日の記事である。

清水谷実任が、「新院之伝奏」に任命され、「合力米」三〇石を加増された礼として、太刀目録を将軍に献上、高家が将軍に披露している。

清水谷実任は明正院の譲位後、その年頭使として、これが二度目の参府であった。山口はこの記事を紹介、幕府が公認し役料を給付する院伝奏の先駆と位置づけた。

このような「江戸幕府日記」中の年頭使・就任挨拶の記事から、明正上皇の院伝奏就任者を知ることができる（表1）。約五〇年で六人と少なく、つまり長く在任し、しばしば没するまでつとめている。旧家でどちらかといえば小身の公家が多く[11]、必ずしも昵近衆から選ばれているわけではない。

さて、史料1の翌年・翌々年の年頭使辞見のときも、「江戸幕府日記」に似た記事を見出すことができる。

【史料2】

一、今度参向之摂家・親王家・門跡衆江以　上使御暇被遣之（中略）

一、於白書院御次之席、公卿・殿上人江御暇被下之趣、酒井讃岐守（大老忠勝）并老中一同ニ被申渡之（中略）

一、橋本宰相（実村）・竹内三位（孝治）、新院（明正上皇）参付而御合力米拝領之御礼、太刀目録献之、於柳之間吉良若狭守（高家義冬）請取之、老中以下列座無之、

（同正保三年四月二九日条／『姫路酒井家本』一七巻、四四六―四五七頁）

【史料3】

（前略）滋野井大納言（季吉）、新院（明正上皇）参ニ被仰付、其上御合力米被下之付テ、以太刀目録御礼、吉良（高家）披露之

（同正保四年四月三〇日条／『姫路酒井家本』一九巻、四四四頁）

いずれもやはり参向公家衆の辞見日の記事である。竹内孝治・橋本実村・滋野井季吉の三名も、江戸に参向して、明正上皇に付けられ、「合力米」を拝領した礼として太刀目録を献上していることがわかる[12]。史料1の「新院伝奏」清水谷実任に加え、新院御所に参仕すべき公家三名もまた、その地位について幕府の公認をうけ、合力米を給付されていることがわかる。以下、彼らを院伝奏と区別して院参衆と呼ぶ。

彼らの地位を示す、朝廷側の史料がある。

【史料4】

今日　新院衆滋野井大納言 季吉・清水谷中納言 実任・竹内刑部卿 孝治・橋本三位 実村、右四人御扶持、大・中へ三十石、下両人へ二十石、永代出也、右ハ女院（東福門院）御所より被下分也、両伝奏 菊亭前大納言経季・飛鳥井前大納言雅宣・

権大納言局（女院付女房橋本氏）前ニテ、周防守（所司代板倉重宗）申渡也、

（東京大学史料編纂所蔵「康道公記」寛永二一年九月二七日条）

典拠史料は、当時の摂政二条康道の日次記で、「二条家記録」のうち。時期は史料1〜3より早い。「新院衆」と呼ばれる滋野井・清水谷・竹内・橋本に対し、大・中納言二名に三〇石、非参議の二名に二〇石ずつの「御扶持」米を、永代に給する旨を、武家伝奏・東福門院付女房の前で、所司代板倉重宗が申し渡している。これは「東福門院から下される分」である、という。この四名は史料1〜3の顔ぶれに一致している。前後に関連史料がみられず、経緯は明らかではないが、おそらく譲位後まもなく明正上皇に付けられた顔ぶれであろう。

東福門院和子に対する経済上の処遇の全貌は明らかでないが[13]、久保貴子によれば、寛文三（一六六三）年頃の例では一年に金一〇〇〇両・銀三〇〇貫・賄入用米一六〇〇石・「被召仕候衆御切米」三七〇〇石が遣わされていることが明らかにされている[14]。史料4にいう扶持米は、この最後の項目から出されることになっていたのであろう。「康道公記」にいう扶持米と、「江戸幕府日記」にいう合力米に関する記述には、院伝奏となる清水谷を特記していないなど、若干の質的な相違がある。初めは東福門院が自己の会計から出そうとしたが、若干の制度上の調整があり、結局直接将軍から給付されることとなったとみておきたい[15]。

東福門院が没した後の元禄期にも、幕府から明正院付の院参衆に対する給付は同様に行われている。一例をあげておこう。

【史料5】

両伝より送手帋、其留書（中略）

正親町中納言（明正院付公通）江御合力米之事、内藤大和守（所司代重頼）江申談之処、先規之通沙汰可然之由被申、其御心得尤候、以上

十一月六日

ウハカキ　一位前大納言殿（明正院伝奏俊広）　資廉（武伝柳原）　有維（同千種）

（国立公文書館内閣文庫蔵・坊城俊広「日次記」貞享五年一一月六日条）

正親町公通は、この年六月一七日に没した綾小路俊景の替わりとして、一〇月二七日に明正上皇付の院参衆に任命されている（坊城俊広「日次記」）。彼らに対する合力米給付が、完全に慣例として定着していることを確認できる。

明正上皇の存生中、その御所に付けられた公家衆には、院伝奏・院参衆ともに幕府から合力米が給付されていた。院参衆の江戸下向は以降あまり確認できないが、明正上皇の院伝奏が就任を江戸で謝す際、合力米に言及されることは以降なく、就任に伴う給付が制度上定着したものとみてよいだろう。貞享・元禄期の坊城俊広の日記にみる限り、当時明正院付の公家は、俊広のほか公卿が二、三名であり、その全員に役料が給付されたのではないかと思われる。[16]

なお本章では「役料」との語を用い、元禄期は史料上も主にそう呼ばれているが、[17]明正院付公家衆への給付が始まった時期は、給付元の幕府本体で役料制が整備されるよりかなり早い。[18]前掲史料上では「増加」（史料1）・「永代」（史料4）との表現が用いられ、当初は家領の加増に准ずる処遇であったのではないか。ただし初めの四名への給付については、子孫の家禄には反映されていないので、[19]早い段階で実質的に「役料」化したのであろう。

次章で詳述するが、幕府による議奏への役料給付は延宝七（一六七九）年であることが知られ、武家伝奏への給付は承応二（一六五三）年に始まる。近世の公家に対するものとしては、最も早い役料制の導入であったとみられる。また第Ⅱ部で詳述するが、霊元院以降の上皇では、幕府の公認する院伝奏のみに対して役料が給付され、また幕府からではなく仙洞御所の会計内から支出されていた。[20]明正上皇付の公家衆に対する処遇は、近世の上皇の中では異例といえる。

二　任免と幕府

つづいて、明正上皇付の院伝奏・院参衆の任免について検討する。最初の院伝奏清水谷実任は、明暦二（一六五六）年二月に病気を理由に年頭の参府を辞し、一〇月には難波宗種が後任の院伝奏となっているが[21]、人選過程は明らかではない[22]。難波の後任の人選については簡単な記録がある。万治二（一六五九）年、年頭勅使として参府した武家伝奏らが辞見する日の「江戸幕府日記」欄外に、

【史料6】

一、新院之伝　奏為難波（宗種）中納言代高倉（永敦）中納言、同院参為竹屋（光長）宰相代伏原（賢忠）大蔵卿ニ仰付、

（「柳営日次記」万治二年四月二八日条）[23]

と、小字での加筆がある。いわゆる「江戸幕府日記」類の精緻な史料学的検討をおこなった小宮木代良の仕事を参照すると、この史料は『徳川実紀』編纂に用いられたシリーズで、本文は老中の執務室の記録「御用部屋日記」に基づき、引用箇所のような加筆部分は右筆が作成した幕府の公式記録「右筆所日記」に基づく記載であるとみられる[24]。前後には同様の箇条書で、方領や左大臣人事に関する伝達事項が記されており、この日登城した武家伝奏に対する幕府の指示であると考えられる。この年二月一四日に没した難波宗種に代わる新院伝奏として高倉永敦を、同じく二月二一日に没した竹屋光長に代わる院参衆として伏原賢忠を、おのおの任命することが伝えられている。

よく似た史料を、同じシリーズの「江戸幕府日記」からもう一例挙げる。

【史料7】

勧修寺大納言（勅使・武伝経広）江以書付申渡、

覚

一、（略、伊雑宮遷宮の件）

一、橋本前中納言（実村）眼気付而、新院（明正院）御所参仕難勤候、為其代梅園三位（実清）院参被仰付度旨、然者右通被　仰出候様ニ与

御意候事、

一、（下略）

（「柳営日次記」[25] 寛文元年九月一一日条）

やはり年頭勅使の辞見日の条にある、「右筆所日記」に基づくとみられる小字加筆部分である。院参衆の橋本実村の眼病を理由に、梅園実清に交替させたい旨を朝廷側が要望、将軍家綱がそれを承認した旨が、勅使である武家伝奏に申し渡されている。

これらの事例から、明正院付の院伝奏・院参衆の最終的な任免権は、将軍にあったことが明らかである。初期の人事については、残念ながら詳しい人選の経緯などはわからない。時期はかなり下るが、より詳しい経過がわかる事例を以下で検討しておく。元禄八（一六九五）年、明正上皇院伝奏坊城俊広が辞任を願い、跡役が問題となった。当時の武家伝奏柳原資廉の日次記をみてみよう。

【史料8】

四時分、正親町（武伝公通）令同道、参　本院（明正上皇）御所、東坊城大納言（明正院付恒長）伺候（訂正箇所略）、市岡対馬守（明正院付武家）被候、正親町、坊城一位（俊広）願之趣言上、又序ニ替之義も可被仰遣候ハヽ、禁裏（東山天皇）へ従御内儀思召御相談被遊候様ニ可宜候、先ニも其通之振ニ承候由被申、則被披露、被出、東坊城被申云、坊城願之事、いつ迄もと被為思召候へとも、老衰行歩も不自由之由、

然者御免も可被遊候哉、兎角宜御沙汰被遊被進候様ニと被仰候由被申、又対州被申云、私（明正院付女房）則両御局へ懸御目申上候、右之通ニ候、又替之義も申上候、兎角此所ニハ思召無之候、宜願思召候、私存知候ハ、トツケモナキ衆なと被仰出候而ハ如何ニ候、何とそ只今此御所ニ勤之衆之内被仰付候へハ、御勝手も御存知、諸事宜候様被申也、（史料9に続く）

（「資廉卿記」元禄八年五月二五日条）

武家伝奏両名が明正上皇御所に行き、院付の東坊城と付武家市岡に面会、坊城の辞任願を伝え、また後任については奥から東山天皇に相談するのがよい、それが先例であると述べた。東坊城は上皇に披露、辞任を許し、天皇がよろしく計らうようにとの上皇の意思を伝えた。また上皇付の女房に面会した付武家市岡は、院御所としては後任の要望はなく、自分の考えとしては院御所に勤めている公家にすべきと述べている。

【史料9】

（史料8より続く）則両人（武伝）参　内（東山天皇）、愛宕大納言（議奏通福）被候、正親町委細被申、則言上、然者　御免之義坊城へ可申渡之由也、予（武伝資廉）申云、御免可被遊　思召候者、其通被仰出、所司へ申聞、関東へ被仰遣義ニ候、尤御免相済候者、替誰〻之由被仰遣之事候由申、愛宕尤之由被申、又其通り大御乳人被呼被申上也、

（同前）

両武家伝奏は参内して議奏愛宕を介し天皇に報告、辞任を申し渡すようにと指示された。記主資廉は、当人に伝え、また江戸に伝える、また退任が認められたならば後任を誰とするか言い送る例であると答えている。この後武家伝奏・議奏らが話し合い、所司代に内慮伺いを出す。それに対する所司代の返答を次にみよう。

【史料10】

佐州返事、

御手簡致拝見候、坊城一位（俊広）御役辞退願之趣、禁裏（東山天皇）・本院（明正上皇）御所江先日被遂御披露候旨、得其意存候、尤関東江被　仰談、御免之儀相済候者、替り之事誰ゝ与、此度一所ニ可被仰入御沙汰候、就夫従本院御所可為裏松（意光）中納言候哉、兎角如何様ニも宜　禁裏江御頼被遊段、被仰進候、依之禁裏思召ハ、前ゝも役人二三人も御書付、可為此内哉之由被　仰入候与被思召候、然者此度も裏松御加候而、以上三人斗も御書付可被出候哉、但従　本院御所御好之事候間、此度ハ裏松一人斗ニ被仰入候而可宜哉、各如何存候哉と、御内意被　仰出候、差当　勅答難被仰上候旨、委細御紙面奉承知候、何連ニも上之思召次第候へとも、両様之内候てハ、裏松被加二三人被書出候方ニ、拙者義ハ奉存候、御内談与被仰聞ニ付而、右之段申入候、以上

六月二日　小笠原佐渡守（所司代長重）

柳原前大納言殿（武家伝奏資廉）

正親町中納言殿（同公通）

（同前、六月二日条）

まずはじめに記される内慮伺のあらましをみると、江戸で辞任が許された際の後任について、明正上皇は裏松意光を推し、東山天皇は、先例どおり数名の候補を示すか、明正上皇の推薦により裏松一人を推すかを武家伝奏らに尋ね[26]、伝奏らは答えられず所司代に尋ねた、という内容であった。これに対し所司代小笠原は、自分としては複数名を書いた方がよいと思うと答えている。

この前日の武家伝奏・議奏らの相談では、書き加える公家がなかなか決まらず、記主資廉が、上記のような伺いを所司代にし、書き加えるようにとの返答であれば人選も相談すればよい、と述べて決着している。「兎角上（東山天皇）ニも御難無之様ニ、被加候衆もキズ不付様ニと様ゝ評義」との表現がみえ、朝廷側としては人選は実質的に裏松で決定していると考えており、江戸へ言い送る書式よりも、そこに加える名で角が立つことを警戒していたことがわかる[27]。

以上を踏まえ、次のような正式の申し入れが作成され、所司代に渡された。

【史料11】

坊城前大納言御役辞退願之義、禁裏（東山天皇）・本院（明正上皇）へ致披露候処、年齢も及七旬、行歩等不如意之段尤ニ　被思召候間、可有御免哉と思召候、此旨宜関東へ可被申入之由、両御所仰ニ候、且又坊城於御免者、替役之義此三人之内被仰出度思召候、此段も宜有御沙汰候旨、御内意ニ候、以上

六月十八日　　（武家伝奏公通）正親町中納言
（同資廉）柳原前大納言

（所司代長重）小笠原佐渡守殿

別紙横折

覚

（冬基）醍醐大納言
（淳房）万里小路前大納言
（意光）裏松中納言

（同一八日条）

東山天皇・明正上皇の意向として、坊城の辞任の許可と、提示した候補者三名からの後任の人選を求めている。しかし実際には、上皇の意向として裏松意光を推すことが所司代に伝えられていたことは、述べてきた通りである。七月六日、坊城の退役とあわせ、内々の要望通り、裏松の任命を認める旨が幕府から伝達された（「基量卿記」、坊城俊広「日次記」）。

以上が、元禄期における後任の人選過程のあらましである。ポイントを整理してみると、まずは任免いずれについても将軍の裁可が必要であったことがまず確認できる。

手続きをみると、最終的に正式の申し入れが踏襲したのは、前例として述べられた手順であった。朝廷が複数の候補者を選定、その中から幕府が人選を行うという手続きである。ただし実質的な人選は、上皇による推薦で事実上決定しており、武家伝奏・所司代も、それを前提として、書式を整えるためのやりとりを行っているといえる。

この人選方法を、その他の役職と比較してみよう。

まず霊元上皇以降の院伝奏・評定についてみると、久保貴子・山口和夫によれば、候補者一名を霊元上皇が選び、幕府の同意（ほぼ形式的）を経て任命する、という手順を取ったという(28)。所司代によれば「院伝奏之義ハ兎角院（霊元上皇）之思召ニ有之事候へハ、外よりは何共難申上義也」（「資廉卿記」元禄五年二月四日条）、つまり院伝奏の人選は上皇次第であった。

武家伝奏の場合については、平井誠二が時期区分を行っている(29)。

①慶長～元禄期は幕府が指名、朝廷が任命

②元禄～文久：幕府が指名。朝廷は候補者（一～数名）を示す

③文久～　　：朝廷が幕府の同意を経ず任命

議奏については、平井誠二によると寛文期には後水尾上皇が決定、久保貴子によると元禄期には霊元上皇が決定、幕府の同意を経て任命した、という(30)。

このようにしてみると、元禄期における明正上皇の院伝奏の選定方式は、元禄～文久期の武家伝奏のそれとほぼ同じであるといえる。史料6・7でみたような、一七世紀半ばの人事の際、朝廷が候補者を示していたかは史料がなく明らかではないが、少なくとも幕府が人選を行うという点では武家伝奏と同じ原則で選定されていたといえる。

三　幕府の法度と職掌

明正上皇の院伝奏・院参衆は、幕府法令においてその役割が言及されている。

寛永二〇（一六四三）年、明正天皇が譲位し院御所に移るに際し、その御所に新設された新院付武家に対して、幕府は将軍の黒印状をもってその職掌を定めた。まずはこの令状の一部を掲げて検討する。

【史料12】

条々

一、諸事両人令相談、分別に及かたき儀者、板倉周防守（所司代重宗）任差図可申付之、事により新院（明正）之伝奏江も可申談事、

付、御所格別たりといふとも、存寄儀有之におゐてハ、天野豊前守（禁裏付長信）・高木善七郎（同久延）・大岡美濃守（東福門院付忠吉）・野々山新兵衛（同兼綱）、此四人互に可申談事、

一、官位昇進之輩幷出家・社家、其外諸職人受領等之御礼として参上之時者、両人出合、返し申へき事（ママ）、

（下略、門の出入り、火の用心、会計上の注意など）

右条々、可相守此旨者也

寛永廿年九月朔日　御黒印（家光）

榊原一郎右衛門（明正院付武家元義）とのへ

中根五兵衛（同正次）とのへ

典拠史料は、天保一〇（一八三九）年成立の宮崎栗軒（成身）[31]による私撰法令集「教令類纂」[32]である。同時期に禁裏付武家も新設され、彼らにも同様に職務を定めた令状が与えられている[33]。

のちに後光明天皇が没し後西天皇が即位した際には、ほぼ同文のものが時の明正上皇付武家に対して発令されており、明正院付武家の職掌としては一貫したものであった(34)。長文であるので、禁裏付宛のものとほぼ共通する箇条は略し(35)、ここでは特徴的な冒頭二カ条を掲げた。

第一条では、両名は判断のつかない場合は所司代の判断を仰ぎ、場合により「新院伝奏」に相談するように、場合によっては禁裏付武家・東福門院付武家とも相談するようにと定められている。禁裏付武家宛の令状の第一条もよく似た内容で、禁中のことは武家伝奏・長橋局に相談するように定められている。第二条では、官位昇進などの礼に来た者は両名が相手をすること（追い返すこと）とあり、これは禁裏付武家宛の令状にはみられない。

将軍の黒印状という正式の文書上に、新院伝奏の存在が明記され、付武家が相談すべき相手として規定されていること、また明正上皇を礼に参上した者たちから隔離しようとしていることが指摘できる。

以降の上皇の付武家に対する同様の令状としては、寛文四（一六六四）年八月五日付の後西上皇付武家に対するもの（『教令類纂』初集一―三〇頁）と、文化一四（一八一七）年正月二八日付の光格上皇付武家に対するもの（内閣文庫蔵「仙洞付勤役ニ付定」）の文面がわかっている。この両者はおおよそ同内容であり、院付武家の職掌はほぼ固定化したといえるが、前掲の明正上皇付武家宛の令状と比べると、二つの点で明瞭に異なっている。一点目は、第一条の末尾が「依事両伝奏江も可申談事」と変わり、院付武家の相談すべき相手が院伝奏ではなく武家伝奏となっている点(36)、二点目は明正院付武家宛の第二条にあたる、参院した者への対処を記した箇条が存在しないという点である。逆にいえば、史料12から指摘した、明正院の院伝奏が明記されている点と、参院した者と明正院が隔離される点は、明正上皇付武家宛の令状のみに固有の特徴であるといえる。

続いて、同じ日付で出された、明正院自身を対象としたとみられる法度をみよう。

【史料13】

新院（明正上皇）御所

一、官位幷表向之儀、一切御いろひ被成間敷、惣而御見物之儀、新院御所ニてハ一切御無用たるへし、禁中（後光明）・仙洞（後水尾）・女院（東福門院）御所ニおゐて御一同に御覧の時ハ不苦事、

一、御連枝之儀者、年始御礼之時斗御対面たるへし、御連枝之外ハ、たとへ摂家・親王家・門跡方たりといふとも、一切御対面なる間敷事、

一、御祝日幷拝賀之時、公家衆参上之儀、新院之伝　奏江申届て、表より退出たるへき事、

一、御幸之儀者　仙洞・女院御所へハ不苦、其外　禁中・女二宮（近衛尚嗣室）の御方へハ、　仙洞・　女院御一同之時ハ可然なり、御壱人りの御幸一切御無用たるへき事、付、御幸の時、院参公家弐人ツヽ可為供奉事、以上

寛永廿年九月朔日　御黒印（家光）

（宮内庁書陵部「禁裏公家御領付」巻末付録）

典拠史料は公家知行の書上で、内容はおおむね寛文頃の石高が記されているとみられるが[37]、巻末に明正天皇譲位時から寛文期までの法令や書状の類が付記されている（史料12とほぼ同じものも含まれる）。引用したのはその一部である。『徳川禁令考』や『教令類纂』といった幕府法令に関する基本史料集では、承応四（一六五五）年に後西天皇が即位した際のほぼ同内容の史料を収録しており[38]、たとえば藤井譲治は承応四年に家綱政権下で初めて発令されたものとして分析している[39]。近世朝廷における法度を収集・分析した田中暁龍の仕事でも、承応の「教令類纂」のものを表に採り、寛永二〇年のものは採っていない[40]。一方、『徳川実紀』には寛永二〇年九月一日条に上記の法度が発令された旨が記され[41]、近年久保貴子なども寛永二〇年発令として言及している[42]。

典拠史料はその性格が明確ではないが、あわせて記されている明正上皇付の下級役人に関する記述や、女房の書状

類などは詳しく具体的であり、後世に偽作される意味もあまり感じられない。本書では、明正院が譲位して院御所に移った寛永二〇年に、付武家宛の令状（史料12）とあわせて発令され、承応四年の代替わりに際して再度ほぼ同文で発されたものと解しておきたい。

内容をざっとみておくと、第一条では官位および「表向」に関する一切について明正上皇の関与を禁止し、明正上皇の御所での見物催物の独自開催をも禁止、第二条では血族は年始の挨拶の時のみ対面、その他は摂家・親王家・門跡であっても対面は不可とし、第三条では祝日・拝賀のため公家が明正上皇の御所に参上することは「新院の伝奏」に届け、表より退出することを定め、第四条では後水尾上皇（父）・東福門院（母）の御所への御幸は構わない、後光明天皇（異母弟）・女二宮（同母妹）の在所への御幸は、後水尾上皇・東福門院が同行すれば可、明正上皇一人での御幸は不可とし、御幸の際は「院参の公家」が二人ずつ供をすることを定めている。

総体としては明正上皇の政務関与、人との接触を厳しく制限する内容となっており、第三条において院伝奏の、第四条において院参衆の果たすべき役割が言及されている。

この法令について、藤井譲治は「全体として院の政治的発言・行動をまったく封殺してしまっている」とまとめ、久保貴子は「幕府は、位を退く徳川家の血を引いた若き女帝の譲位後の行動に、細心の注意を払っていた」と簡単に述べている(43)。基本的な内容の理解として、両者の要約は妥当であろう。藤井はさらに、「寛永の後水尾院に対する政策の延長上にあるとはいえ、成文化した点で対朝廷政策をさらに一歩進展させたということができる」と評価しているが、筆者は発令の主体が家綱政権ではなく家光政権であろうという点だけではなく、朝幕関係の法制史上、若干異なる位置づけを与えたい。

発令の主体は、「禁中並公家中諸法度」などと異なり将軍個人とされ、対象は付武家や公家の職務内容ではなく、院個人に関わる事柄が主であり、もっぱら否定形の表現で規制がなされている（まさに「禁令」である）。現在では前掲の田中暁龍の仕事によって、近世の朝廷の法度を概観することが可能であるが、こうした性格の法度は、明正院の母東福門院（徳川和子）に対するものを除けば類似のものを見出すことができないようである。

法度がこうした形式で出された理由、また藤井が述べたように、明正上皇の政治的行動・発言を強く規制している理由として、久保が簡単に述べている、時の将軍が明正院の尊属であった点が重要である。この法度は、むろん対朝廷政策の一環ではあろうが、その形式や内容には、明正院が（後世からみて結果的に）例外的な存在であったことが強く反映されているとみるべきであろう。

将軍の血を引く明正上皇には、官位等の周旋を求めてさまざまな存在が接近しようとすることは容易に想像されたと思われる。幕府が選任し合力米を給付する、武家伝奏に近い位置づけを与えられた少数の公家——職掌は非常に限定されるが——を、院に付けた目的の一つは、それを阻止するための機構の一環としてであった。

ただしこれらの法令は、明正上皇付公家衆宛に出されたものではないから、その職掌のすべてが記載されているわけではないとみられる。実際の勤務内容が具体的にわかる史料としては、既に一部を引用した、元禄期に院伝奏をつとめた坊城俊広の日次記から、院参衆への触次、上皇への書状・進物の披露、上皇の意思を武家伝奏に伝えるなど、取次（狭義の「伝奏」）としての職務を果たしていることがわかる。ただしこれは譲位後約五〇年を経た、明正上皇の最晩年にあたる記録であり、彼女が若く、後水尾院・東福門院が存命で、さまざまな面で嘱人的な要素が色濃く残っていたであろう時期に、実際に明正院付公家衆が果たした役割のすべてをここから推測することは難しい。後考に俟ちたい。

本節の終わりに、明正上皇付の公家衆の地位に関する、当時の公家の認識を示す事例を一点紹介しておこう。史料としては単なる死亡記事で、ごく簡単なものである。

【史料14】

新院 武家 伝奏難波宗種卿卒 亥刻許、五十歳

（梅小路定矩「日記」[44] 万治二年二月一四日条）

典拠史料は、当時後水尾上皇の側近であった梅小路定矩の日次記で、本文の上に加筆されている箇所である。「武家」の二字は、右脇に小書きされている。他に例をみない表現で、記主の端的な認識が示されているとみられる。以上でみてきたような、明正上皇付の「新院伝奏」が、いわゆる武家伝奏同様に、武家すなわち将軍から付けられている役職であるという実態をよくとらえた表現であるといえる。

四　朝廷・幕府における地位

最後に、霊元院が譲位し、その院御所に詰める院伝奏・評定衆などの役職が設置されるのに伴い、明正上皇付の公家衆の待遇が一部変化していることを指摘したい。

毎年正月、武家伝奏以下の公家衆は新年の挨拶のため所司代亭に出向いた[45]。その日付と時刻はおのおの異なっていた。まず霊元天皇在位中の事例をみよう。

【史料15】

（本文略）

正月四日

（武伝千種）有維

（同柳原）資廉

（明正院伝奏俊広）小川坊城大納言殿

追而、土屋相模守（所司代正直）方へ、来六日七日両日之内、五ツより九ツ迄之内、本院（明正上皇）御所御付之衆御越様ニ、是又御伝達可有之候、以上

（坊城俊広「日次記」貞享四年一月四日条）

明正上皇の院伝奏である記主坊城俊広に、武家伝奏から日付と時刻が伝達されている。同じ日記の六日条をみると、俊広は五ツ前に「院仕之輩三人」と同道して所司代亭に出向いていることが確認でき、この時点では明正上皇付の公家衆は院伝奏・院参衆の区別なく、同じ日の同じ時刻に出向いていることがわかる。続いて霊元院の譲位後の事例をみると、

【史料16】

今朝二条所司代内藤和州（重頼）へ為年始礼両伝奏祇候由也、依之仙洞（霊元上皇）之両伝私宅へ為誘引入来、令同道了 辰下刻也、其より小堀仁右衛門（京都代官）へ三人とも参、（下略）

（坊城俊広「日次記」貞享五年正月五日条）

武家伝奏と同日に、俊広は霊元上皇の院伝奏二名（東園基量・庭田重条）と同道して所司代亭へ出向いている。明正上皇の院参衆は同道していない。

詳しくは第II部第1章で述べるが、幕府により公認される院伝奏は、当初は明正上皇付のみであり、すべての上皇について設置されるようになるのは霊元院以降であった。なお人事権および役料の上では、明正上皇の院伝奏は霊元上皇のそれとは最後まで一線を画したのであったが、少なくともこの恒例行事の上では、霊元院の譲位とその院伝奏の設置に伴い、「明正上皇付」としてのまとまりではなく、「院伝奏」というまとまりが、幕府との関係において現れたことがわかる。

このように改められた経緯について明らかにすることはできないが、いちおう以下のように考えておきたい。

まず、このような変更には、明正上皇の院伝奏を念頭におき、それに近い形で自己の御所の役人の待遇を考えたとみられる霊元院の意向が働いている可能性がある。第II部第1章で扱う事例であるが、元禄四（一六九一）年からは院御所側の希望により、武家伝奏・議奏・院伝奏に加え、院評定も同じ日に挨拶に出向くよう改められたことがあり、新設の院評定の扱いを、禁裏御所の議奏と同様にしたいという意向は、霊元院のものと推測される。これと同傾向の発想を、明正上皇・霊元上皇の院伝奏を同じ扱いとするという上述の変更の背景にみることができるのではないか。つまり、自らの院御所におく役職を、幕府が公認し厚遇する既存の役職にできるだけ近く扱うことで、近臣への加恩の手段としての実質を増し、ひいては自らの影響力の源泉としたいというのが、霊元院の考えだったのではなかろうか。

また、幕府にとっての意味を考えることもできる。どの日にどの公家が行くかを決定する上では朝廷側の要望が反映され得たことが、上に述べた事例などからわかる一方[46]、日付と時刻については、所司代が年頭の挨拶に参内した際に武家伝奏と相談して決める例であったようであり[47]、所司代の同意は必要であった。前述したように、明正上皇付の公家衆は当初かなり特殊な地位に置かれ、基本的な待遇は院が没するまで継続されたとみられるが、朝幕関係がある程度安定し、明正院もかなりの高齢となったこの段階では、幕府にとっての現実的な重要性はかなり低下していたことを、この事例から推し量ることができるのではないか。

ちなみに元禄五（一六九二）年の武家伝奏柳原資廉の日記をみると、五日に参賀するのが武家伝奏・議奏・院伝奏らで、その他の「諸家」は一〇日・一一日であった。各御所の「役人」と呼ばれる公家衆が同日、その他の公家は後日という原則は、後世においても一般的に確認でき[48]、朝廷全体の機構整備において、霊元院の譲位がひとつの区切りであったことを、この事例からも確認することができよう。

おわりに

以上、明正院付の公家衆について検討を行った。明正院の譲位後、その院御所には、院伝奏一名、院参衆若干名がおかれた。これらはともに幕府が人選・任免し、職掌を規定し、役料を給付する役職であった。これらは後代の仙洞御所の機構（第II部第１・４章参照）とは名称こそ同じだが質的には大きく異なり[49]、むしろ（職掌は非常に限られるが）武家伝奏に近い性格をもっていたといえる。

後世の朝廷には、禁裏御所に武家伝奏・議奏、院御所には院伝奏・院評定、皇嗣御所には皇嗣付三卿がおかれた。これら、各御所の番衆の上に位置する役職を、同時代史料上の表現でいえば「役人」ということになるが[50]、議奏が成立する以前には御所の「役人」は、おそらく武家伝奏と明正院付公家衆があるのみであり[51]、いずれも近世朝廷において固有の役割を果たすことを幕府から期待される存在であった。

彼らが幕府から与えられた役割のひとつは、付武家とともに明正院を隔離し、将軍家の血を引く院に対する種々の働きかけ（たとえば、官位の周旋工作）を防止することだったとみられる。徳川家は外戚路線を継続しなかったので、徳川将軍家の血を引く院は明正院以後現れなかった。明正院付公家衆の性格が後世の機構の慣例からみて特異であることは、反面、近世朝廷の機構整備が、その後徳川将軍家が天皇・院の外戚ではないことを前提とする形で進んだことを意味している。

一方で、本書第II部でみるように、霊元院以降の機構の先規となった部分もあった。「院伝奏」の呼称、将軍に就任礼を行う点などは、以降の院伝奏に引き継がれている。将軍家と血のつながりのない、以降の天皇・院の付属機構に対して、制度上の前提となった点に大きな意義がある。

将軍家の血縁者に対する待遇が、制度的に改変され、近世朝廷の一般的な機構として定着した例としては、東福門院に付けられた付武家が、禁裏付武家・院付武家として定着した事実が知られている。明正上皇と院伝奏の関係は、これに類似・関連したケースといえる。将軍や大名の子女が他家に嫁ぐ場合、実家から家臣団が付けられることは広くみられるようである。(52) 東福門院・明正院の処遇も、基本的にはこの一例と考えることができ、朝廷に関連する機構が、必ずしも朝廷特有のものでないところから始まる場合があることを示唆している。

一七世紀後期、幕府は朝廷の自律化を容認し、近世的な朝廷の諸制度が整備されてゆくが、はじめに外戚路線をとり、またそれを継続しなかったという、幕府の朝廷政策における基本路線のあり方が、近世の朝廷機構の確立のあり方に影響を及ぼしたといえる。禁裏付の設置や、武家伝奏制の整備なども、この観点からあらためて検討し、和子入内から明正天皇の譲位まで遡りつつ、近世の朝廷機構を考えてゆく必要があるであろう。

注

（1）久保貴子「近世朝幕関係史の課題」（『歴史評論』四七五、一九八九、のち『近世の朝廷運営』岩田書院、一九九八）、山口和夫「近世天皇・朝廷研究の軌跡と課題」（『講座　前近代の天皇五　世界史の中の天皇』青木書店、一九九五）。

（2）平井誠二「武家伝奏の補任について」（『日本歴史』四二二、一九八三）・「確立期の議奏について」（『中央大学文学部紀要』一二八、一九八八）、田中暁龍「江戸時代議奏制の成立について」（東京学芸大学史学会『史海』三四、一九八八）・「江戸時代近習公家衆について——霊元天皇近習衆を中心に」（『東京学芸大学附属高等学校大泉校舎研究紀要』一五、一九九〇、のち『近世前期朝幕関係の研究』吉川弘文館、二〇一一）、山口和夫「天皇・院と公家集団——編成の進展と近世朝廷の自律化、階層制について」（『歴史学研究』七一六、一九九八）などの成果がある。また、時代把握の枠組みとしては、高埜利彦は霊元天皇の時代を「第一の変容」期と評価（「江戸幕府の朝廷支配」『日本史研究』三一九、一九八九）、また山口和夫は院御所の群立が解消されて規模が拡大した朝廷の自律化・再編が課題となり、霊元院による制度整備がなされ、以後の規範となったとする（山口前掲）。

(3) 現在その生涯をみるには、藤井譲治・吉岡眞之監修・解説『明正天皇実録』(ゆまに書房)全二巻(二〇〇五)が最も詳しく、便利である。
(4) 御料五〇〇〇石・五ツ物成相当の現米、女中等の切米九〇〇石余が藤村七兵衛代官所から、他に現金二〇〇〇両が小堀代官から給付された。奥野高廣『皇室御経済史の研究　後篇』(中央公論社、畝傍史学叢書、一九四四)五二三頁―。近世の上皇で実際の領地が与えられなかったのは、明正上皇のみである。
(5) 山口和夫「近世史料と政治史研究――江戸時代前期の院近臣の授受文書を中心に」(石上英一編『日本の時代史三〇　歴史と素材』吉川弘文館、二〇〇四)。
(6) 以下、特記しない限り、引用史料中の(　)は筆者の註記を表す。
(7) 藤井譲治監修『江戸幕府日記　姫路酒井家本』一六巻(ゆまに書房、二〇〇四)一七二頁。以下、『姫路酒井家本』と略記する。
(8) 藤井譲治「解題」(『姫路酒井家本』二六巻、二〇〇四)。
(9) 上皇が二名存在する時、新しい方を「新院」、古い方を「本院」と呼ぶのが例であった。この時点では、後水尾上皇が「本院」と呼ばれる。
(10) 田中暁龍「公家の江戸参向――江戸の武家文化との一つの接点」(竹内誠編『近世都市江戸の構造』三省堂、一九九七)。
(11) 初出の段階では、就任者の石高に特に注目しなかった。その後、武家伝奏の役料を検討し、初期は小身の公家のみへの給付であったことに気づいた(次章)。なお、後掲註(16)を参照のこと。
(12) 彼らは正規の使者ではない。こうした使者以外の公家の江戸参向は、家光政権期に武家伝奏による年頭賀使が定例化するにつれ、次第に減少してゆく(田中前掲論文、一九九七)ため、明正院付の公家の一覧を「江戸幕府日記」に基づいて作成することは困難である。
(13) かつては入内から没するまで、幕府から「化粧料一万石」が給されていたとする説があった。日柳彦太郎「徳川時代の記録に現われたる皇室費(一)〜(三)」(『山口商学雑誌』四〜六、一九二九)、林屋辰三郎責任編集『京都の歴史五　近世の展開』(学芸書林、一九七二)、『国史大辞典』北原章男「東福門院」)など。しかし史料的裏づけはとれず、詳細は不明であるとするのが今日の通説であろう(熊倉功夫『朝日評伝選　後水尾院』朝日新聞社、一九八二、久保貴子『人物叢書　徳川和子』吉川弘文館、二〇〇八)。

(14) 久保前掲著、一四九頁―。
(15) ただし史料4で申し渡しているのが所司代である点からみると、東福門院の会計は幕府財政の一部としての性格がかなり濃いとも考えられる。東福門院の与えられたかなり巨額といえる財産の管理・支出がどのように決定・運営され、どのような影響を及ぼし、その死がどのような経済的影響を朝幕関係に与えたかは、本書の射程を超えているが、朝幕関係史上の大きな問題であろう。
(16) 次章で述べるが、ややのちに武家伝奏への役料が設定された際、はじめは小身の公家のみに限定して給付がなされた。明正院付公家衆は、院伝奏・院付公家衆ともに二〇〇石前後の小身の地方知行取の公家が多く、家領八〇〇石を超えるとみられる高倉が目立つが、彼が給付をうけたかは不明である。
(17) たとえば貞享五年に明正上皇の院参衆となった正親町公通への給付について、院伝奏坊城俊広の日次記（国立公文書館内閣文庫蔵）では、地の文では役料と呼び（一一月一日条）、武家伝奏からの状では合力米と表記されている（六日条）。
(18) 泉井朝子「足高制に関する一考察」（『学習院史学』二、一九六五）。
(19) 寛文五（一六六五）年『寛文朱印留　下』（国立史料館、一九八〇）、延宝三（一六七五）年「禁中院中御料」（国立公文書館内閣文庫）、享保三年（一七一八）「公家衆家領・御切米・御扶持方幷方料之事」（『京都御役所向大概覚書　上』清文堂出版、昭和六三〈一九八八〉年）、平井誠二「雲上当時鈔」（『大倉山論集』二六、一九八九）ほか。
(20) 厳密にいえば、近世では天皇・上皇の御料も幕府が保障し与えるものである（前掲奥野著）が、朝廷の内分であるか、将軍からの給付であるかの差異は、大きな意味をもっていると考える（次章を参照）。
(21) 国立公文書館内閣文庫蔵「公儀向へ遣状認帳」。明暦二（一六五六）年から四年正月までの、武家伝奏から老中・所司代・高家などに出された状の控え。広橋家伝来の写本。清閑寺共房単名のものが収められており、原本は清閑寺家の史料であったかと思われる。
(22) 前掲「公儀向へ遣状認帳」に載せる六月一日付の高家宛両武家伝奏書状では、具体的な文面の中で第二カ条目は「新院参公家衆之事」となっており、おそらく本来は院伝奏人事に関わる具体的な情報が記載されていたものを、憚って簡略に写したものとみられる。朝幕間で人選が話し合われたのであろうが、具体的な内容はわからない。
(23) 国立公文書館内閣文庫、一六三―二一五。『万治年録』（野上出版、一九八六）二五二頁。
(24) 小宮木代良『江戸幕府の日記と儀礼史料』（吉川弘文館、二〇〇六）。

(25) 内閣文庫一六四―一。『寛文年録』（野上出版、一九八六―）一巻二四二頁。
(26) 実際にはこのような文言で所司代に尋ねよう、と武家伝奏・議奏が決めて天皇の許可を得ており、天皇が考えているわけではない。
(27) ここでの相談の内容は、石田俊「元禄期の朝幕関係と綱吉政権」（『日本歴史』七二五、二〇〇八）に一部言及されている。
(28) 山口和夫「霊元院政について」（今谷明・高埜利彦編『中近世の宗教と国家』岩田書院、一九九八）、久保貴子『近世の朝廷運営』（岩田書院、一九九八）。
(29) 平井誠二「武家伝奏の補任について」（『日本歴史』四二二、一九八三）。
(30) 平井誠二「確立期の議奏について」（『中央大学文学部紀要』一二八、一九八八）、久保前掲著。
(31) 編者は林述斎のもと「通航一覧続輯」などの幕府編纂事業に携わった幕臣。
(32) 史籍研究会『内閣文庫所蔵史籍叢刊　教令類纂』初集一（汲古書院、一九八二）、二〇頁。以下、『教令類纂』と略記。
(33) 禁裏付武家については、石川和外「禁裏付武家――朝廷内の旗本」（高埜利彦編『身分的周縁と近世社会八　朝廷をとりまく人びと』吉川弘文館、二〇〇七）に詳しい。
(34) 明暦元年「条〻」（明正院付武家令条／『教令類纂』初集一、一二七頁）。
(35) 禁裏付武家宛令状の内容とその変化については、田中暁龍がまとめているので参照されたい（「『菊亭文書』にみる江戸前期の朝廷の法度について」『桜美林論集』三六、二〇〇九）。
(36) 幕府の公式文書上、ただ「伝奏」（特に「両伝奏」）といえばいわゆる武家伝奏を指す。
(37) 寛文九（一六六九）年の転法輪家の加増、寛文一一（一六七一）年の七条家の加増が反映される一方、寛文九年の大炊御門家の加増が反映されていない。
(38) 司法省『徳川禁令考　一』（博聞社、一八九四訂正再刊）一三頁。『教令類纂』初集一、一二五頁。細かい表現の異同があるほか、第一条の「惣而～」以下が別条となり、最終条の「女二宮」がなくなる、などの差異がある。
(39) 藤井譲治「家綱政権論」（『講座　日本近世史４』有斐閣、一九八〇、のち『幕藩領主の権力構造』岩波書店、二〇〇二）。
(40) 田中暁龍「近世朝廷の法制と秩序」（『新しい歴史学のために』二五四、二〇〇三、のち『近世前期朝幕関係の研究』所収）。
(41) 黒板勝美編『新訂増補　国史大系四〇　徳川実紀』三巻（吉川弘文館、一九六四）三二九頁。
(42) 久保貴子『人物叢書　徳川和子』（吉川弘文館、二〇〇八）一〇九頁。典拠は特に示されていない。

(43)　久保前掲著、藤井前掲論文（前掲著、三四六頁）。

(44)　国文学研究資料館「久世家文書」一。同文書中には、梅小路家歴代の当主日次記の原本がまとまって収められているが、その理由は不明である。

(45)　岩倉具視が発議、明治一〇～一二〇年に中山忠能らが編纂した、近世の儀式書「公事録」（宮内庁公文書館蔵）では、武家伝奏の所司代亭参賀を年中行事として取り上げている。

(46)　史料15で触れた貞享四年の参賀においても、（理由は明らかではないが）芝山宣豊が特に願って同道している（坊城俊広「日次記」一月六日条）ことからも窺うことができる。

(47)　後世の武家伝奏の記録上、ごく普通にみられる。

(48)　たとえば京都大学付属図書館蔵「平松文庫」や、東京大学史料編纂所所蔵「徳大寺実堅武家伝奏記録」などに収める触留から、諸家への触をみることができる。

(49)　山口和夫によれば、一七世紀初頭の朝廷では、天皇・禁裏御所に属する堂上公家が「公家」であり、院参衆はそれとは区別されていた（山口和夫「近世の公家身分」堀新・深谷克己編『権威と上昇願望』〈江戸の人と身分3〉、吉川弘文館、二〇一〇）。こうした観点、また明正院に取り立てられ、その後公家身分に編入された存在も確認できない点などからして、明正院付公家衆の異質性は特記すべきものである。

(50)　本章であげた中では、史料10でこの表現が登場している。

(51)　のちの議奏に似た存在を、既に後光明天皇期に確認できるとの指摘がなされた（松澤克行「後光明天皇期における禁裏文庫」科学研究費補助金研究成果報告書『禁裏・宮家・公家文庫収蔵古典籍のデジタル化による目録学的研究（研究代表田島公）』二〇〇六、のち田島公編『禁裏・公家文庫研究　第三輯』思文閣出版、二〇〇九）。議奏制の制度上の淵源については、従来定説であった寛文年間より遡った検討が必要になっている。

(52)　たとえば、出羽松平家に嫁いだ出羽佐竹家の姫の事例（高橋博「近世中期における大名婚礼交渉の一側面――久保田・松江藩交渉と奥附家臣」『論集きんせい』一六、一九九四）、前田家に嫁いだ綱吉養女の事例（氷室史子「大名藩邸における御守殿の構造と機能――綱吉養女松姫を中心に」『お茶の水史学』四九、二〇〇五）など。

第2章　公家の知行・役料と家綱政権

はじめに

本章では、近世朝廷に関する基本的な制度のうち、その主要な構成員である堂上公家たちに対し、将軍から与えられた家領・家禄・役料の給付について、これらが家綱政権期を通じて確立したことを明らかにしようとするものである。

近世の天皇・朝廷に関する研究史をみると、特に寛文・延宝期をめぐっては、実証研究が相当に蓄積されている。高埜利彦は家綱政権の後期と重なる寛文期から、武家伝奏の候補を朝廷が選定するようになる元禄期までを含め、「霊元天皇の時代」を画期とみ、「統制機構の再確立」がなされたとした(1)。高埜は、さらに家綱政権が朝廷構成員を含む統一的知行体系の頂点に立ったとの寛文印知の評価を加えて通史的叙述を行っており(2)、ほぼ踏襲される枠組みとなっている。たとえばこの時期の朝廷に関する実証研究を多数発表してきた田中暁龍の近業では、寛文八(一六六八)年に老中板倉重矩が京都所司代に就任したことの意義が、弛緩した朝廷の引き締め、武家伝奏・議奏・近習小番制といった朝廷機構の整備にあり、元禄の「確立」の前提である、と述べられている(3)。

また近年、野村玄が、幕府にとって当該期を含め常に「叡慮の制御」が政治的課題であったとする視角を提起している(4)。寛文印知の評価を除くと、いずれも時代の枠組みとして特に家綱政権に着目するものではなく、やや乱暴にいえば非常に強い個性を示す霊元院の活動を主な軸として、これに対する朝廷・幕府のリアクションとして統制強化を論じる意識が強く、幕府の側に視点をおいて朝廷政策を詳しく論じたものはあまりない(5)。

今日の家綱政権における政策全体の理解を規定した先行研究としては、朝尾直弘・藤井譲治の仕事があげられる。朝尾は政権前期について、家綱元服の万治二（一六五九）年前後から、「権力編成上の原理的ともいえる転換」があり、門閥譜代の原理がみられるようになるとする。寛文二（一六六二）年頃からを政権後期とし、門閥派が優勢となり、譜代門地を中核とする「家」重視原理を基盤に、これを前提として幕府吏僚制が登場するとした(6)。朝尾は一方で、江戸幕府の朝廷政策について、家光政権期までに確立したとし、やはり今日までの基本となる理解を構築しているが、家綱政権の朝廷政策については論じていない(7)。

藤井は、朝尾の仕事を踏まえ、将軍個人の力量によらない、機構中心の権力構造の構築を説いた。やはり幕初の朝廷政策は家光政権末期までに「完了」し、家綱政権期では上洛が不要であるなど、いちおうの安定期に入っていたとみ、具体的な事柄としてはいくつかの法令をあげるにとどまっている(8)。

このようにみると、家綱政権の特質と関連づけて、当該期の朝廷政策を詳しく論じた仕事はあまりないといえる。本章では以上のような視点に基づき、「霊元天皇の時代」以前である政権前期にも目を配り、「家綱政権の朝廷政策」という視点から政策の特質を検討して、近世朝幕史上の位置づけを考えてみたい。

具体的な実証的課題としては、将軍を中心とする近世国家においては基本的な問題というべき、将軍からの加恩である家領・家禄・役料などの成立過程をとりあげる。第一節では堂上公家への給付の概要と成立過程について整理する。第二節では、より詳細な検討を加えるべき具体的事例として、近世の朝廷および朝幕関係における最重職のひとつである武家伝奏へ、幕府から給付された役料を中心に、堂上公家への役料制度の成立過程とその意義を論じる。

一　堂上公家の家領・家禄

１　幕府・朝廷からの給付の概要

まず、近世朝廷の主要な構成員である堂上公家に対して、幕府・朝廷から継続的になされる給付にどのようなものがあったか、先行研究の成果を交えながら整理しておく。(9)

①　家領・家禄

ａ　地方知行――江戸幕府による公家衆への知行宛行については、豊臣政権が公家を近世領主化したこと、また秀吉は知行の没収・再配分権を天皇に認めたが、江戸幕府のもとでは地方知行の宛行は基本的に将軍が行い、院御所の群立に伴い一七世紀に新家の取り立てが進んだこと、などが明らかにされている(10)。地方知行は、近世の堂上公家への給付の根幹であった。

なお、大名に対しては、将軍代替わり以外でも、加増・所替などに伴い宛行状を発給したことが、家綱政権下で一度あり、綱吉政権では元禄七（一六九四）年以降制度化されて多数発給されたことが明らかにされている(11)。これに対し公家の場合について『徳川家判物並朱黒印』をみると、家綱政権までは加増の際に新たな宛行状を発給した例があるが(12)、綱吉政権以降では、代替わり以外の発給はなくなるようである。加増があっても、次の将軍代替わりに伴う朱印改めまで宛行状は出ていない(13)。綱吉政権以降、大名と公家で発給原則が異なったことがわかる。

ｂ　蔵米――正徳・享保期に作成された京都町奉行所関連の業務上の覚書『京都御役所向大概覚書』所収の享保三（一七一八）年「公家衆家領・御切米・御扶持方幷方料之事」に、「御切米御扶持方」として二二家が記載されている(14)。同じく『大概覚書』所収の「禁裏院中御修理幷米金銀小堀仁右衛門渡シ方事」（上、八六頁―）。にも、同じ二二家が載っており、畿内の幕領を支配する小堀代官から給付されたことがわかる。このうち野宮・勘解由小路・土御門の三家は、地方知行取だが蔵米の給付も受ける特殊な家であり（後述）、残り一九家は、蔵米のみを家禄とする家である。慶応年間の「親王摂家以下家領由緒帳」[15]では、こうした家は二二家ある（後述のｃを除く）。給付は、米三〇石三人扶持がほとんどだが、芝山家は米一〇〇石、池尻家・梅小路家は米五〇石三人扶持とやや多い[16]。地方知行取への取立ては、正保四（一六四七）年にまとめて八家あり[17]、その後は宝永二（一七〇五）年の武家伝奏高野保春・延享四（一七四七）年の議奏八条隆英[18]とわずかに例があるが、これ以外では加増などの変化はないようである。

なお、逆に地方知行取から蔵米取となることは原則的にないが、例外的に、飛鳥井家・舟橋家・竹屋家では、災害による料所の損耗などを契機に、蔵渡しに切り替えられている[19]。竹屋家では、村名を替えて宛行状は発給され続けており、地方知行取の扱いが継続されるが、飛鳥井家・舟橋家では宛行状が発給されなくなっている[20]。

なお公家の家禄としての蔵米すべてを、朝廷からの給付とみなす見解があるが[21]、次に述べるｃとｂを混同したものと思われる。

ｃ　蔵米（朝廷内分）――ｂで触れた享保三（一七一八）年「公家衆家領・御切米・御扶持方幷方料之事」では、ｂの「御切米御扶持方」の二二家とは別に、「禁裏より被遣候分」という項目があり、北小路・石山・山井・入江・交野・沢の六家が列記される。この六家の家禄は、ｂと異なり、幕府の承認のもと朝廷から給付されていた。奥野高広は、弘化四（一八四七）年に、上記六家に大原・慈光寺・高松・藤井を加えた一〇家へ、朝廷から「合力米」各三〇石が給付されている事実を指摘[22]、以上の事実を紹介した山口和夫はこうした家が寛永期にすでに存在していた可能性を指摘している[23]。

慶応年間の「親王摂家以下家領由緒帳」をみると、この一〇家は家禄（すべて三〇石三人扶持）について「禁裏御蔵」より、と注記があり、これら一〇家の家禄は、一貫して禁裏御所の会計からの内分であって、将軍から給付されるものではなかったことが確認される。[24] 近世朝廷は、知行地を配分することはできなかったが、御所の料所から内分で蔵米を与えることは幕府から認められていたといえる。一七世紀前半の新家の取立てでは、朝廷内分の蔵米を家禄として取り立てられ、のちに幕府が給付するようになる例が多く（山口前掲一九九八）、こうした取立てをうけないまま、また絶家ともならずに残されたのが、これらの家々であった。

② 小番をつとめるが、当主ではない公家に対する給付

d 幕府からの方領——上野秀治によれば、幕府は当初、方領として地方知行五〇石から二〇〇石を宛行っていたが、元禄四（一六九一）年以降は蔵米支給に改め、地方知行を家領とする家へは一〇〇俵、蔵米を家禄とする家へは五〇俵を現米支給した。方領制度は豊臣政権下の慶長六（一六〇一）年にまでさかのぼることができるという。[25] 新見吉治によれば四斗入俵であるが、これは朝廷での一般的な計算であり、役料などの幕府からの給付が三斗五升入俵であるのとは異なっている。[26] 享保三（一七一八）年「公家衆家領・御切米・御扶持方幷方料之事」をみると、それぞれ「高百俵　四ツ物成」「高五拾俵　四ツ物也」であった。

公家の「役」は「公家衆法度」に規定される小番・家職などで、知行はそれに対する将軍の加恩であり、方領は知行をもたない堂上子息の番参仕に対する加恩と理解される（このような制度・理念が確立する過程については後述）。

e 朝廷からの方領——幕府ではなく朝廷が、番をつとめる堂上子息に給付する合力米の存在を、奥野高広が指摘しているが、具体例はいずれもcに該当する家である。[27] 慶応年間の「親王摂家以下家領由緒帳」をみると、cにあたる四家（石山・大原・慈光寺・高松）の「方領」二〇石について「禁裏御蔵」と注記する。朝廷が給付する方領が存在したことが確認できる。

従来明瞭には指摘されていないものであるので、具体例を二つ、武家伝奏広橋兼胤の公務日記からみておこう。[28] 宝暦三（一七五三）年三月七日、堂上公家四名が同伴者とともに武家伝奏から呼び出され、方領について願い出るよう

通達される。後日武家伝奏は、四名のうち山井兼敦の方領二〇石については「御所御蔵」より給付することを、付武士に心得のためとして伝え、「山井家ハ、自御蔵三十石三人扶持被下候ニ付、方領も御蔵より被下也」と付記している。翌月、山井を含む四名の公家に対し、方領を給付する旨が伝達され、武家伝奏が二条への挨拶・関東への礼状について伝えているが、山井はいずれも不要と伝えられている。

また宝暦八（一七五八）年二月二七日条に、方領を幕府から給付されるべき公家衆について武家伝奏が所司代に申し入れる記事があるが、そこに「別紙、石山右京大夫自御所御庫被下候、是ハ右京大夫（所司代松平輝高）心得ニ相達、関東ニ而ハ不沙汰由示之」と付記されている。四月一三日には、「禁中御蔵より下さる」石山への給付の伝達を、幕府から方領をうける面々と同時に行うと決められ、一九日には「石山方領廿石」を禁裏の蔵から給付する手続きをとるよう、武家伝奏が禁裏付武士に伝達している(29)。

このように、山井家・石山家のような家禄が朝廷の内分である家（c参照）では、方領についても将軍が給付することはなく、朝廷がやはり内分として給付していた。朝廷内の手続きでは、幕府から給付される家々に準じて処理をしているが、幕府役人への伝達は心得のための事務連絡のみで、将軍は個別に裁可することもなかったのである。

f　朝廷からの「加恩米」（方領に付随）——奥野高広はeと同じ項で、蔵米取の家の出で児《ちご》をつとめた者は、元服後も家を継ぐまで合力米一五石を給されたとしている(30)。宝暦二（一七五二）年、児久馬丸（町尻兼望）の元服後、方領をうける間は別途禁裏の台所から一五石を給付すると決まった(31)。この案件は、家格（蔵米三〇石三人扶持）からは方領二〇石が妥当だが、児料の額を保ち三〇石給付できないかという奥からの相談が発端であり(32)、また宝暦八（一七五八）年には、これを先例として高丘紹季への給付が決められている(33)。この町尻兼望のケースが初で、以後慣例化したものと思われる。

慶応年間の「親王摂家以下家領由緒帳」をみると、方領とともに「加恩米」給付をうけている家が、蔵米を幕府が給する家（豊岡家）・朝廷が給する家（石山家・大原家）ともにみえる。また地方知行取で、方領とともに「合力米」一五石をうけている家（綾小路家）もみえ、幕末には家格によらず、児経験者には等しく朝廷から一五石が家督相続まで給されたらしい。

③　役　料

g　幕府からの役料（武家伝奏・議奏・神祇伯・児《ちご》）――個別の研究の中で、具体的な事実関係が明らかにされてきた。まず、正保二（一六四五）年、新設の明正上皇付の院伝奏に対し、幕府から役料が設定されたことを山口和夫が示した[34]。筆者はこれについて、院伝奏のみならず明正上皇付の公家衆のおそらく全員に幕府から給付があり、明正院が将軍の血を引くことによる特殊な処遇であると論じた（前章）。これがおそらく、役職に付随する給付としては初めての例である。

武家伝奏には、承応二（一六五三）年から、五〇〇俵（三斗五升入・米一七五石）の給付があった。議奏については、給付にいたる経緯が詳しく明らかにされている。寛文一一（一六七一）年に議奏の職掌が拡大・公的化した際、朝廷から二〇石を給付することになり、延宝七（一六七九）年からは幕府が米四〇石を給付した[35]。やはり延宝七（一六七九）年から、神祇伯を世襲する白川家に幕府から「伯職神事料」三〇石が給付された事実を間瀬久美子が示している[36]。

また、禁裏御所の児にも、役料が幕府から給付されていた。『大概覚書』所収の記録では、「同所（二条）御蔵米・大豆并御役料・御切米・御扶持方定渡方之事」では、「禁裏御児　弐人御扶持方」分として「米七〇石余」とあり、「所司代在府中并交代之節裏判之事」（『大概覚書』上、五〇三頁）では櫛笥米丸・岩倉辰丸に半年分としてそれぞれ一七石八斗が給付されている。時代が下って天保一四（一八四三）年改「四御所旧院分限帳[37]」では二〇人扶持とある。これらの数字はほぼ同一であり[38]、近世を通じた幕府から給付される一定の役料があったとみられる。

武家伝奏・議奏・白川家については後にやや詳しく触れる。

h　朝廷からの役料（院伝奏・評定）――gで触れた議奏に対する給付は、寛文一一（一六七一）年～延宝七（一六七九）年においては禁裏料所からの内分であった。また詳しくは本書第Ⅱ部第1章で論じるが、霊元上皇以降の院伝奏・院評定は、明正上皇付の公家衆とは異なり、幕府からの給付はなく、上皇の御所の会計内での給付であり、最後の上皇・光格にいたるまで同様であった。

なお堂上に准じる扱いをうけた六位蔵人（定員四名）にも、朝廷から役料が給付された可能性があるが[39]、本章では省略する。

i　役料に准ずる給付（関白）――公家衆に対する役料給付は、延宝七（一六七九）年以降大きな変化がなかったようであるが、唯一の例外として、一九世紀に関白に役料的な給付がなされる事例がいくつか知られている。

〔一条忠良〕　文政四（一八二一）年、現米一〇〇石を給付[40]。

〔鷹司政通〕　文政一〇（一八二七）年、徳川家斉が異例の太政大臣宣下をうけたのち、褒賞の一環として、関白政通に在職中毎年五〇〇俵を幕府が給付するようになった[41]。その後、政通が関白を辞した際の記録をみると、長年の勤労を賞するため、加増が無理ならばと朝廷が申し入れたのをうけ、以降も生涯給付されることになっている[42]。

〔九条尚忠〕　安政六（一八五九）年八月、関白尚忠に在職中年五〇〇俵を給する旨が告げられ、同時に家禄も一〇〇〇石加増された。武家伝奏広橋光成にも褒賞があり、堂上公家数人も加増された様子がある[43]。理由は明確にされていない[44]。

〔二条斉敬〕　慶応二（一八六六）年六月には、関白斉敬に「役料」七五〇俵を給する話があり、斉敬が辞退して給付額は五〇〇俵となった[45]。

文政四（一八二一）年、一条忠良への給付が決定された際の、武家伝奏の公務日記の記述では、武家伝奏が先例を検討している。八月二八日に、忠良の精勤などを賞したいと仁孝天皇から検討を命じられ、武家伝奏が九月四日に示した前例は、三代続けて摂関をつとめた近衛家に将軍から伽羅・羽二重が下賜された例と、二代の天皇の和歌師範となった有栖川宮職仁親王に将軍から「心付」として在勤中米一〇〇石が給された例の二件であった[46]。関白の役料とみられる給付は含まれておらず、関白への役料的な給付は、これが最初であったこと、またあくまで特別の恩賞として理解されているとみてよいであろう。これに先立つ時期では、田中暁龍が、延宝六（一六七八）年の時点で鷹司房輔が幕府から「関白料」として白銀が給付されている例を指摘し、役料の初例と評価している。これが関白の職に対する給付であるのか、筆者としては留保したいが[47]、少なくともこの例は後世では認識されていなかったようである。

いずれも関白就任の時期とは大きく隔たり、一条忠良は関白就任後約七年、鷹司政通は約四年、九条尚忠は約三年、二条斉敬は約二年半が経過している。また斉敬への給付に際し武家伝奏が二条家家司に伝達した口述には「是迄御役料不被宛」などとあって[48]、関白職に付随して恒常的に設定・給付される、通常考えられる意味での「役料」は近世を通じて存在しなかったとみられる。ただし、同じ武家伝奏の口述には「是迄外御職御役料ハ五百俵之処」ともあり、何らかの事由があれば、「役料」名目で年五〇〇俵が給付される、という理解は存在したようである。おそらくは、一条忠良・鷹司政通の事例のように、ある種の褒賞として給付が決定されたのであろう。九条尚忠の場合は、条約勅許・和宮降嫁に関連した幕府のてこ入れと推測されるし、一条忠良の場合には、前年に将軍家斉の実父一橋治済が異例の従一位昇進を果たしており、また翌年に実現する家斉・家慶のやはり異例の昇進が、並行して交渉されていることが注目される[49]。将軍が天皇・朝廷を強く必要とした家斉の時代、および幕末に慣行化されたものであるといえる。

幕末には、幕府による諸家加増の話もしばしば起こっており[50]、文久三（一八六三）年には武家伝奏・議奏の役料も増額されていることも指摘されている[51]。朝幕関係の変化を示すといってよいであろう。上述の関白九条尚忠の加増に際し、三条実万は、鷹司政通が辞任した際（わずか三年前である）加増が掛け合われたが実現しなかったことを嘆いている[52]。条約勅許問題が、朝幕関係の一つの転換点であったことが確認されよう。

以上の給付について、③の役料については次章に譲り、①②を家に即して簡単にまとめておくと、近世の堂上公家の家は、

(イ)　幕府が宛行う知行地を家領とし、出番する子息には幕府が方領を給付する家
(ロ)　幕府が給付する蔵米を家禄とし、出番する子息には幕府が方領を給付する家
(ハ)　朝廷が給付する蔵米を家禄とし、出番する子息には朝廷が方領を給付する家

の三種に大別できる（特殊な例については本節3で触れる）。

(ハ)は、(ロ)に準じて近世朝廷が取り立て存続させた、「朝廷の内分の家」とでも呼ぶべき家々である。いずれも新家で、交野家を除き[53]、綱吉政権以降に取り立てられている[54]。元禄から享保期に取り立てられた新家は山口和夫によると一三家あるが、うち少なくとも八家が(ハ)にあたる。山口は、(ハ)の存在の可能性を提起したが、新家の取立状況については(ロ)(ハ)を特に区別せず、幕府は「やがて抑制に転じた」と評価した[55]。(ハ)を検討に入れてみれば、より明瞭な変化を指摘でき、家綱政権までの幕府は堂上公家の拡充に積極的であったが、綱吉政権以降は消極的となり、以降の新家の取立ては朝廷の内分として細々と行われたといえる。

2　堂上公家の家領の確立と変遷

蔵米取の公家については基本的に加増がみられないことは先述した。本項では、将軍の判物・朱印状で地方知行を宛行われた家（前項(イ)）について、加増状況を検討する。

かつて橋本政宣は、慶長期と延宝期の石高を比較、家によっては若干の加増があるが、基本的には慶長六（一六〇一）年の宛行が近世の基本となったとしたが[56]、本章ではもう少しきめ細かい検討を行っておく。公家の家領高に関して最も信頼できる一次史料は、『寛文朱印留』[57]『朱黒印』などでみることのできる、歴代将軍が発給した宛行状である。し

かしいずれも範囲に限りがあり、蔵米は記載されないから、堂上公家の知行・家禄の全体像を知るには不十分である。そこで従来注目・利用されてきたのが、信頼性はやや劣るものの、多くの家について、蔵米も含めて記載されるような、種々の書上類である[58]。これらの史料を通覧することで、おのおのの家への宛行高の変遷の全体像を知ることができる。

家領の変遷をみる前に、まず家への宛行の確立状況について述べておこう。一七世紀の書上類では、一家について複数名の宛行が記される場合がある。慶長六（一六〇一）年「諸知行高」[59]・元和三（一六一七）年「親王摂家諸家領」[60]・万治二（一六五九）年「京都御領　付領地割」[61]・寛文五（一六六五）年『寛文朱印留』から、そうした例を数えたのが表2である。

表2　複数の宛行をうける家数

	慶長6	元和3	万治2	寛文5
単独	38家	48家	88家	91家
複数	21家	22家	1家	2家

典拠：「諸知行高」,「親王摂家諸家領」,「京都御領 付領地割」,『寛文朱印留』.

慶長・元和では、当主のほか子や孫など、一家で複数名に宛行が行われている場合がある。しかし家綱政権期の万治期の書上、および寛文朱印では、一家に宛行状はほぼ一通となり[62]、明瞭な変化が見出せる。また、万治期の「京都御領　付領地割」では、記載は家ごとであるものの、知行地の内訳を詳しくみると、同じ村について二口の知行を記している場合がある[63]。これはおそらく、作成の際に利用された記録では知行が家ごとではなく従来どおり個人単位であったものを、集成する際に家ごとに整理したものであろう。過渡期的性格を見出すことができる。

慶長期について、上野秀治は、豊臣政権下から続く方領であると説明している[64]。表2で示した家ごとにみると、おおむね当主分のみが後世の家領となっており、同様の発想があったことは確かである。しかし注目されるのは、西園寺・花山院・正親町・万里小路・西洞院・水無瀬・吉田の各家では、複数の宛行を合計した高が、寛文印知以降の家領となっているとみられる点である。実際の宛行状の文面でも、寛文印知では複数の宛行状を合計する旨が記されている場合が散見される。慶長・元和期には、隠居や妻の知行もみられ[65]、総じて一七世紀初頭の宛行には嘱人的な要素が強いといえる。
以下、合算された家などから、具体的な知行の変遷や意識のあり方をいくつか検討してみる。

〔西洞院家〕　慶長六（一六〇一）年および元和三（一六一七）年段階では、時慶に計一八〇石が、息時直に八〇石が宛行われており、万治・寛文段階では聚楽西京御幸町を除く分が合わせて西洞院家一口として記され、以降西洞院家の家領となっている。この間の寛永一五（一六三八）年三月一九日、時慶の隠居に伴う処置が、江戸で武家伝奏に伝えられている[66]。西洞院松庵（時慶）「家領高」一八〇石余を孫少納言（時良）へ渡し、少納言の「方領」八〇石を「松庵隠居分」に下され、この二年前に没した宰相（時直）の「方領」八〇石は「上リ」つまり収公とある。時慶は翌年没したが、その際にはおそらくその八〇石は家領として当主分に合わされたのであろう。ここから、早くから「家領」「方領」の概念は存在すること、方領は代替わりなどに際して収公される場合とそうでない場合があることがわかる。なお、慶長・元和に時直の知行は一乗寺村五〇石・西朱雀村三〇石であったが、収公されているはずであるのに、前者は寛文印知以降の家領として確認でき（西朱雀村にかわっては、今里村三〇石分が増えている）、実際の知行地については柔軟な運用がなされていたこともわかる。

〔花山院家〕　慶長六（一六〇一）年「諸知行高」では、定熙に東九条村一二八石余①・今里村三〇石余②・吉祥院村四五石③が、忠長には朱雀村三〇石④・芹川村五〇石⑤が宛行われている。次に知行の内訳が明らかになる、元和三（一六一七）年の調査（親王摂家諸家領）および宛行（『朱黒印』）では、定熙に①④および新たに乙訓郡小塩村三五六石余⑥が、定好に②③⑤が宛行われている。定熙の所領が入れ替わっている。また忠長は猪熊事件により慶長一四（一六〇九）年に流罪となっているが、その所領④⑤は定熙・定好に分かれて引き継がれている。最後に、万治・寛文段階では、慶長および元和の「先判に任せ」として、①〜⑥がまとめて花山院家一口として記載され、これが以降の花山院家の家領である。慶長の先判とは、現存する慶長一八（一六一三）年八月六日付の宛行状二通である（『朱黒印』）。所領の内訳は記されないが、定熙宛に「家領」二八五石余に加えて新知二三〇石余、定好宛に二〇〇石という記載で、定熙・定好の高は元和段階にほぼ一致する。また、定熙についていう加増前の「家領高」は、慶長六（一六〇一）年段階の定熙の所領高とほぼ一致する。

複雑であるので、時系列で整理すると、慶長六（一六〇一）年の定熙・忠長の知行高のうち、定熙の高のみが慶長一八（一六一三）年の宛行状に「家領」と表記されている。しかし忠長分も、結局、花山院家に引き継がれているので、後世にいう方領だったのではなく、流罪に伴い一旦収公されたと考えるべきであろう。四年後、何らかの功績があって[67]定熙が加増され、息定好にも新たに宛行がなされた。定熙は慶長六（一六〇一）年の旧領高に加え加増とされたものの、実際の所領は一部は定好に移り、忠長の旧領も加わっていた。定熙・定好の知行が合算され、のちの花山院家の家領となった。知行の単位は個人であるが、完全に家と分離されて処理されているわけではなく、一端収公されたのち加増の際に加えられたり、息子の宛行の際に息子の知行に移されたりしている。

〔久我家〕　上野秀治が紹介している[68]。幕初の久我家では、慶長六（一六〇一）年に通前が宛行われた二〇〇石が、将軍から給付される領地のすべてであったが、久我家はこれは「方領」であり、上下久我村が「本領」であったが通前の父敦通が処罰をうけたため伝領していないものと主張して、明暦三（一六五七）年以降訴願運動を展開し、結局寛文印知の前年、寛文四（一六六四）年に五〇〇石（薪村、のち弓削村）の加増をうけることに成功し、計七〇〇石が以降の家領となった。この間の知行高を示す「霊元院御時代分限帳」[69]をみると、当主広通二〇〇石に加えて息通名も二〇〇石を有しているが、これは寛文朱印には反映されておらず、収公されたものとみていいだろう。ここでは後世の方領と異なり、当主の知行がない場合にも方領が存在しえたことがわかる。

〔中院家〕　橋本政宣が紹介している[70]。慶長六（一六〇一）年、中院通勝に二〇〇石、息通村に八〇石（一乗寺村・西朱雀村）の知行地が宛行われた。通勝が慶長一五（一六一〇）年に没した後、後者の八〇石は通村の実弟親顕（北畠家を相続。寛永七年没）に宛行われた。通村は後の元和元（一六一五）年に一〇〇石（上久世村）を加増された際、自分の旧料八〇石が親顕に宛行われたと述べ、二〇石の加増であると日記に記した。橋本は当初の八〇石を方領とみて、通村の理解はやや不可解としているが、この事例からは、家・個人への宛行、家領・方領の区別が明確には確立していない状況をみてとるべきであろう。通村への八〇石について、幕府は家督相続までの暫定的な給付として処理したが、通村の実弟に宛行っており、中院家と完全に無関係な知行として収公したわけではない。他方通村は、この八〇石を中院家で伝領されるべきものと理解していた。

このように、このころの子息らへの宛行分は、のちの方領と同様の運用をされることもあるが、代替わりの際の運用は柔軟であり、子孫に伝領される可能性もあったのである。慶長・元和には、隠居や妻に対する宛行も若干みられ、総じて一七世紀初頭の宛行には嘱人的な要素が強いといえる。

一家へ宛行状を複数出したり、それらを合算して家領とする例は、万治以降ほとんどみられなくなる[71]。家光政権期の状況が不明であるが、少なくとも家綱政権期には、宛行において嘱人的な要素が薄れ、家を宛行の実質的な単位とする原則が確立、またそれと対をなす個人的・一時的な給付として、方領の概念も確立したと考えられる[72]。堂上公家一家に原則一通の宛行状を一括して発給した寛文印知で、この区別が公的に確定したといえる[73]。

続いて、このような複数の宛行を合算したため記載高が増えた例を除く、公家への加増を概観してみよう。書上類から各家の家領高の変遷をまず把握し、加増の時期をできるだけ特定して作成したのが表3である。堂上公家を、家格・官途で四群にわけ、元号ごとに確認できる加増を示した。この表から、近世の堂上公家の家禄の変遷状況を概観してみよう。

まず全体として、近世の堂上公家は約一四〇家あるが、加増の頻度は少ないといえる。家格が高い摂家・清華家・大臣家は、加増の例が比較的多い。特に摂家は、五〇〇石、一〇〇〇石とまとまった加増がある。慶長・元和期は、

表3　堂上公家の加増一覧

	五摂家	清華・大臣家	その他旧家	その他新家
慶長·元和	鷹司250石	中院100石	飛鳥井100石　綾小路100石 上冷泉　松木150石 山科100万　三条西200石	4家*
寛永				11家*
正保		今出川300石		8家(蔵米→地方)*
慶安				
承応		今出川300石?*	難波100石?* 高倉?*	
明暦				
万治				○野宮150俵*
寛文	九条1000石	久我500石 三条200石 大炊御門200石	○清閑寺120俵*	七条50石
延宝				○勘解由小路100俵*
天和	一条500石 鷹司500石			
貞享		今出川300石*		
元禄		中院200石		
宝永				高野(蔵米→地方150石)*
正徳	近衛1000石			
享保	一条500石			
～18世紀	○鷹司400俵*			八条(蔵米→地方150石)*
安政6	九条1000石*	久我300石?* 正親町三条150石?*	橋本300石* 富小路200石?* 広橋100石?* 飛鳥井50石?*	岩倉200石?* 久世50石?* 千種200石?*
不明		醍醐12石 (幕末)	難波120石 (元和～万治)	樋口100石 (元和～万治) 藤谷100石 (元和～万治) 伏原100石 (正保～万治)

注1：○は蔵米の加増，数字は加増高，*は本文中で説明している事例，？は実施が定かでない事例を示す．
注2：典拠史料は下記の通り．『寛文朱印留』，『姫路酒井家本江戸幕府日記』，『寛文年録』，『大日本史料』12編31冊，『徳川実紀』，『所司代日記』，慶長6「諸知行高」(醍醐寺理性院)，元和3「親王摂家諸家領」(書陵部)，万治2「京都御領 付領地割」(尊経閣文庫)，寛文12「公家門跡領」(尊経閣文庫)，「家領集」(尊経閣文庫)，「禁裡御所幷宮家公家御領地記」(書陵部)，橋本論文．

やや例が多く、また家領高を確認できる史料が乏しく、他にも加増があった可能性もある。また新家では、一七世紀前半まとまった加増が三回ある[74]。次にまとまった加増があったとみられるのは安政六（一八五九）年であるが[75]、これは開港前後の政治状況がもたらした特異な事例であって、原則的に一八世紀以降はほとんど加増はなかったといえる。ここからみれば、一七世紀前半までの加増は、堂上公家の家領の確立過程として位置づけることもできよう。家綱政権期（承応～延宝）まではそれなりに加増の例があるが、それ以降はごくわずかとなる。五摂家のみは近世を通じて加増の機会があったが、寛文印知前後には近世の堂上公家の家領高はほぼ固まったといえよう。

3　例外的な家について

第一項では、堂上公家を給付のあり方から三種に大別したが、地方知行を宛行われながら、蔵米も給付される特殊な家も存在していた。次節の論述の前提となる事実として、史料上「御朱印之外」などと呼ばれ、将軍から給付をうけ、書上類には載ることがあるが、宛行状には記載されない知行・蔵米が、地方知行取の数家に存在したことを確認しておきたい。

〔清閑寺家〕　地方知行一八〇石のほか、「朱印外蔵米」「合力米」、年一二〇俵（三斗五升入、米四二石）。後述。

〔野宮家〕　地方知行一五〇石のほか、「合力米」年一五〇俵（三斗五升入、米五二石五斗）。後述。

〔勘解由小路家〕　地方知行一三〇石のほか、「加恩米」「合力米」年一〇〇俵（三斗五升入、米三五石）が、いくつかの書上に記載される。延宝九（一六八一）年八月五日、勘解由小路韶光を一〇〇俵加増する旨が江戸から所司代に伝達されている[76]。近代に子孫が提出した史料編纂所蔵「勘解由小路家譜」の韶光の項には、同月二三日付で「為学問料米百俵永〻拝領」とある。学問とは、勘解由小路家の家職である儒学であろう。新将軍綱吉による儒学重視の現れとみられるが、詳細は不明である。

〔白川家〕「御手代御役料」「伯神事料」、米三〇石。次節で詳しく扱う。

〔土御門家〕地方知行一七七石余の他、『大概覚書』に、米三〇石を小堀代官より給付するとある[77]。性格の似た史料である元禄期の「京都覚書」「京都役所方覚書」「元禄覚書[78]」、また家禄の書上である享保一二（一七二七）年「堂上方分限帳」（尊経閣文庫蔵）にもみえる。将軍個人の息災を願う巳の日の祓に対して給付される「祭料」三〇石[79]がその中身であろう。本来の性格は下行米に類する給付で、家禄の書上類でも多くは記載しない。

〔藤波家〕宛行状記載の地方知行一七二石余の他、伊勢神宮領内に「祭主職領」六六六石余。他方で家領を計一〇〇〇石と表記する例を、平井誠二が指摘している[80]。差引き一六〇石余については未詳。平井が分析した天保一四（一八四三）年の家計ではこれにあたる収入がみえず、また慶応年間の「親王摂家以下家領由緒帳」でも上記二口を記すのみである。なお、享保一四（一七二九）年段階を示す「山城国各村領主別石高表」をみると、宛行状記載の一七二石余の他に四ヵ村で計一〇〇石を知行しているが[81]、いずれも天保以降はみえない。近世中期に一時的に一〇〇〇石まで加増されたことがあるのかもしれないが、詳細は不明である。

〔鷹司家〕天保一三（一八四二）年段階で二条御蔵から「助情米」年四〇〇石を[82]、慶応二（一八六六）年段階で「幕府より千俵」を給付されており[83]、これは一九世紀を通じた同じ給付と思われる。詳細は明らかでないが、天明三（一七八三）年二月一五日に鷹司輔平の使が江戸で家費助の蔵米を謝しているのが初例か[84]。なお鷹司家の知行高は近世を通じ五摂家中最小であったが、前述した政通への給付五〇〇俵も継続され[85]、別途で上記の支給も継続されていたとすると、一九世紀を通じて幕府からの給付は計一五〇〇俵となる。高に換算して知行地一五〇〇石と合算すれば三〇〇〇石で、将軍からの給付の上では五摂家中最大となった[86]。

小　括

本節では、近世の堂上公家の家領・家禄・役料について、先行研究を踏まえて整理を行った。大まかにみて、遅くとも家綱政権期までに、家への宛行と方領の概念が確立する。家領の高もほぼ同時期に定まり、綱吉政権以降、五摂家を除き、加増はきわめて稀となる。また綱吉政権以降、幕府による新家の取立てが稀となり、家禄・合力米が幕末まで朝廷内分のままにとどまる新家が登場してくる。役料についても、寛文・延宝期に、以降の制度が確立している。一九世紀に一部の関白に対する給付が始められたとみられるが、これは褒賞としての性格が強く、厳密には役料とは性格を異にしているといえよう。

総じていえば、豊臣政権以来の統一政権による公家の家数および地方知行・蔵米給付の拡充は、家綱政権期におおむね終了したといえる。次節で検討する役料は、方領と同様、家領として伝領されない点に意味があり、家綱政権期にはその導入の前提が整っていたことを確認しておきたい。

二　堂上公家の役料

1　武家伝奏への給付の創始

武家伝奏への役料は年五〇〇俵といわれるが、その創始は従来明らかにされていない。家綱政権が最初に選任した武家伝奏清閑寺共房・野宮定逸について、中御門宣順の日次記に、

【史料1】

伝聞、自大樹（家綱）武家両伝奏へ合力米五百俵給毎年、難波（宗種）百石、菊亭（公規）三百石加増、

（書陵部蔵「宣順卿記」抄写本、承応二年七月七日条）

とあって、おそらくこれが初例ではないかと思われる。しかしこれは伝聞情報で、また併記される二家の加増についても確実には裏づけられず[87]、これのみでは信憑性にやや問題がある。そこで幕府の施策に関する基本史料である「江戸幕府日記[88]」を、姫路酒井家伝来の写本[89]によってみると、この約一月後、両武家伝奏が江戸に参府中の記事に、

【史料2】

一、依　勅答　勅使　・院使登　営、巳后刻御白書院出御、（中略）事畢、清閑寺・野宮、各一人つゝ、御合力米拝領之御礼、太刀目録吉良（高家義冬）披露之（後略）

（承応二年八月一七日条、『姫路酒井家本』二六巻、一六五頁）

とあり、江戸に参府した公家衆の辞見日[90]に、武家伝奏両名が、「合力米」を拝領した礼を、将軍家綱に対して行っていることがわかる。同時代の幕府記録の、信頼性の高い写本であり、史料1の情報の、合力米を幕府が両伝奏に給付することにしたという点については裏づけられる。さらに他の史料を探してみると、史料2の数日前に、次のような記録がある。

【史料3】

一、両伝奏江五百俵宛御加増被遣候旨、先頃板倉（所司代重宗）周防守上京之時分被　仰付被遣候、

（内閣文庫蔵「視聴日録」承応二年八月一四日）

典拠史料は水戸徳川家の江戸城詰役人が記した日録[91]。やはり伝聞情報であろうが、所司代板倉重宗がこの記事に先だって上京、両武家伝奏へ五〇〇俵ずつの「加増」を言い渡した、とある。水戸家の江戸城詰役人が、城中で史料2のような礼が行われると聞き、さかのぼった経緯に関する情報を得て記録したものであろう。

板倉の動静を塚本明の仕事でみてみると、この年閏六月一四日に江戸で日光参詣・上京の暇を乞い、七月三・五日頃京着の予定とされ、同一〇日には確実に在京している[92]。「徳川実紀」で補足すれば、六月二三日の京都大火をうけ

て閏六月二日に禁裏造営のことを議している。[93] 給付の伝達が七月で、板倉によったという史料1・3の記述と整合性がある。

以上を合わせて考えると、承応二（一六五三）年七月、上京した所司代板倉重宗より、時の武家伝奏野宮定逸・清閑寺共房へ、「合力米」として年五〇〇俵[94]が幕府より給される旨が伝達されたことは、ほぼ間違いないといえよう。[95] 野宮・清閑寺が武家伝奏に就任したのは承応元（一六五二）年二月で、かなりの日数が経過しているから、以前から武家伝奏への「合力米」給付が行われていた可能性は乏しく、まさにこの時に給付が始められたと考えられる。

前述のごとく、前代の家光政権期以来、明正院付公家衆に「合力米」が給付されており、公家への給付としては、これを直接の先例としたと思われる。将軍との血縁関係によらず、近世朝廷の職制の就任者に、こうした支援を適用（拡大）した点に、原則上の変化を認めることができるであろう。

彼ら以降の武家伝奏への給付の有無を調べてみると、次に給付を確認できるのは、家綱政権の後期に武家伝奏をつとめた正親町実豊、続いて中院通茂である。正親町実豊については、伝奏就任後初めて江戸に参府した際の「江戸幕府日記」に、

【史料4】

（前略）両伝奏御目見、御暇被下旨被　仰出、退座已後、
（武伝雅章）飛鳥井大納言
（同実豊）正親町大納言
自分之下向ニ付　白銀弐百枚ツヽ
（小字加筆）「奥　伝奏料五百俵被下旨上意相伝之、」

（「柳営日次記」寛文四年一二月七日条、『寛文年録』[96] 二巻、五六六頁）

とある。典拠史料は、「徳川実紀」編纂時に作成されたシリーズで、本文は御用部屋の記録に基づき、正親町の名前の上に「奥日記」に基づいた加筆があり(97)、新任の正親町の名の上に、「伝奏料」五〇〇俵の給付が伝達された旨が記されている。続いて中院通茂について史料をあげる。重要であるので、二系統の写本から示す。

【史料5】

巳后刻御白書院江出御、勅答・院答被　仰出、畢而公家衆御暇被下之、（中略）吉田侍従（兼連）使者江時ふく弐被下之、
中院大納言（武伝通茂）
右伝奏料五「拾」（百）（抹消）俵被下之、

（「柳営日次記」寛文一一年三月一四日条、『寛文年録』六巻、二三四頁―）

【史料6】

巳后刻御白書院　出御、勅答・院答被仰出之、畢而公家衆御暇被下之（中略）
一、中院事、伝奏料五十表（ママ）被下之
一、（方領の件、下略）

（「柳営日録」同日条、内閣文庫一六四―四）

史料5は「柳営日次記」、史料6は「右筆所日記」の抄写本である。実は中院と同時に日野弘資も武家伝奏となっており、この三日前には揃って就任の挨拶を将軍にしているのだが(98)、上掲の二写本どちらも「伝奏料」は中院のみ記載されており、日野には給付がないとみられる。公記録の表現が「伝奏料」となり、役職に対応する給付としての性格をより強めているが(99)、なお全員に給付されるものではなかったことがわかる。

さて、延宝三（一六七五）年に就任した花山院定誠・千種有能以降、「江戸幕府日記」にこうした記事はみえなくなる(100)。しかし、このことは給付がなくなったことを意味しない。一例として、天和三（一六八三）年に武家伝奏となっ

た甘露寺方長の日次記をみると、「役料」の給付は京都で所司代から伝達され、挨拶に出向いている。また江戸への礼状は特に出さないと決めている。[101]やりとりが京都で済むようになり、江戸での儀礼が不要となったため、「江戸幕府日記」上には特記されなくなると考えられる。

この事例では、江戸への礼状について議奏たちに尋ねる一方、同役の花山院定誠には問い合わせておらず、花山院には給付がなかったとみられる。しかし、すぐ後の元禄四（一六九一）年付の、京都町奉行所の職務の手引書である「京都覚書」では、個人名を欠く「伝奏衆御役料」二名分、計三五〇石（三斗五升入計算）が、二条蔵からの「定渡り」一覧に載せられている。[102]この段階では、武家伝奏全員を対象とする給付として定着しているとみられる。

家綱政権始動後まもなく「合力米」給付が始められ、政権後期にいたって「伝奏料」として定着、綱吉政権期には全員への給付が定例化したとまとめられる。

2　武家伝奏への給付の意義

本項では、武家伝奏に対して定額の給付がなされ、そして元禄期までは一部の武家伝奏のみへの給付にとどまったらしいことの意味を考えてみたい。

一七世紀以降の武家伝奏について、任免・家領高などを表4にまとめた。[103]これをみると、初めて給付をうけた野宮（8）・清閑寺（9）の家領高は、それまでの就任者たちに比べ明らかに少ない。また、以降の武家伝奏で、前項で給付の事実を確認した正親町実豊（12）・中院通茂（14）・甘露寺方長（17）と、給付がないとみられた勧修寺経広（10）・飛鳥井雅章（11）・日野弘資（13）・花山院定誠（16）の石高を比べてみると、前三者はやはり明らかに小身である。つまり元禄期までは、武家伝奏に小身の公家が選任された場合に限って、「伝奏料」が給付されていたことがわかる。[104]武家伝奏には、職務上多様な支出があったのであろう。[105]

同じ表4で以降の武家伝奏をみると、天和三（一六八三）年に就任した甘露寺方長（17）以降、就任者の石高の低下が目立ち、一五〇―二〇〇石ほどの公家が多い。甘露寺以降は、おそらく就任者全員に「伝奏料」が給付されたのであろう。比較的大身の就任者としては、一八世紀中期の久我通兄（32、家領七〇〇石）・広橋兼胤（33、家領八五〇石）が目に付くが、いずれも役料を給付されており[106]、この段階では全員への給付が定着していたとみられる。

「伝奏料」の給付によって、小身の公家が武家伝奏となる途が開かれ、朝廷が候補を選定できる時代になってからは、むしろ主要な選出母体となったといえる[107]。平井誠二はつとに寛文期頃武家伝奏の選出母体が昵近衆から議奏に変わるという傾向を指摘しているが、この時期の選出母体の変化は、より大きなものだったろう。

幕府の役料制度の研究においては、役職につくことは本来知行・俸禄に対する義務であったが、役職の負担は知行・俸禄に比例しないので、役付の幕臣が困窮する場合があったことから、知行・俸禄を補うものとして導入されたとされている[108]。武家伝奏についても同様であったと思われる。

さて、合力米（伝奏料）の給付により、小身の公家の登用が可能となったということは、逆に言えば幕府・朝廷が武家伝奏を選抜する際の選択肢が広がったということである。武家伝奏を出す家格ではない五摂家を除いて、地方知行取の堂上諸家の石高分布を、「寛文朱印」段階を例にみてみると、

・六〇〇石以上　　　　…一二家（昵近七）
・四〇〇石以上六〇〇石未満…　五家（昵近二）
・三〇〇石以上四〇〇石未満…　九家（昵近二）
・一五〇石以上三〇〇石未満…五五家（昵近八）

となる。表4と見比べてみると、承応以前では目立って小身の中院通村の三〇〇石を区切りとしても、合力米・「伝奏料」給付以降は、武家伝奏の候補となりうる家が約三倍に増えたといえる。平井が述べたように武家昵近衆という

表4　武家伝奏一覧（17世紀～18世紀中期）

	姓　名	就任／年齢	辞任／年齢	在任年数	石高(在任中)	昵近衆	備　考
1	広橋兼勝	慶長8／46	元和8没／65	19	600石余	○	
2	勧修寺光豊	慶長8／29	慶長17没／38	9	1000石 →708石？	○	
3	三条西実条	慶長18／39	寛永17没／66	27	300石余 →500石余	○	
4	中院通村	元和9／36	寛永7免／43	7	300石		譲位問題により罷免
5	日野資勝	寛永7／54	寛永16没／63	9	1100石余	○	
6	今出川経季	寛永16／46	承応元辞(直後没)／59	13	1055石余 →1355石余	△	「光台一覧」のみ昵近衆とする
7	飛鳥井雅宣	寛永17／55	慶安4没／66	11	828石余	○	
8	野宮定逸	承応元／43	万治元没／49	6	150石		合力米
9	清閑寺共房	承応元／64	寛文元没／73	9	180石		合力米
10	勧修寺経広	万治元／53	寛文4辞／59	6	708石	○	
11	飛鳥井雅章	寛文元／51	寛文10辞／60	9	928石余	○	
12	正親町実豊	寛文4／46	寛文10辞／52	6	352石		「伝奏料」あり
13	日野弘資	寛文10／54	延宝3辞／59	5	1153石余	○	
14	中院通茂	寛文10／40	延宝3辞／45	5	300石		「伝奏料」あり
15	千種有能	延宝3／61	天和3辞／69	8	150石		
16	花山院定誠	延宝3／37	貞享元辞／46	9	715石余		
17	甘露寺方長	天和3／36	貞享元辞／37	1	200石	△	議奏より／「光台一覧」のみ昵近衆とする
18	千種有維	貞享元／47	元禄5辞(直後没)／55	8	150石		議奏より
19	柳原資廉	貞享元／41	宝永5辞／65	24	200石余	○	「役料」あり(元禄覚書)／議奏より
20	持明院基時	元禄5／58	元禄6辞／59	1	200石		
21	正親町公通	元禄6／41	元禄13辞／48	7	352石余		
22	高野保春	元禄13／51	正徳2辞(直後没)／63	12	30石3人扶持 →150石		「役料」あり(元禄覚書)／議奏より／宝永2(1705)年取立
23	庭田重条	宝永5／59	享保3辞／69	10	350石		「伝奏料」あり(『大概』)
24	徳大寺公全	正徳2／35	享保4辞／42	7	410石余		「伝奏料」あり(『大概』)／議奏より
25	中院通躬	享保3／51	享保11辞／59	8	500石		

26	中山兼親	享保４／36	享保19没／51	15	200石		伝奏料あり(柳営日次記)／議奏より
27	園基香	享保11／36	享保16辞／41	5	180石余		議奏より
28	三条西公福	享保16／35	享保19辞／38	3	502石余	○	議奏より
29	葉室頼胤	享保19／38	延享４辞／51	13	183石		議奏より
30	上冷泉為久	享保19／49	寛保元没／56	7	300石	○	
31	柳原光綱	延享４／37	宝暦10没／50	13	200石余	○	議奏より
32	久我通兄	寛保元／33	寛延３辞／42	9	700石		役料あり(『兼胤』寛延３．７．27／１巻34頁)／議奏より
33	広橋兼胤	寛延３／36	安永５辞／62	26	850石	○	役料あり(『兼胤』寛延３．８．17／１巻59頁)／議奏より

注１：武家伝奏の顔ぶれは，川田貞夫・本田慧子「武家伝奏・議奏一覧」によった．
注２：石高は「諸知行高」・「親王摂家諸家領」・「京都御領 付領地割」・『寛文朱印留』・『京都御役所向大概覚書』・「親王摂家以下家領由緒帳」などによった．
注３：昵近衆は，藤井論文，橋本著（600頁），『翁草』・『思ひの儘の記』・『京都御役所向大概覚書』・『甲子夜話』・「雲上当時鈔」などによった．

条件も解かれたとすると、実に八倍近くに達する。武家伝奏となる可能性が大きく開かれたと考えてよいであろう。なお、その下に位置する蔵米取の新家からは、山口和夫が指摘したようにほとんど登用されていないが、武家伝奏を一一年もつとめ、その間に蔵米三〇石三人扶持から地方知行一五〇石取に取り立てられた高野保春のような例もあり（前掲注(18)）、可能性は皆無ではなかった。

また逆にいえば、一七世紀前半の武家伝奏の候補は、以降に比べ非常に限られていたといえる。表４をみると、清閑寺・野宮の前任である今出川経季（６）・飛鳥井雅宣（７）までの五〇年で就任者はわずか七名、譲位問題で罷免された中院通村（４）を除く六名は死ぬまでつとめている。平井誠二が推測したように、朝幕関係が定式化せず難職であったこともあろうが、候補がそもそも少なかったのであり、健康などに問題が生じても交替は困難であったと推測できる。一名が没しても後任が選定されず、武家伝奏が一年近く単独である場合が、承応期までに三回認められることは[109]、選任の困難さを示しているであろう。

おそらくは家光政権末期から、そうした状況が問題視され、家綱政権期に武家伝奏をめぐるひとつの改革が行われたと考えることができる。前項で述べたように、野宮・清閑寺の就任から合力米給付が伝えられるまで間が空いているので、両名を武家伝奏に登用するという決定が先にあり、後に彼らが小身であるという問題が顕在化、合力米給付という処置がとられたと考えられる。野宮・清閑寺の前任者飛鳥井雅宣・今出川経季のうち、飛鳥井は慶安四（一六五一）年三月二一日に没したが、おそらく直後の四月に家光が没したこともあり後任は決まらず、今出川経季が一人でつとめていたが、彼も没する事態となり、抜擢されたのが野宮・清閑寺であった。経季の辞任（数日後に没）と両名の就任には間が空いていないので、今出川経季の死亡はある程度予測され、先例を破って野宮・清閑寺を起用することは決まっていたのだろう。その一年半後、合力米が給付される直接の契機としては、給付が決定される直前に京都で起こった大火が注目される。御所も炎上し、朝廷運営の全般に携わる武家伝奏の職務が多忙化、彼らの知行高が低いという問題が顕在化したのではないか[110]。

一七世紀後半の五〇年では、就任者が野宮・清閑寺から元禄一三（一七〇〇）年に辞した正親町公通（21）までで一四名と倍増、在職中に没したのは野宮・清閑寺の二名のみ（後述）と、大きな変化が認められる（表4参照）。

先行研究によると、寛文期にはいくつかの点で武家伝奏制度が整備されている。寛文ごろから昵近衆以外からの武家伝奏の登用がみられるようになり（平井は背景として将軍上洛もなくなり、昵近衆と将軍の嘱人的な関係が希薄になったことをあげた）、寛文九（一六六九）年には、前年に没した高家吉良義冬も介在していた公家と幕府を結ぶ窓口を武家伝奏に一本化し、寛文一一（一六七一）年には月番制をとり、午後には来客に会わないことが定められた。田中暁龍は寛文八（一六六八）年に老中板倉重矩が所司代に就任・上京して取り組んだものと位置づけている[111]。本章で述べてきた事実を加えて考えると、これらの事実をより積極的に評価することができる。つまり家綱政権期、特にその後期にあたる寛文期に、武家伝奏をめぐる大きな改革（制度の確立）が行われたと考えられる。

寛文期には、京都町奉行制が確立するなど、上方における幕府の統治機構が整備・確立され、また幕府官僚に対する役料も制度化されたことは周知に属する。寛文期の武家伝奏制の整備について、田中暁龍は「合理化」とみ、平井誠二は同時期の議奏制の確立とあわせて、同時期に進行する幕府の制度整備とも「適合的」な「朝廷内の制度整備」と評価したが[112]、役料制という施策を踏まえてみると、武家伝奏に関する施策も、幕府による機構整備の一環という面をより重視すべきであると思われる。同時期に確立する議奏制についても、その後の研究で、先行する後光明天皇の時代に既に似た性格の存在を確認できることが指摘されている[113]。つまり以前から存在していた地位について、制度として整備され定着していく点に、寛文期以降の特徴があるといえる。

なお、武家伝奏の選出母体が大きく拡大されたことは、従来の幕府による選任という人選方式にも大きな影響を及ぼしたと思われる。平井誠二により、元禄期に武家伝奏の実質的な人選を幕府が朝廷に委ねるという変化が明らかにされ、朝幕関係の変化を示すトピックとして注目されてきた[114]。平井は変化の背景として、職務の儀礼化・形式化とともに人を選ぶ必要性の低下を想定、母体が昵近衆から議奏に移ったことと合わせ、武家伝奏が朝廷寄りの存在になったとみた。本章での検討からは、家領高以外の要素、たとえば能力や人格を重視して人選する仕組みを幕府が整えたといえ、少なくとも家綱政権は、武家伝奏を重視していたといえるであろう。たとえば中院通茂は、所司代板倉重矩（老中兼）が朝廷の引締めに際し連絡を密にし、後に武家伝奏とした人物であるが[115]、このような人事も「伝奏料」制度により可能となったのである。武家伝奏選任の手続変化の評価にも、再検討の余地があるのではないか。

綱吉政権については本章の射程を越えるので、元禄期までを見渡して精緻に検討することはできないのだが、本章で明らかにした事実からは、幕府による人選の難化という面を強調しておきたい。当時、上洛の途絶に加え、昵近衆などの公家の自発的な江戸参府も寛永期頃から減っており、将軍・幕閣と公家衆との対面機会は稀となっていた[116]。また幕府側でも、京都所司代を一四年間つとめた牧野親成[117]、寛永期以来朝幕間で活躍した高家吉良義冬[118]など、従来朝幕関係を担っていた面々が去っていた。将軍・幕閣による嘱人的な把握が難しい状況のもとでは、役料制の設定により候補を大幅に増やしたことは、人選を幕府側で行うことを実務上いっそう困難にしたであろう。関白近衛基熙が主導する安定的な朝廷運営に対する幕閣の信頼を前提としつつ、なし崩し的に候補者を朝廷が選任する仕組みに移行していったのではなかろうか(119)。

3　創始段階における過渡期的性格

前二項では、承応二年から清閑寺共房・野宮定逸に給付された「合力米」を、武家伝奏「役料」の創始とみて、論述を行った。しかし、野宮・清閑寺は旧例通り没するまで武家伝奏の任にあり、彼らの後任に選ばれた勧修寺経広・飛鳥井雅章は、おのおの祖父・父も武家伝奏をつとめた大身の武家昵近衆であった（表4参照）。したがって、当初は野宮・清閑寺を登用するための一時的な処置であった可能性もある。政権後期の「伝奏料」との相違点を示し、家綱政権前期の施策としてその特質を若干検討しておきたい。

野宮定逸が武家伝奏在職のまま没したのは万治元（一六五八）年二月である。明治政府に野宮家が提出した「家譜」の、定逸息定縁の項をみると、

【史料7】

（前略）同年（万治二）六月廿八日、父故定逸伝奏御役勤労ニ付、家禄ニ指加、現米百五拾俵為御合力米賜之、以後代々拝領之

（後略）

（東京大学史料編纂所蔵「野宮家譜」定縁項）

とある。後世の記録だが、定逸没後、家禄に加えて合力米一五〇俵が、子孫代々に給付されたとある(120)。もう一人の清閑寺共房は寛文元（一六六一）年七月、やはり在職中に没し、その約半年後、参府した勅使の辞見日に、「江戸幕府日記」は以下のように記す。

【史料8】

勅答ニ付諸大名勤仕無之、巳下刻御白書院　出御（中略、以下末尾小書加筆部分）

今日出御以前、老中書付を以両伝へ達、

覚

（一ヵ条略）

一、清閑寺家領之義被　仰進者、一位（故共房）へ被遣候御合力米之内、御差加、都合三百石之積可被遣旨之事、

（「柳営日次記」寛文二年四月二八日、内閣文庫一六四―一、『寛文年録』一巻、三五二頁）

御用部屋の記録に拠る記述とみられる小字での加筆部分で、故共房への「合力米」のうち、地方知行と合わせ三〇〇石となる分を家禄化するとの決定が、武家伝奏に伝えられている。(121)

その後両家とも当主が替わるごとに、先例による合力米拝領を幕府に願い出て承認されるという手続きを踏んでいる。(122) 前述したように、野宮家では地方知行一五〇石に加え米一五〇俵、清閑寺家では地方知行一八〇石に加え米一二〇俵が、いずれも幕末まで毎年給付されていたことは、複数の家禄の書上類から確認できる。計三〇〇石という数字は両家で共通している。細かくいえば、前掲の二史料の表現の相違の他、実際に米をうけとる蔵などで両者は微妙に性格を異にしているが、(123) 基本的に同じ処置をうけたとみてよいであろう。承応二（一六五三）年からの「合力米」は、当主が武家伝奏在職中に没した後、在職中の合力米五〇〇俵から、計三〇〇石相当となる分については、両家ともに実質的な家禄として継承されることになった。

このような処遇は、後に例をみない。たとえば、両名の次に在職中に没した武家伝奏である享保期の中山兼親は、「伝奏料」をうけていたが、(124) 没後も特に加増はなかった（表3参照）。このことから、承応二（一六五三）年に始まる清閑寺・野宮への「合力米」は、のちの武家伝奏の役料とはやや性格を異にし、加増としての含みもあって給付されて

いたのではないかと考えられる。伝聞情報ではあるが、史料3に「加増」とあったことも想起したい。

前節では、家領と方領について、だいたい家綱政権期にその区別が確立したと論じた。いわゆる役料も、方領と同様、子孫に継承されない点に意味があり、やはり家領・家禄の確立を前提とする制度であろう。野宮・清閑寺への「合力米」給付が開始された時期は、個人への給付と家への給付という区別が自明でない段階にあったことが窺える。本書では検討できないが、寛文期に幕府の広汎な役料制度が施行されるに先立っては、このような事例が幕府機構の各所でみられたであろう。野宮家・清閑寺家に実質的な家禄として歴代給付された蔵米は、役料制の確立をめぐる過渡期的な状況の名残を示すものといえる。

次に武家伝奏に対して給付が伝えられたのは、寛文印知の前年、寛文四（一六六四）年の正親町実豊に対してだが、ここでは公記録上「伝奏料」との語が用いられ、役職に対応する給付としての役料の概念が認められることは、先述した通りである。延宝期に議奏に役料が設定された段階では、老中奉書（後掲史料11ｂ）に「役料」の語が議奏の定員とともに明記されるにいたる。

4　役料制度の拡充

前述したように、家綱政権後期の延宝七（一六七九）年、議奏・神祇伯白川家に対して役料が設定されたことが既に指摘されている。本章のおわりに、これらの役料について史料から再確認しておこう。その正式な性格づけについて、まず朝廷側の記録をみる。

【史料9】

一、神祇伯御手代御役料被下事、　延宝七未年五月八日

一、御年寄衆《（議奏）》御役料被下事、　同日

（「禁裏詰所日記部類目録」諸堂上方之事）

典拠史料は、朝廷の口向役人である執次が輪番で記した公日記「執次詰所日記」を、主題ごとに整理した部類記である。これが朝廷側の公式な記録である。

前日の神祇伯雅光王の日次記には、「当家伯職役料三十石自当年拝領」とある（書陵部蔵「雅光王記」）。白川家の記録では、一一日付で、雅光ではなく、この年正月に神祇伯を退いた父雅喬が「御役料百俵」拝領を両武家伝奏から申し渡されたとして、礼状を老中・高家宛に認め、議奏今出川公規と同じ飛脚で江戸に送っているようである[125]。この日はたしかに武家伝奏が江戸から帰洛しており（史料編纂所蔵「兼輝公記」）、武家伝奏が老中と協議して給付を決定、帰京して報告したという平井誠二の理解が裏打ちされる[126]。

続いて「江戸幕府日記」をみると、

【史料10】

菊亭（公規）大納言・柳原（資行）大納言・持明院（基時）宰相・中園（季定）宰相
右四人、八木四拾石宛被下之、
白川（雅喬）二位
右八木三拾石被下之、但いつれも役料也

（「柳営日次記」延宝七年五月一五日条、内閣文庫一六四―二）

と、小字の加筆箇所に記されている。同一一日条では、「御用部屋日記」による本文に、「以継飛脚去ル十五日被仰遣候由」として同じ名前・石高の書上がみえる[127]。はじめに列記される四名は議奏（「年寄衆」）[128]、白川家の給付対象は前神祇伯雅喬である。

史料9や白川雅喬の礼状にみえる武家伝奏からの伝達後に、江戸から改めて飛脚で史料10のような伝達[129]がなされたとみられることは注目される。また白川雅喬の礼状では百俵とあるが、前述の雅光の日記や、白川家の記録にみえるこの年六月付の米請取証文では三〇石となっており、(130)以降の記録では後者の数字で一貫している。(131)はじめの内容や伝達過程に際して何らかの誤りや混乱があり、(132)武家伝奏が京都で伝達した後になって、さらに江戸から飛脚を立てるという事態になったものと推測される。

細かい経緯にやや不明な点が残るものの、白川家および議奏に対し、「役料」と明記される米の給付の決定・伝達が、同時に行われたことは明らかであろう。

白川家への給付については、議奏に比べると先行研究であまり事実関係が検討されていないので、少し詳しくみておこう。高埜利彦は、神祇伯の役料を天皇の「毎朝御拝」の代拝に対して設定されたものと推測したが、(133)史料9からそれが実証される。伊勢両宮・内侍所以下の神祇に「天下泰平、海内静謐、宝祚長久」を祈ることは、幕府が期待する近世朝廷の役割の一つであったことが確認される。(134)このような性格の役料がこの時期に設定された背景としては、霊元天皇がこの年二〜三月に疱瘡を患っており、かなり身体的に過酷なつとめである「毎朝御拝」を毎日行うには健康状態に問題があり、代拝が増えていたらしいことも指摘しておきたい。(135)また雅喬はこのころ家説・記録の整理を大いに進めており、こうした白川家の動きも背景にあったであろう。(136)なお、実際の受取手形の段階では、「神祇伯御神事役料」で、表現は若干抽象的になっており、以降の記録でも「伯神事料」との表現が一般的である。

礼状を認め、史料10で改めて受給者とされたのが、前神祇伯の白川雅喬であることに注意したい。また神祇伯のみならず摂政・関白も代拝をつとめた。延宝七（一六七九）年当時の関白鷹司房輔も、既に寛文期にそのための伝授を白川家からうけており（『伯家神道』）、次の関白一条兼輝が数年後に実際に代拝をつとめたことも知られている。(137)これらの点からいえば、この給付は「役料」とあっても、神祇伯の地位や、御拝の代官の執行者を厳密に対象とするものではなく、実質的には雅喬を長とする白川家への加増であって、家禄の加増とほぼ同義であったといえよう。

また議奏・白川家に加え、禁裏の「児」二名への給付も、確実ではないが、この年に整備された可能性がある。[138] 延宝七（一六七九）年に、単に議奏あるいは白川家への処遇の整備であったというにとどまらず、朝廷関係の役料制度が拡充・整備されたと評価することができる。

直接的な契機は不明であるが、前提としては、前年（延宝六）六月に、東福門院和子が没した影響を考慮すべきであろう。幕府から和子への経済的処遇については、全貌は不明であるが、久保貴子が示した寛文三（一六六三、和子五七歳）年ごろの例では、一年に金一〇〇〇両、銀三〇〇貫、賄入用米一六〇〇石、「被召仕候衆御切米」三七〇〇石が遣わされている。[139] これは同時代の天皇に与えられた料所と比較してみてもかなりの規模である。[140] この幕府からの給付は、和子の没後、打ち切られるか、少なくとも大きな変化をみたはずであり、特に財政面において、朝幕関係の再構築がなされていた時期ではなかったかと思われる。

さて、議奏・白川家への給付については、この段階で「役料」との語が用いられている。議奏・武家伝奏への給付を規定した幕府文書は文面が知られているので、比較してみよう。

【史料11】

覚(a)

徳大寺大納言為伝（公全）奏料米五百俵被下候間、家来手形松平紀伊守（所司代信庸）以裏判、勤役中可被渡候、但当辰年者弐百五石（ママ）俵被下候、来巳年より五百俵之積可被相渡候、以上[141]

正徳二辰

七月十一日

豊後（老中阿部正喬）　印

河内（同井上正岑）　印

加賀（同大久保忠増）　印

但馬（同秋元喬朝）　印

二条　御蔵衆

（後筆）「但、伝　奏替リ候度ゝニ御証文来ル、」

覚（b）

禁裏御側衆（議奏）五人役料米四拾石宛被下之候、従当申年者五人分面ゝ手形戸田越前守（所司代忠昌）以裏判年ゝ可被相渡候、右五人之内人替候共用此証文、以来迄此通手形取之可被相渡候、以上

延宝八申

四月十三日

備中（老中堀田正俊）　印

能登（同土井利房）　印

加賀（同大久保忠朝）　印

二条　御蔵衆

（「御老中御証文之事」『大概覚書』上、四四〇頁）

幕府の二条米蔵で実際の米の出納を管轄する二条蔵奉行に宛て、（a）武家伝奏・（b）議奏への給付を、老中が指示した証文である。両者を比べてみると、（a）は徳大寺公全という特定の武家伝奏に関して、その就任（正徳二年六月二六日）後に発給されており、後世の注記によれば伝奏ごとに証文が作成されるという。これに対して（b）は、対象者の個人名はなく職名のみが示され、発給時点以降の就任者すべてへの「役料」支給を制度的に定める形式となり、三十年余り経た後も効力をもっていたことがわかる。給付の決定（史料9・10）より約一年後に出されており、「今年からは」とあるが、おそらくは前年八月に勧修寺経慶・三条実通が加わって議奏の人数が五人に増えたことに応じ

て作成されたものであろう(142)。

この二通の形式の違いから、次の二点を指摘することができる。一つ目として、(b)が発給された延宝八(一六八〇)年段階では、「役料」という概念・制度が確立していたことが確認される。寛文期に既に幕臣への役料の体系が整備されており(143)、また前述したように武家伝奏への給付が「伝奏料」と呼ばれて既に慣行化していた。家綱政権期を通じて、幕府本体でも役料制が確立されたが、それは堂上公家に対しても同様だった。

二つ目として、両者の形式の差異は、幕府にとっての両者の位置づけを示しているとみられる。(b)のような形式は「役料」概念が確立していることを前提とするが、しかし(b)のような形式が、幕府による役料給付の典型というわけではない。(a)(b)の前後には、さまざまな職の役料を規定した同様の証文類が多数載るが、ほとんどが(a)のような個別に発給される形式であって、(b)のように恒久的な効力をもつ文書は、京都火消全体に三〇〇人扶持を給するとした証文くらいである(144)。(b)のような恒久的効果をもつ文書を一度発給して済ませることは、手続上は簡便であるが、反面一人ひとりについて老中奉書を作成する(a)に比べれば扱いは軽い。先行研究によれば、幕府は武家伝奏については最終的な任免権を握り、就任に際しては幕府役人同様に血判の誓詞をとったが、議奏については個々の人選にあまり立ち入らず、議奏の誓詞は幕府でなく天皇に宛てて書かれた(145)。幕府は個々の議奏と個別に関係を結ぶことはあまりなかったのであり、そのことも文書の形式上に顕れているのであろう。

小　括

以上、武家伝奏を中心に、江戸幕府から堂上公家への「役料」給付制度の確立過程を検討した。時期的には、①家綱政権前期の野宮・清閑寺の武家伝奏登用と「合力米」給付、②政権後期の武家伝奏「伝奏料」定着、③延宝七(一六七九)年の役料制度拡充、の三段階に分けて把握できる。また武家伝奏については、あわせて小身公家が武家伝奏に就任する途が開かれたことを明らかにした。

政権後期に幕府の役料制度が整備されたことは、広く知られる事実である。武家伝奏の役料制においては、政権初期に既にその前提となる個別事例があり、家単位の宛行を徹底した寛文印知を実施した政権後期において、「役料」概念が成熟・確立しうる前提が得られたと考えられる(146)。延宝の段階では、当初から明瞭に役料として設定がなされた。

前節で触れたように、一九世紀には関白への役料に准じた給付がみられるが、基本的には家綱政権下において、幕府による近世朝廷の役料制度は確立したものと考えることができる。元禄期以降、院付公家への役料給付が始まるが、これは朝廷の内分であった。

おわりに

本章で明らかにした内容をまとめると、家綱政権期において、まず家を対象として知行の宛行を行うことが定着し、政権後期の寛文印知前後に、将軍が知行・蔵米を給付する堂上公家の家、およびその高はほぼ定まる。以降、家禄の加増は稀となり、新家の取立は朝廷内部で蔵米を内分する形で行うようになる。また政権前期に、小身公家を武家伝奏に抜擢する人事とあわせて合力米給付が始められた。当初は家領の加増の含みももっていたが、おそらくは家領が原則的に確定していったことにより、寛文期には役職に付随する給付として定着、延宝期には明瞭な役料が議奏・神祇伯白川家に給付されるようになる。以降、幕末に役料の増額や加増の検討が行われるまで、これらの制度は基本的に変化せず、近世朝廷の基本的な体制となったと考えられる。一九世紀に一部の関白に対する給付が始められたが、これは褒賞としての性格が強く、厳密には役料とは性格を異にしているといえよう。

まとめていえば、家綱政権期の全体を通じて、近世朝廷を構成する堂上公家の家がほぼ固められ、その上に、非常に小規模ではあるが、家・個人によらず職に対し役料を給付される堂上公家の役人の機構が整備されたといえる。政策の基調は、従来指摘されてきた、家綱政権の幕府機構・領主階級に対する政策の特徴と適合的である。家綱政権は、朝廷・公家を含む領主階級に対して、基本的な姿勢を同じくする施策を施行していたものと評価できよう。全領主に対し一元的に宛行状を発給した寛文印知は、この点からも象徴的であったといえる。また近世朝廷・朝幕関係の観点からすれば、家光政権・綱吉政権期のような目立った政策ではないが、将軍と公家衆の関係、公家の家の安定と経済的基盤、朝廷における官僚制などの点において、以降の時代の前提となる体制が整ったという意味で、大きな意義をもつと評価できよう。

以下、本章で明らかにしえなかった課題を交えつつ、論点を整理しておきたい。

まず、対朝廷政策を幕府の全体的な政策のなかで位置づけてみる必要があること。役料制の定着を含む寛文期の武家伝奏制改革は、まさに同時期の幕府の上方機構の整備の一環であり、延宝期の役料制の拡充とあわせ、広くいえば家綱政権の特徴とされる、嘱人的関係を離れた統治機構の整備、の一環と位置づけられる。ただし当然のことながら、時期ごとの差異に留意することが必要である。朝廷政策も大きくみれば[147]幕府制度の整備の一環とみなしうる特徴をもつことは、家綱政権の一つの特徴であるともいえよう。

関連して、幕府の朝廷統制や朝廷内部の問題として論じられがちである、近世朝廷機構の整備過程についても、幕府本体の制度や理念の影響に留意する必要があること。本章でみた武家伝奏の事例は当然であるが、たとえば霊元院以降の仙洞御所において、院伝奏・院評定への朝廷内分の役料が制度化されたが、これは幕府制度の模倣であるといえる。近世朝廷の制度化は、同時代の武家制度の影響を強くうけていたといえる。

次に、朝幕関係史における時期区分について。家綱政権後期は、霊元院の登場とも時期的に重なっており、従来注目されてきた時期である。この時期が重要であることは本章においても明らかであるが、筆者は家綱政権前期に、小身公家の抜擢と合力米の給付があったことに着目し、家綱政権期という区切りを重視したい。綱吉政権以降、加増、新家の取立ては減少し、将軍による役料制も基本的に拡充されなかった。家禄じたいも朝廷の内分であるような家も登場してくる。綱吉政権は宝永期に天皇・院の料所の大幅な増進を行っており[148]、堂上公家衆への新たな給付は、原則的にはこの財源を基に、蔵米給付の形で天皇・院から行われるように大きく変化したといえる。家綱政権期の個別の事件や法令についてさらに検討し、綱吉政権期についても丁寧にみてゆくことが今後必要であるが、本章で検討した範囲では、統一政権が近世朝廷を近世国家の一部として組み込んでゆく過程の、一つの到達点が家綱政権であるとみておきたい。

次に、将軍が堂上公家に役料を給付することの意味について。古く矢野健治は、幕府に誓詞を提出し役料を受ける武家伝奏・議奏について「幕吏同様」とした[149]。筆者は、狭義の朝幕関係上特に機能をもたない神祇伯白川家や児への給付にみられるように、特に将軍に奉仕する公家に給付されるとは限らず、役における他の公家との質的な差異を示すものとみるべきではないと考える。幕臣への役料と同様に、基本的な性格は堂上公家に将軍が宛行う知行・俸禄の補塡であり[150]、知行・俸禄同様に、将軍が期待する機能を朝廷が十全に果たすために給付されたと思われる。近世の公家に対する最上の加恩は、幕末の例からみても、近世を通じて家領の加増であったと考えておくべきであろう。

家綱政権下において朝廷制度の整備が進行するのに合わせて役料制も整備されるが、その前提として家領・家禄の固定化が重要である。天皇・院は、一八世紀以降恒常的に幕府から財政上の補塡をうけ、また五摂家は近世を通じて加増の可能性があった。役料の対象となる堂上公家は、こうした存在に比べれば薄遇であった。

その他、上方における幕府官僚の役料制度の整備過程との関係、幕府による加増・新家の取立て・役料制の拡大が行われなくなることが、近世朝廷に与えた影響、朝廷構成員全体への給付の全体像[151]、世減制の有無、などが課題として残されている。

注

（1）高埜利彦「江戸幕府の朝廷支配」（『日本史研究』三一九、一九八九）・「序」（『近世日本の国家権力と宗教』東京大学出版会、一九八九）。

（2）高埜利彦「元禄の社会と文化」（同編『日本の時代史一三　元禄の社会と文化』吉川弘文館、二〇〇三）、同他編『新体系 日本史一　国家史』（山川出版社、二〇〇六）。

（3）田中暁龍「板倉重矩の京都所司代就任の意義」（『日本史研究』四六六、二〇〇一）。

（4）野村玄『日本近世国家の確立と天皇』（清文堂出版、二〇〇六）。

（5）高埜利彦は、（政権後期の）「諸政策と朝廷に対する統制策も連動するものがあった」（高埜前掲二〇〇三、三六頁）とし、平井誠二は、寛文期の議奏制整備などについて「朝廷内の機構整備は、こうした幕府の政策とも合致」とし、幕府政策との関連に消極的に言及している（「確立期の議奏について」『中央大学文学部紀要』一二八、一九八八）。

（6）朝尾直弘「将軍政治の権力構造」（岩波講座『日本歴史』一〇、岩波書店、一九七五、のち『将軍権力の創出』岩波書店、一九九四〈朝尾直弘著作集第三巻、岩波書店、二〇〇四〉）。

（7）朝尾直弘「幕藩制と天皇」（原秀三郎他編『大系 日本国家史』三、東京大学出版会、一九七五、のち『将軍権力の創出』）。

（8）藤井譲治「家綱政権論」（『講座 日本近世史』三、有斐閣、のち同『幕藩領主の権力構造』岩波書店、二〇〇二）。なおその後の研究の進展により、藤井が家綱政権発令として言及した法令のうち、「禁中御所条目」は後水尾院が発令主体であり（田中暁龍「寛文三年「禁裏御所御定目」について」『東京学芸大学附属高等学校大泉校舎研究紀要』一四、一九八九）、「新院御所条目」は家光政権期のものの再触であること（前章参照）が、明らかになっている。

（9）臨時の下賜物、拝借金、分賜米などは、かなり頻繁であり、また時期によって差異がある。また、大名家から妻を迎えた場合に、家領を超える高の知行が大名家から内分され、妻の没後も子孫に大名家から給付が続く例が指摘されている（松澤克行「公武の交流と上昇願望」堀新・深谷克己編『権威と上昇願望』〈江戸の人と身分3〉吉川弘文館、二〇一〇）。これらは、公家の財政基盤や、領主階級の中での性格を考える上で重要な要素であるが、本書では検討しない。

（10）山口和夫「統一政権の成立と朝廷の近世化」（『新しい近世史①　国家と秩序』新人物往来社、一九九六）・「天皇・院と公家集団」（『歴史学研究』七一六、一九九八）・「近世の公家身分」（堀新・深谷克己編『権威と上昇願望』〈江戸の人と身分3〉吉川弘文館、二〇一〇）。なお後陽成院の院参衆は、院の料所内に知行があったが（山口和夫「近世史料と政治史研究」石上英一編『日本の時代史三〇　歴史と素材』吉川弘文館、二〇〇四）、こうした例はその後確認できない。
(11) 藤井譲治『徳川将軍家領知宛行制の研究』（思文閣出版、二〇〇八）、補論Ⅱ。
(12) 慶長一八（一六一三）年花山院家（『内閣文庫史籍叢刊八二　徳川家判物幷朱黒印（一）』汲古書院、一九八八、以下『朱黒印』と略称、三一・三二頁）、寛文一〇（一六七〇）年三条家・大炊御門家（同二三・三八頁）。
(13) 一条家（天和・享保）、中院家（元禄）、近衛家（正徳元）、高野家（宝永）など。
(14) 岩生成一監修『清文堂史料叢書　京都御役所向大概覚書』上（一九七三、一六六頁―）。畿内における幕政に関する基本史料として利用されている。以下『大概覚書』と略称する。
(15) 国立公文書館内閣文庫（以下、内閣文庫）蔵。有官位者ごとに、家領・家禄などの給付・係累を書き上げたもの。慶応元（一八六五）年四月付のものが一揃いあり、対象がこれと重なる文久三（一八六三）年四月・慶応三（一八六七）年五月付のものが数冊ある。幕末期に少なくとも三度調査が行われた成果をまとめたものとみられ、内容はかなり詳細である。寛文七年「公家官禄帳」（尊経閣文庫蔵）と共通して、短冊を竪帳に張り重ねる形式（「明細短冊」）であることから、幕府文書と推測される。以上からみて信頼性が高いと思われ、本章では幕末期の状況については主にこれに依拠する。ほぼ同様の形態で、慶応四（一八六八）年および明治二（一八六九）年に作成された史料が、宮内庁書陵部にある（「公卿堂上家知行幷由緒」、慶応四・明治二）。大臣家以上を欠いている。また、一家分のみだが、同様の記載内容をもつ「嘉永七年四月御改写久我殿御由緒書」を、嘉永七（一八五四）年に久我家が両武家伝奏に提出しており、これは新将軍家定に家領安堵を申請するための書類であったとされる（国学院大学久我家文書編纂委員会『久我家文書』第三巻、国学院大学、一九八五、四二七―四三二頁）。

おそらく、朱印改のたびごとに各家から知行・係累を提出させて集成する行政慣行があり、幕末は変動する公武関係のもと、数度調査が行われたのであろう。
(16) 寛文・延宝期、各家の初代である芝山宣豊・池尻共孝・梅小路定矩は、晩年の後水尾院に仕える公家の中では、のちの院伝奏の地位につながる別格の位置にあった（山口和夫「近世史料と政治史研究」石上英一編『日本の時代史三〇　歴史と素材』吉川弘文館、二〇〇四、および本書第Ⅱ部第1章参照）。このことが家禄に反映されたのだろう。
(17) 山口前掲一九九八・二〇一〇。
(18) 山口前掲一九九八、宮内庁書陵部蔵「禁裏詰所日記部類目録」諸堂上方之事。禁裏御所の口向の役職である執次が輪番で記した公日記「詰所日記」の索引として作成されたもの。詳しくは拙稿「近世朝廷における公日記について」（田島公編『禁裏・公家文庫研究　第四輯』思文閣出版、二〇一二）を参照。なお、「執次詰所日記」本体の該当期間分は現存していない。

（19）竹屋家は延宝二（一六七四）年から（尊経閣文庫「家領集」）、舟橋家は天明二（一七八二）年・飛鳥井家は翌三年から（「親王摂家以下家領由緒帳」）。後者では一〇年ごとに更新した旨が記されており、当初は一〇年季の暫定処置であったものが恒常化したものとみられる。

（20）『朱黒印』一〇八—一一〇頁、一七五—一七八頁、一九八・一九九頁。幕末段階について『旧高旧領取調帳　近畿編』（木村礎編、近藤出版社、一九七五）をみてみると、竹屋家は領主として名がみえる。実際の支配・年貢徴収を、禁裏料などと同様に幕府代官が代行したのであろう。舟橋家・飛鳥井家の旧領分は、いずれも幕領・小堀代官支配となっている。

（21）橋本政宣「江戸時代の禁裏御料と公家領」（『歴史と地理』二七九、一九七八、のち『近世公家社会の研究』吉川弘文館、二〇〇二、四〇五頁）。

（22）奥野高廣『皇室御経済史の研究　後篇』（中央公論社、一九四四）三九六頁。

（23）山口前掲一九九八・二〇一〇。

（24）新見吉治は、つとにこの一〇家が朝廷から家禄などを給付されている事実を指摘したが、これをすべての蔵米取の公家にあてはめようとして、混乱を生じている（新見吉治「方領米と分賜米」『史学雑誌』六七—三、一九五八）。朝廷が家禄を給付するのはこの一〇家に限られる。

（25）上野秀治「近世堂上の方領について」（『日本歴史』四六七、一九八七）。方領の制度的創始については後述する。

（26）新見前掲論文一九五八、一九七四。小堀代官の蔵からの実際の給付を示す「禁裏院中御修理幷米金銀小堀仁右衛門渡シ方事」では、米四〇石・米二〇石となっている。

（27）奥野前掲著、三九七頁。

（28）以下、山井の事例は、東京大学史料編纂所編『広橋兼胤公武御用日記』三（東京大学出版会、一九九五。以下『兼胤』と略称）、三一〇・三一六頁・『兼胤』四（一九九七）、三〇頁。石山家の事例は、『兼胤』八（二〇〇七）、三五・六八・七〇頁。以下、東京大学史料編纂所を史料編纂所と略称。

（29）『兼胤』八（二〇〇七）、三五・六八・七〇頁。

(30) 奥野前掲著、三九七頁。
(31) 『兼胤』三(一九九五)、宝暦二年一月二二、三月二四・二六日条(一五・七六・七七頁)。
(32) 『兼胤』二(一九九二)、宝暦元年九月一八日条(一九〇頁)。
(33) 『兼胤』八(二〇〇七)、宝暦八年四月一九日条(七〇頁)。
(34) 山口前掲二〇〇四。
(35) 田中暁龍「江戸時代議奏制の成立について」(東京学芸大学史学会『史海』三四、一九八八)、平井誠二「確立期の議奏について」(『中央大学文学部紀要』一二八、一九八八)。
(36) 間瀬久美子「幕藩制国家における神社争論と朝幕関係」(『日本史研究』二七七、一九八五)。なお高埜利彦は近世朝廷の神祇祭祀を概説する中で、神祇伯の役料は五〇石でのち一〇〇石になったとするが、根拠は示されていない(「江戸時代の神社制度」同編『日本の時代史一三　元禄の社会と文化』吉川弘文館、二〇〇三)。
(37) 東京大学総合図書館蔵。奥書・蔵書印から、松井平蔵範春(禁裏付渡辺筑後守尚家士)が天保一四(一八四三)年に改めた原本を、弘化四(一八四七)年に坂田諸遠が書写し、南葵文庫に入った本である。
(38) 「所司代在府中弁交代之節裏判之事」中に、公家の三人扶持三ヵ月分として一石三斗三升五合を給付するとある。つまり一人扶持は年に米一石七斗八升(三斗五升入りで五俵余)であるから、二〇人扶持で計算が合う。
(39) 慶応年間の「親王摂家以下家領由緒帳」をみると、幕府から「極﨟料」として知行地が恒常的に設定されている極﨟(第一席)を除く三名の六位蔵人をみると、小槻明麗(壬生官務息)には「職料」三〇石、細川常典・藤嶋助胤には「御合力米」三〇石が、「禁裏御蔵」から給付されている。
(40) 山口前掲二〇〇五。後掲の九条尚忠・二条斉敬の事例も示されている。
(41) 藤田覚「天保期の朝廷と幕府――徳川家斉太政大臣昇進をめぐって」(『日本歴史』六一六、一九九九)。
(42) 「実万卿記」安政三年六月九日条、「聡長卿記」安政四年一月九日条(『孝明天皇紀』二巻、平安神宮、一九六七、五七六・五七七頁)。
(43) 大塚武松編輯『日本史籍協会叢書　所司代日記』二巻、一九二八、四一〇頁。ただし幕末の申告では反映されていない家もみうけられる(表3参照)。
(44) 関白九条については「当節御事多之折柄天下国家之御為不被存込諸事、禁裏ニ於テモ御安慮被思召候様被致心配」、武家伝奏広橋については「近来品々御事多之御時節相勤」が理由である。

(45)「朝彦親王御記」「二条家日記」など。『孝明天皇紀』五巻、七六二頁―。山口和夫はこの事例をあげ、実際に七五〇俵が給付されたとみて関白の役料の拡充としているが（前掲二〇〇五）、これは案の段階の数字であった。

(46)宮内庁書陵部蔵「山科忠言卿伝奏記」。なお、この記録をみる限りでは、仁孝天皇の発案が発端となっているが、表向きそのように記録されても、実際は幕府の提案である可能性もあろう。

(47)前掲田中著、二四五頁―。明確に制度として確立はしない給付が、関白の地位にある人物に対してしばしば行われていた可能性はある。ただし、史料の前後の文脈は、鷹司家（父子）への幕府の厚遇が説明されている箇所と読める。「関白料」という表現は、それだけでは「関白（である人物）の分」という程度の意で、むろん関白への役料を指すこともありうるが、房輔個人（もしくは鷹司家当主）への給付をこのように記述することもありうる。さらに前後の事例を収集し検討しなければならないだろう。

(48)「二条家日記」慶応二年一月四日条（『孝明天皇紀』五巻、七六三頁）。

(49)藤田前掲一九九九。交渉が進むさまは、当時の武家伝奏の日次記である書陵部蔵「山科忠言卿伝奏記」にみえる。

(50)上述の安政六（一八五九）年の加増のほか、文久二（一八六二）年六月には一二家の加増を幕府が提言している。後者は天皇の意向で諸家は辞退している（「実麗卿記」ほか。『孝明天皇紀』四巻、九頁―）。安政の加増も、幕末の家禄申告には反映されておらず（表3参照）、実現したかは疑わしい。双方で三〇〇石加増とされている橋本家のみが、幕末段階で三〇〇石増えた高を申告しており（「親王摂家以下家領由緒帳」）、どちらかで実際に加増されたのであろう。

(51)高埜前掲二〇〇一など。五年間との年限つきであったが、武家伝奏は七〇石、議奏は一〇〇石増額された（「通熙卿記」文久三年五月一五日条、「長橋局記」文久三年一一月一〇日条。『孝明天皇紀』五巻、七六二頁―）。なお、幕末には朝幕関係の変化に伴い、議奏が武家伝奏の上位と認識されるようになることが知られているが、役料にみられる幕府の位置づけは、武家伝奏上位のままであったことがわかる。

(52)「実万公幽居日記」安政六年九月四日条（『孝明天皇紀』三巻、三〇六頁）。

(53)史料編纂所蔵「交野家譜」によれば、後水尾院により取り立てられ、寛永年中に蔵米を家禄としてうけたが、願いにより禁裏御所の蔵米を拝領したとある。詳細は不明である。

(54)山口和夫に倣い、初代の元服・昇殿を取立て時期の目安とした。正宗敦夫編『諸家伝』（上・下、自治日報社、一九六八）、および史料編纂所所蔵の各家の家譜を参照した。
(55) 山口前掲一九八八。
(56) 橋本前掲一九七八・前掲著四〇二頁。
(57) 『史料館叢書　寛文朱印留　下』(国立史料館、一九八〇)。以下、『寛文朱印留』と略称。
(58) 奥野前掲著、二六九―二七七頁、小野信二「幕府と天皇」(『岩波講座 日本歴史』近世二、岩波書店、一九六三)、橋本前掲一九七八、西村慎太郎「近世地下官人の収入について」(『新しい歴史学のために』二五四、二〇〇三、後『近世朝廷社会と地下官人』吉川弘文館、二〇〇八所収)などで紹介・利用されてきた。
(59) 史料編纂所蔵写本。橋本政宣が用いている(橋本前掲一九七八、前掲著、四〇三頁)。
(60) 書陵部蔵写本。末尾に日付(「八月吉日」)とともに両武家伝奏の名がある。元和元(一六一五)年に、武家伝奏が諸家に家領の申告を命じており(橋本前掲著、四七七頁)、これを踏まえて武家伝奏が作成した、元和印知のための参考資料であろう。
(61) 財団法人尊経閣文庫蔵。奥書に万治二(一六五九)年三月とあるほか、作成経緯に関する情報は記されていない。なお、前月に、久我家では家領に関する訴願を老中に伝達するよう、京都所司代牧野親成に依頼している(『久我家文書』第三巻、四三三頁)。この年は朝尾直弘が家綱の成長に伴う画期とみた時期であり、のちに寛文印知に結実する代初めの知行安堵のため、幕府が調査を行った記録である可能性がある。
(62) 万治期の「京都御領　付領地割」での例外は九条家。「太閤」(九条幸家)分として一〇〇〇石が別途記載されている。これは九条幸家の子で新たな摂家として取り立てられた松殿道基の知行で、道基が嗣子なく正保二(一六四五)年に没した後、父幸家の知行となったものである。寛文印知後まもなく幸家が没し、九条家の家領に合わされた(「柳営日次記」寛文二年六月一九日、『寛文年録』一巻、三七二頁。『寛文朱印留』下)。寛文印知の例外は広橋家で、兼賢が五〇〇石、貞光が二五〇石を宛行われている。綱吉による宛行で合算された(山口前掲二〇一〇)。
　また、特殊な例として、今出川家のみは、寛文印知後も複数の宛行を受けている。一三五五石余の家禄とは別に「菊亭内室」宛に高三〇〇石の宛行状が発給され(『寛文朱印留』下、一四頁)、貞享元(一六八四)年四月三日、「高林院」の望みによるとしてこの三〇〇石は家領に加えられたが(内閣文庫「方長卿記」)、貞享朱印以降幕末まで、「高林院遺領」との名目で三〇〇石分の朱印状が、本領とは別に(宛所は同じになる)発給され続けている(『朱黒印』一、四二頁―)。これは当初、今出川公規室宮子（京極高和女、祖母は秀忠四女初姫）に対して、幕府から宛行われた知行地（いわゆる化粧料）と考えられる。なお万治期の「京都御領　付領地割」では、この三〇〇石分は記載がなく、本領のみが記されている。

(63)　後述の西洞院家については、今里村が五〇石・三〇石と二口記される。

(64)　上野前掲一九八七。

(65)　やや極端な例であるが、家康の近臣となった日野輝資（号唯心）は、慶長一八（一六一三）年に近江国に一〇三三石余を宛行われたが（前掲橋本著、五九八頁）、これは堂上公家日野家の知行とはまったく別個に宛行われたもので、伊予守資栄がうけついで奥高家の一家を立てた（『記録御用所本古文書』下、東京堂出版、二〇〇一、三六二頁）。

(66)　『姫路酒井家本』七巻、一八三頁。上野前掲論文では、これを踏まえた『徳川実紀』の記事を引用し、「堂上の家領や方領に対する規定が明瞭でなかった」としている。

(67)　具体的には不明である。なお、近い時期の朝幕関係上のトピックとしては、慶長一八（一六一三）年六月に「公家衆法度」が出ている。

(68)　上野前掲一九八七。以下、久我家の事例は国学院大学久我家文書編纂委員会編『久我家文書』三巻、四三三頁―、四巻、二七一頁―、「解説」。

(69)　東京大学総合図書館蔵。蔵書印より、渋江抽斎→小中村清矩→南葵文庫と伝来した本であるとわかる。記載は官位順で、寛文元（一六六一）年―同三年に相当する年齢が書き込んである。

(70)　橋本前掲著、四六三・四六四頁。

(71)　例外的に、今出川家の例（前掲注(62)）および享保年間の一条家の例がある。家光の養女として嫁いだ一条教輔室（池田光政女通姫、一条大政所、靖厳院）は幕府から二〇〇〇石を与えられており（朝尾前掲「将軍政治の権力構造」）、享保二（一七一七）年に没したが（『系図纂要』九巻、名著出版、一九七四、五三一頁）、二年後の吉宗による宛行では一条家が五〇〇石加増されていた（平井誠二「江戸時代の公家の精神生活」『大倉山論集』二五、一九八九）。史料編纂所蔵「一条家譜」所載の宛行状にみえる加増分は、元禄段階ではいずれも「一条大政所」領であり（『角川日本地名大辞典』角川書店）、教輔室の料所の一部が没後に家領に組み込まれたとみて間違いないであろう。

(72)　前述した、方領が元禄四（一六九一）年に従来の地方知行から蔵米知行となるという制度上の変更は、こうした概念の確立を踏まえ、制度的にもあくまで一時的な給付であることを前提とした形で確立されたものと理解される。

(73) 山口和夫は、寛文印知での例外である広橋家の事例（前掲注(62)参照）を重視し、これが解消された綱吉政権を画期とみる（前掲二〇一〇）。筆者は、幕末まで二通の宛行状が出る今出川家の例もあり（前掲注(62)参照）、全体の傾向からみても（表2）、家綱政権に画期性を求めるのが妥当と考える。
(74) 山口前掲一九九八。具体的には元和五（一六一九）年一〇月一二日加増の四家、寛永一五（一六三八）年三月一九日加増の一一家、正保四（一六四七）年五月七日地方知行取に取立ての八家。
(75) 京都所司代の記録（前掲注(43)参照）であり、加増が企図・伝達されたことは確からしい。しかし幕末期の家領書上類では反映されていない家も多く、実施は一部にとどまった可能性もある。
(76) 内閣文庫蔵「人見私記」。明和～天明期に書物奉行の任にあった人見又兵衛による「右筆所日記」の抄写本（小宮木代良『江戸幕府の日記と儀礼史料』（吉川弘文館、二〇〇六、二八頁他）。以下、「江戸幕府日記」関連の書誌情報、特に第二節は多くを小宮の仕事によった。
(77) 「禁裏・院中御修理幷米金銀小堀仁右衛門渡シ方事」（『大概覚書』上、八七頁）、「公家衆家領・御切米・御扶持方幷方領之事」（同一六六頁）。
(78) 京都町触研究会編『京都町触集成』別巻一（岩波書店、一九八八）所載、「禁裏・院中御修理幷小堀藤三郎より渡り方」（七四頁―）。
(79) 遠藤克己『近世陰陽道史の研究』（未来工房、一九八五、六一二頁）。元和・寛永年間の史料が紹介されている。
(80) 平井誠二「近世の大中臣祭主家」（藤波家文書研究会編『大中臣祭主藤波家の歴史』続群書類従完成会、一九九三）。
(81) 京都市編『史料京都の歴史　第三巻　政治・行政』（平凡社、一九七九）巻末。山口（泰）家文書「享保一四年　山城国高八郡村名帳」を底本とし、校訂したもの。乙訓郡大原野村・勝竜寺村・上狛村が「藤浪家領」となっている。
(82) 新見前掲一九五八・一九七四、飯島千秋『江戸幕府財政の研究』（吉川弘文館、二〇〇四）一七〇頁。
(83) 「朝彦親王御記」慶応二年一月一一日条（『孝明天皇紀』五巻、平安神宮、一九六九、七六三頁）。
(84) 「柳営日次記」（内閣文庫一六四―四一）。なお輔平は閑院宮直仁親王の子で、当時の将軍家治の室倫子女王の弟、当時の光格天皇の叔父にあたる。こうした関係のもと、五摂家中家禄が最小だったことをうけ、幕府から家禄の実質的な加増をうけるにいたったのではないか。
(85) 政通が関白を辞した際、長年の勤労を賞するため、加増が無理ならばと朝廷が申し入れたのをうけ、以降も生涯給付されることになっている。「実万卿記」安政三年六月九日条、「聡長卿記」安政四年一月九日条（『孝明天皇紀』二巻、平安神宮、一九六七、五七六・五七七頁）。

(86) 近世後期には鷹司家が幕府から重用されたとする先行研究の理解に適合的である（高埜利彦「『禁中幷公家諸法度』についての一考察」『学習院大学史料館紀要』五、一九八九）。安政六年、九条家が加増され最大となる。幕末には九条家にも「被遣米」があり、鷹司家への米も増えている（飯島前掲著、一〇五頁）。

(87) 難波家は、寛文朱印では元和朱印から観音堂村一二〇石が加増されており、これの誤記か。また今出川家については、前掲注(62)で触れた「内室領」三〇〇石を指す可能性がある。

(88) 小宮木代良は、いわゆる「江戸幕府日記」類を精緻に分類した性格に即して呼び分けている（小宮前掲著）。本章では、なお一般的な総称として「江戸幕府日記」の語を用い、小宮の仕事によりつつ出典注記を加えた。

(89) 姫路市立城郭研究室所蔵。影印刊行本（藤井讓治監修『江戸幕府日記　姫路酒井家本』全二六巻、ゆまに書房、二〇〇三・〇四）を用いた。同所載の解題などによれば特に初期の「右筆所日記」の写本としては最良とされる。以下『姫路酒井家本』と略称。

(90) 朝廷から将軍への使者の場合、初めの対面日に天皇・院らの言葉が伝えられ、その後能などの饗応があり、辞見日に将軍からの返答がある。どちらの対面の日にも、使者としてのやりとりの後、公家やその家臣が自己の挨拶を将軍に行うことがある。

(91) 小宮前掲著、八四頁―。

(92) 塚本明「板倉重宗の居所と行動」（藤井讓治編『近世前期政治的主要人物の居所と行動』京都大学人文科学研究所、一九九四）二六頁。

(93) 『新訂増補　国史大系　徳川実紀』四巻（吉川弘文館、一九六五、以下「徳川実紀」と略称）八一頁。なお徳川実紀編纂時、幕府蔵の「江戸幕府日記」は承応期分を欠いていたため（小宮前掲著、七一・七六頁）、史料1・2にあたる記述はなく、「水戸記」、つまり史料3による記事のみが載る（四巻、八八頁）。ただしこの日に礼を行ったという誤った記述となっている。

(94) 享保期初頭の「同所（二条）御蔵米・大豆幷御役料・御切米・御扶持方定渡方之事」では米一七五石とある（『大概覚書』上、一七四頁―）。三斗五升入り俵であることがわかる。

(95) 幕府側の高家吉良家の記録の写本からも、同じ事実が確認されることが明らかにされた（天皇と朝廷研究第六回大会平井誠二報告、二〇一二年九月）。

(96) 全六巻、野上出版、一九八六―。内閣文庫「柳営日次記」の影印出版。以下刊本名のみで記す。

(97) 小宮前掲著、一一・八五・八六・一一四頁など。「奥日記」は家綱側衆の日録とみられるが、原本は確認できないという。

(98) 『寛文年録』六巻、三三頁。また武家伝奏就任を謝す使者も、両名ともに前年の一〇月八日に江戸にいたっている（『寛文年録』五巻、三六六頁）。なお史料6は、既発表論文で出典注を誤った。お詫びし訂正する。

(99) 後掲史料11（a）のような証文が出されるようになったのであろう。

(100) 例外的に、享保五年一月一九日、中山兼親の「伝奏被仰付之、且伝奏料拝領之御礼差越使者」が江戸で暇をもらっている（「柳営日次記」、内閣文庫一六四―一八）。就任のみを謝す使者が派遣されるのが通例である。

(101) 内閣文庫「方長卿記」貞享元年五月二一―二四日条。のちに庭田重条の時から、江戸へ礼状を出すようになった（平井前掲一九八八、本書第Ⅱ部第1章）。

(102) 原田伴彦編集代表『日本都市生活史料集成』一（学習研究社、一九七七）二四二頁。

(103) 川田貞夫・本田慧子「武家伝奏・議奏一覧」（『日本史総覧　補巻二　通史』新人物往来社、一九八六）。

(104) 先行する明正院付公家衆への合力米・役料給付（前章参照）では、給付を受けない公家の存在を見出すことができなかった。小身公家のみへの支給が、明正院付公家衆の先例に従ったものであるか、それとも彼らと異なり将軍血縁者と関係をもたない武家伝奏特有の方式であるのかは、今後の課題としたい。

(105) 詳しくは不明だが、例えば小身の公家の場合、職務を果たすための家来を雇い足す必要があった、などの可能性が考えられる。

(106) 寛延三（一七五〇）年七月二七日・八月一七日条（『兼胤』一、一九九〇、三四・五九頁）。なお、就任直後に江戸に使者を出して就任を謝し（七月二二日暇）、宝暦元年三月一五日に就任後最初の参府では自ら将軍に就任を謝しているが、いずれでも役料への言及はない（内閣文庫蔵「柳営日録」、内閣一六四―一四・三六。中川忠英による「右筆所日記」の抄写本）。

(107) 主に小身の公家から武家伝奏が選抜されたことの意味は明らかでない。今後の課題としたい。

(108) 泉井朝子「足高制に関する一考察」（『学習院史学』二、一九六五）。

(109) 慶長一七年一〇月二七日―翌一八年七月一一日、元和八年一二月一七日―翌九年一〇月二八日、慶安四年三月二一日―承応二年一月二七日（川田貞夫・本田慧子「武家伝奏・議奏一覧」『日本史総覧　補巻二　通史』新人物往来社、一九八六）。

(110) 推測であるが、野宮・清閑寺を抜擢した段階では、しばらくつとめさせてから勤労を賞して加増するという予定だったのではないか。先任者では、三条西実条・今出川経季が、在任中に加増をうけた例がある。
(111) 以上、平井前掲一九八三、田中前掲一九九五・二〇〇一。
(112) 田中前掲一九八八、平井前掲一九八八。
(113) 松澤克行「後光明天皇期における禁裏文庫」（科学研究費補助金研究成果報告書『禁裏・宮家・公家文庫収蔵古典籍のデジタル化による目録学的研究』〈研究代表田島公、二〇〇六〉、のちに加筆して田島公編『禁裏・公家文庫研究』第三輯〈思文閣、二〇〇九〉）。
(114) 平井前掲一九八三、前掲注（1）。
(115) 田中前掲二〇〇一。
(116) 田中暁龍「公家の江戸参向」（竹内誠編『近世都市江戸の構造』三省堂、一九九七）。
(117) 牧野は一四年つとめたが、寛文三（一六六三）年頃から病む（藤井譲治「京都町奉行の成立過程」京都町触研究会『京都町触の研究』岩波書店、一九九六）。その後任の人選は難航し、結局老中板倉重矩が兼帯したが、その後の貞享・元禄期は特に短期の所司代が連続した。牧野と彼以前に計約五〇年つとめた板倉父子は、以降に職務が整備されていく京都所司代（田中前掲著）とは異質な存在とみるべきであろう。
(118) 近世初頭には二家しかない高家の当主で、もう一家の大沢家の当主が若死にを続ける中、秀忠時代から朝幕間で活躍した（前述した久我家の「復領」運動は、彼に働きかける形で行われていた）。寛文八（一六六八）年に没した翌年、彼の役割を武家伝奏にまとめる旨が布達されている。これ以降、高家は増員され、儀礼を担う職として制度化されていくと思われる。
(119) 平井誠二が示した元禄五（一六九二）年の史料（『基熙公記』）では、選任手続が正式に変わっているわけではなく、従来通り江戸から人選を伝えてくる可能性を慮りながら、京都所司代が関白を介して推薦を打診している。おそらくこの段階では、経験の薄い所司代の判断による内々の申し入れであった。翌年には再び幕府が選任したのだが、東山天皇は前年の手続きを根拠に、不快感を表明している（山口前掲一九九八）。所司代は短期の在任が続いており、彼の前任である土屋正直・内藤重頼・松平信興の在任中には、武家伝奏の交代がなかった。将軍・幕閣が江戸から動かない時代にあって本来武家伝奏の人選の実質的な中心となるべき所司代にも、それを可能とする経験・蓄積がなくなっていたのではないか。
(120) 同時代史料上の初出は、管見の限りは寛文八（一六六八）年の「公家官禄帳」（尊経閣文庫蔵）。

(121) 念のためこの場合の換算を記すと、高一俵＝切米（現米）三斗五升入＝高一石（年貢率三ツ五分）。なお、方領は「高～俵」表記で、四ツ物成（「公家衆家領・御切米・御扶持方幷方料之事」『大概覚書』上、一六七頁―）

(122) 『兼胤』七（二〇〇四）宝暦七年六月一九日条（二四七頁）、史料編纂所蔵「野宮定業卿記」天明二年四月二四日条、同所蔵「野宮定祥卿記」文政四年六月一四日条、書陵部蔵「山科忠言卿伝奏記」文政元年二月六日条など。

(123) 『大概覚書』をみると、清閑寺家へは二条蔵奉行が管理する蔵から、野宮家へは京都代官小堀仁右衛門が管理する蔵から給付がなされている（「禁裏・院中御修理幷米金銀小堀仁右衛門渡シ方事」「同所（二条）御蔵米・大豆幷御役料・御切米・御扶持方定渡方之事」）。他の給付をみると、二条蔵奉行からは武家伝奏役料・議奏役料・白川家神事料・禁裏の児二名の扶持など、小堀代官からは蔵米・方領米・合力米などを渡しており、大まかに言って前者は役料的な給付、後者は家禄的な給付である。清閑寺家への給付は武家伝奏役料の延長上として位置づけられ、野宮家への給付はより家禄としての性格が明瞭であるといえる。ただし承応二（一六五三）年段階の給付がどのようになされたかは不明であるので、どちらがより原初的な形態であるのかは明らかでない。

(124) 伝奏就任・役料を謝す使者を江戸に派遣している（内閣文庫「柳営日次記」享保五年一月一九日条、内閣一六四―一八）。

(125) 「役料礼状之事」（『伯家神道』四四七頁―）。また、天保八（一八三七）年に三河の平田門人竹尾正寛の蔵書を、同門の羽田野敬雄が写したとの奥書をもつ豊橋市立図書館蔵『神祇官記録』所収の「伯職御役料米古記」に、ほぼ同文が「雅喬王記録曰」として写される（間瀬久美子氏のご教示による）。ただし、前者の差出は「雅喬」、後者は「雅喬王」である。なお、延宝七年の「雅喬王記」は現存しないようである。

(126) 宮内庁書陵部「庭田重条日記」。平井前掲一九八八、同「江戸時代における年頭勅使の関東下向」（『大蔵山論集』二三、一九八八）。

(127) ただし「白川三位」となっている。雅喬息で新神祇伯の雅光は従四位下であるから、二位を誤写したものとみておく。

(128) 『武家伝奏・議奏一覧』を補う点として、中御門資熙がこの時点では免ぜられていること、また持明院基時が議奏であったことがわかる。延宝七（一七六九）年八月三〇日に三条実通・勧修寺経慶が任じられており、基時はおそらくこの時まで議奏をつとめたのであろう。

(129) 「徳川実紀」には史料10に基づく記事があり、平井誠二はこれを役料が実際に支給された記録と解している（平井前掲一九八八）。しかし江戸から飛脚で伝達され、またわざわざ「江戸幕府日記」に記載されていることを考えると、単なる事務連絡であったとは考えにくいと思われる。

(130) 延宝七（一六七九）年六月付の受取手形（「伯職御役料米古記」所収）。両武家伝奏雑掌の奥印、所司代の裏書がある。

(131) 正徳期の幕府側の記録（正徳四〈一七一四〉年「同所御蔵米・大豆幷御役料・御切米・御扶持方定渡方之事」岩生成一監修『清文堂史料叢書　京都御役所向大概覚書』上、一九七三、一七四頁―）、幕末維新期の記録（「親王摂家以下家領由緒帳」慶応元～三／内閣文庫、「公卿堂上家知行幷由緒」慶応四・明治二／書陵部）。

(132) 史料9では神祇伯（雅光）とあり、史料10では白川二位（雅喬）とある。おそらくこの時点での神祇伯・白川家の活動のイメージは、神祇伯を寛永一九（一六四二）年からこの年正月まで、三〇年以上つとめた雅喬のそれと一体であって、雅喬が神祇伯を退いたことが十分理解されず、神祇伯雅喬王を念頭において設定されたのではないか。

(133) 橋本政宣の整理によれば、近世の神祇伯の職掌は、①内侍所守護、②毎朝御拝代拝、③摂関へ神祇道伝授、④大嘗祭・新嘗祭卜定の下知、である。②は天皇が毎朝、伊勢以下の諸神を拝し、天下泰平、海内静謐、宝祚長久などを祈願する。天皇が行う神事の最も基本的・中心的なもの。代拝は摂政か神祇伯がつとめた（橋本政宣「天皇の毎朝御拝と臨時御拝」『古文書研究』五四、二〇〇一、『近世公家社会の研究』吉川弘文館、二〇〇二）。

(134) ただし、給付高からいえば地方知行取の公家の方領より少ない量であって、幕府が特に重視していた、とまではいえないだろう。その他の朝廷神事には下行米が支出されるし、内侍所には独自の知行が設定され、さらに享保期には幕府から五年に一度「足米」もされている（「伝奏園大納言殿日記」享保一三〈一七二八〉年一月一九日条。田中暁龍「史料紹介「享保期の武家伝奏日記」について」『東京学芸大学附属高等学校大泉校舎研究紀要』二三、一九九八、一一九頁）。

(135) 藤井讓治・吉岡眞之監修・解説『霊元天皇実録』一（ゆまに書房、二〇〇五―）、二四二―二五〇頁。このころの「雅光王記」にはしばしば「神拝勤」とあり、また霊元天皇の酒湯日には「此中ノ苦労として」銀子を拝領している（三月一日条）。

(136) 雅喬の家説・記録整理については、曽根研三『伯家記録考』（西宮神社社務所、一九三三）一七頁―、『伯家神道』所収の各史料を参照されたい。給付を伝達する書付には、「白川家大役数年苦労之事上ぶんにたつし」とあった（「雅光王記」五月七日条）。なお当時の関白一条兼輝の日記には、この時期しばしば来訪した雅喬と面談した記事がみられるが、内容は触れられていないことが多い（史料編纂所蔵謄写本「兼輝公記」）。

(137) 松澤克行「近世と天皇と学芸――「禁中幷公家中諸法度」第一条に関連して」（国立歴史民俗博物館編『和歌と貴族の世界』塙書房、二〇〇七）。

(138) 後年「児」への給付の先例が問題となった際、武家伝奏花山院定誠に問われた前任の千種有能は、記憶が定かでないとしながらも、延宝七年の記録を調べてみたと述べている（内閣文庫「方長卿記」貞享元年六月二六日条）。

(139) 久保貴子『徳川和子』吉川弘文館、二〇〇八、一四九頁。なお入内から没するまで、幕府から「化粧料一万石」が給されていたとする説もある（日柳彦九郎「徳川時代の記録に現われたる皇室費」（二）『山口商学雑誌』四、一九二九、京都市編『京都の歴史五』学芸書林、一九七二、『国史大辞典』北原章男「東福門院」）。しかし史料的裏づけはとれず、真偽は不明である（久保著、一七九頁）。

(140) 仮に米価四〇匁／石、一両＝五〇匁として換算・合計すると、金なら一万四四〇両、銀なら五二二貫、米なら一万三〇五〇石に相当する。物成四ツ五分とするとちょうど地方知行二万九〇〇〇石相当である。同時期の禁裏料所は二万石（上と同比率で計算すると、収納米九〇〇〇石として、銀三六〇貫、金七二〇〇両相当）である。この数字はあくまで概算であるが、和子への給付が非常に大きなものであったことはわかるであろう。

(141) 公益財団法人三井文庫蔵の写本（C二四一―一四二）では、「弐百五拾俵」とある。

(142) したがって、（b）は議奏の定員を幕府が確定した文書ともいえよう。なお平井誠二は議奏役料の支給法を示すものとして（b）をあげ、延宝七（一六七九）年時は不明だが、翌八年にはこのように定められた、と述べている（平井前掲一九八八）。筆者は、当初は（a）のように個々の議奏名を記した文書が作成された可能性があるが、支給方法は当初から同じであったのではないかと思う。

(143) 泉井前掲一九六五。

(144) 「御老中証文之事」は『大概覚書』上、四三三―四五七頁。火消への給付に関する証文は四四二頁所載。

(145) 前掲平井一九八三・一九八八、田中一九八八。「朝家御為」と記される。

(146) ただし、神祇伯を世襲し天皇の毎朝御拝代官をつとめた白川家に対して給付された三〇石のように、家禄と役料を実質的には区別しがたい場合もある。

(147) 幕府本体では、寛文期に施行された制度では職ごとに役料が定められ、天和期に一旦廃止され、元禄期には基準高に満たないものへの給付として復活したという（泉井前掲一九六五）。武家伝奏への給付はこれと逆の動向を示している。堂上公家に対する役料制度は、幕府官僚に対する役料制度と似た基本姿勢に立脚するが、政権前期における合力米給付のあり方にも規定されており、細かくみれば朝廷政策としての特徴も維持している。

(148) 宝永二（一七〇五）年禁裏料を一万石増進（奥野前掲著、二六七頁）、宝永三（一七〇六）年霊元院料を三〇〇〇石増進している（同五二五頁）。
(149) 矢野健治「江戸時代に於ける公家衆の経済」上（『歴史地理』六六―三、一九三五）。
(150) 公家の役料観が常に同様であったことを意味するものではない。将軍の上洛や公家の江戸参向が激減し、知行の宛行が将軍代替わりごとの単なる書類事務となってゆくと、改めて将軍から給付されることになる役料については改まった認識がもたれるようになったであろう。
(151) 近世朝廷の構成員は当然堂上公家のみではなく、親王家・門跡・地下官人・非蔵人・口向役人・女房衆などからなる全体像についても検討しなければならない。一例をあげると、非蔵人番頭には役料五石が給付される（「非蔵人番所日記」天明三年四月二四日条）。また六位蔵人については前掲注(39)参照。

第II部　近世朝廷機構の成立と上皇

第1章　仙洞御所機構の確立と霊元院

はじめに

第II部は、主として禁裏以外の御所の機構について検討する。本章では、上皇の在所である仙洞御所における機構が、一七世紀後半、霊元院の時代をはさんでどのように確立したかを明らかにする。一九七〇年代以降、近世朝廷の諸機構の解明が進められ[1]、機構の整備・確立が進んだのは一七世紀後半であり、後水尾上皇の主導のもと武家伝奏・議奏・近習小番など禁裏御所の中枢をなす機構がこの時期に整備されたこと[2]、また後水尾院没後の天和～元禄期に霊元院による「院政」路線と、関白近衛基熙らの関白―武家伝奏という「統制機構」主導路線が対立し、後者を是とする幕府による圧力があり、結局「院政」路線は排されて関白・武家伝奏らによる「統制」が確立する、という枠組みが提示されている[3]。これらの蓄積は重要な成果であるが、近世の天皇・朝廷研究じたいが歴史の浅い分野である以上当然のことながら、なおいくつもの課題を残している。

その一つに、上皇の御所（仙洞御所）の機構の解明があげられる。従来の制度研究は、朝廷運営・朝幕交渉を担う武家伝奏ら、天皇の御所（禁裏御所）の機構に関して分厚いが、仙洞御所もまた近世朝廷の重要な構成要素である。単純に構成人数の点からみても、天皇の御所（禁裏）に次ぐ規模の御所であり[4]、近世朝廷の全貌を考える上では欠かせない要素であるが、さらにまた近世朝廷において上皇が果たした役割を制度的に支えたという点で、仙洞御所の機構は重要な意味をもつ。近世朝廷では生前譲位が復活したが、当然先例として意識されたであろう生前譲位途絶以前の朝廷は周知のごとく治天の院の支配下にあった。また近世においても特に一七世紀には後水尾院・霊元院という二人の上皇が大きな影響力をもち、上述の禁裏御所の機構の整備にも深く関わっていた。こうした当時の状況を考えると、上皇のもとにある仙洞御所の機構とその確立過程を解明することは、単に朝廷の一要素の解明であるにとどまらず、禁裏を含む近世朝廷全体の運営体制や幕府との関係などの諸動向を明らかにしていく上でも、必要不可欠な基礎作業であるといえる。

近世の仙洞御所機構に関しては、山口和夫の一連の研究(5)が主要な蓄積である(6)。山口は院政の実態や仙洞御所の機構の解明を課題として提起、一七世紀の朝廷において複数の御所が並立、番衆の拡張に伴う家数の増大により、組織化・規律化が必要となるという課題が生じ、霊元院はその中で権力を確立するため制度を再編したとする枠組みを示し、基礎的な事実の解明に努めてきた。具体的な事実として、幕府の公認のもとに明正上皇の「新院伝奏」が設置されたこと、霊元上皇が院伝奏・評定衆・献奉行などの機構を設置したこと、などが明らかにされている。

本章ではこれらの蓄積を前提として、既知の事実・事例をふまえながら、基礎的な事実関係の確定をさらに進め、確立した機構の意義や当該期の政治状況との関連を検討したい。具体的には、まず第一節で、一七世紀における仙洞御所機構の形成過程を、「下御所」(7)に存在した後水尾院・霊元院の仙洞御所における勤番体制の変化の検討から明らかにする。第二節では特に霊元院が譲位に先だって示した制度構想に注目、幕府の見解や実現に際しての変化を検討、機構の特色を明らかにする。

一　仙洞御所における勤番体制の展開

1　後水尾法皇末期の御所

近世の公家にとって御所に輪番で参仕することは、慶長一八（一六一三）年の「公家衆法度」に規定されるなど家業と並ぶ主要な役務であり[8]、仙洞御所に参仕する公家も番衆として編成されていた[9]。番の編成を含め、一七世紀後期における後水尾法皇御所の状況を記録する史料として、後水尾院の晩年に仙洞御所に参仕した梅小路定矩・共方父子の日次記がある[10]。まず、延宝五（一六七七）年元日の仙洞御所への参賀記事をみよう。

【史料1】[11]

参　院、院中公卿・殿上人・上下北面・非蔵人不残参集、（中略）朝御膳已後、院参之諸臣於御内儀御対面、御上段於二間公卿御礼、三間殿上人、四間上北面・非蔵人以下御礼、次第公卿・芝山前中納言（宣豊）・池尻前中納言（共孝）・梅小路前中納言（定矩）・東久世三位（通廉）（以下一四名略）、次上北面下春原正隅（以下二名略）、非蔵人荷田信成（以下一九名略）、拝礼、公卿・殿上人天盃被下、上北面・非蔵人御流被下、御盃於若宮御殿各頂戴、無出御（下略）

（梅小路共方「日記」久世家一六、延宝五年元旦条）

上皇に対して年頭の挨拶を行っている「院参の諸臣」の区分は、「公卿／殿上人／上北面・非蔵人・下北面」というもので、基本的に堂上・地下の区分および官位による序列が表現されているといえる[12]。

このうち公卿・殿上人を編成したこの年の小番の番文（番組表）が、①年頭の結改（一月四・五日条、二番編成）[13]、②仮殿鷹司邸移徙後の結改（三月一八日条、三番編成）、③四月冒頭の結改（三月三〇日条、三番編成）[14]の三回写されている。これをまとめてみると（表5）、顔ぶれは元日参賀記事にみえる公卿・殿上人と基本的に同じだが[15]、目立った相違点

表5　延宝5年の後水尾法皇院参衆

	元旦参賀	結改① 1月3・4日	結改② 3月18日	結改③ 3月30日
芝山宣豊	1	—	①－1	—
池尻共孝	2	—	②－1	—
梅小路定矩	3	—	③－1	—
東久世通廉	4	②－1	②－2	②－1
芝山定豊	5	①－3	③－2	③－1
清水谷実業	6	①－2	③－3	③－2
木辻行直	7	①－4	②－3	①－2
交野可心(時貞)	8	②－2	②－6	②－2
池尻勝房	9	②－5	②－4	①－3
豊岡有尚	10	②－3	②－5	③－3
梅小路共益(共方)	11	②－4	①－3	②－3
園池季豊(公屋)	12	①－5	①－4	③－4
長谷忠能	13	②－6	③－4	②－4
相楽利直	14	②－7	③－5	③－5
東久世博高(博意)	15	①－6	③－6	①－4
岡崎国久	16	①－7	①－5	②－5
高丘季起	17	①－8	②－7	②－6
町尻兼量	18	②－8	①－6	①－5
風早実種	—	①－1	①－2	①－1

注1：梅小路共方「日記」による.
注2：丸数字は組，数字は席次を示す.

として、参賀において公卿の最上席であった池尻共孝・芝山宣豊・梅小路定矩の三人(16)の名が、②の番文では各番の筆頭に記され、①③の番文には記されていないことが注目される。

番組に一貫して名がみえる梅小路共方の「日記」から、「小番」「当番」などと記される日、すなわち定められた出勤日(17)を拾ってみると（表6）、三月下旬に二日一勤から三日一勤に切り替わっており、実際に上掲の番組に即して勤務していることが確認できる。では問題の三名は、三月下旬の一二日間だけ小番をつとめたのだろうか？(18)

三名のうち梅小路定矩の現存する同年の「日記」から「小番」「当番」などとある日を拾ってみると（表7）、三月上旬は二日一勤、六～八月は三日一勤で出勤している。いずれも三名の名が番文にない時期であるが、番文に記載された公家らと同様の間隔で、仙洞御所に参勤していたとみてよいだろう(19)。

実際には他の院参の公家たちと同様の間隔で勤務しているにも関わらず、番文に名がみえない場合があることは、彼ら三名のつとめる番は、番組数は同じでも、その他の公家とは性格を異にしていたことを窺わせる。②の番文に一時的に名が載ったのは、番組数が同じであるためにまとめて表記されたもので、三人と他の番衆の区分が明確にはなっていない、過渡期的な状況を示していると考えられる[20]。

彼ら三名が仙洞御所において独自の役割を果たしていたことを窺わせる史料が、遡った時期の梅小路定矩の日次記にある。

【史料2】

諸事勘物方、忠康《（長谷）》卿闕ニ依テ無人也、就之上北面・非蔵人相加也、宣豊《（芝山）》卿年来御理之子細アリ、雖然今度重而被仰付事、壱ヶ月替可相勤御沙汰也、友古《（上北面春原）》・芝□《（非蔵人荷田）》・信成、右三人相加、壱人ツヽ、宣豊《（芝山）》卿・共孝《（池尻）》卿・予《（定矩）》三人之下ニ加之、右至陰被　言渡也

（梅小路定矩「日記」久世家七、寛文九年九月九日条）

「諸事勘物方」なる役割、名称からしておそらくは後水尾院の求めに応じて先例などを勘案し助言を行う職が、長谷忠康の死（前月二七日）により手不足となったので、上北面・非蔵人三名を新たに加えること、具体的には芝山宣豊・池尻共孝・梅小路定矩の三名の下に上北面・非蔵人を一名ずつ配し、三組で月番制をとる、とある。芝山宣豊はこれまで固辞していたとあるが、これは月番制をとることに関してであろう。芝山・池尻・梅小路および没した長谷はこれ以前から同じ役割を担っており、この時点から月番制となったとみられる。

この年の梅小路定矩の日次記から、史料上「小番」「当番」などとある日を拾うと（表8）、九月頭より五日一勤が三日一勤へ変わっており、おそらくは長谷の死により、勤番体制の改編が行われたものと推測される。

彼らと同じ役割を果たしていることが確認できるのは、没した長谷忠康を含め四名まで[21]であり、五日一勤という勤務形態は、彼らが他の番衆とともに五番編成の小番をつとめていたことを示すと考えられる。彼ら三名以外の勤務形態がわからないため、三日一勤という新しい勤番体制が、院参の公家の小番全体の新たな編成であるのか、梅小路ら

三名のみが、その他の院参の公家から分離されて独自の番を組んだことを意味するのかは不明である。しかしいずれにせよ、先にみた、番の分化が半ば進んだ延宝期の状況の前段階と理解することができよう。

表6　梅小路共方の延宝5年当番日

月	「小番」などとあり，出勤した日	勤務間隔
1月	3，23，25，27	2日1勤
2月	3，5，7，11，13，17，(19)，21，23，25，27，29	2日1勤
3月	2，4，6，8，10，12，14，16，21，24，27	2日1勤→3日1勤
4月	1，4，7，10，13，16，19，22，28，30	3日1勤
5月	1，4，7，10，13，16，19，22，25，28	3日1勤
6月	2，5，8，11，14，18，20，23，26，29	3日1勤
7月	2，5，8，11，14，17，20，23，26，29	3日1勤

注：共方「日記」による．

表7　梅小路定矩の延宝5年当番日

月	「小番」などとあり，出勤した日	勤務間隔
3月	5，7，9，11，13，15	2日1勤
6月	6，9，12，15，24，27，30	3日1勤
7月	3，9，12，15，21	3日1勤
8月	1，4，10，13，16，19，(22)，(23)，25	3日1勤

注：定矩「日記」による．

表8　梅小路定矩の寛文9年当番日

月	「小番」などとあり，出勤した日	勤務間隔
1月	8，13，18，28	5日1勤
2月	3，8，13，18，28	5日1勤
3月	3，8，13，18，28	5日1勤
4月	3，8，13，18，28	5日1勤
5月	3，8，13，18，23	5日1勤
6月	13，18，28	5日1勤
7月	3，8，13	5日1勤
8月	3，8，13，18	5日1勤
9月	2，5，8，17，23，29	3日1勤
10月	2，7，8，11，14，17，20，26，29	3日1勤
閏10月	8，11，14，(17)，(20)，23，26，29	3日1勤
11月	3，9，18，24	3日1勤
12月	3，6，9，12，18，21，24，27	3日1勤

注：定矩「日記」による．

寛文年間の梅小路定矩「日記」をみると、梅小路ら三名は高家の年始参賀の申次、老中奉書の披露などを行い[22]、また後水尾院から将軍への年賀の使者として何度も東行している（表9）[23]。これらは同時期に存在する明正上皇御所において、また後代の仙洞御所においては院伝奏の職掌であり（第Ⅰ部第1章、第Ⅱ部第4章参照）、また彼らを院の「伝奏」と呼称した例もわずかながらみられる[24]。

なお、寛文期以降、並行して明正上皇・後西上皇の御所が存在したが、明正上皇については、前章で述べたように、幕府の公認する院伝奏が常時一名存在し、幕府の公文書上、また朝廷内部でも院伝奏と呼称されていた。これと比べると、本章でみた、後水尾院付の公家衆数名の位置は、近世の院伝奏の前段階にあたるものだが、公的に役職として確立していたとはいえない。

表9　後水尾上皇の年頭使

寛永7	中御門尚長○	承応元～明暦2	坊城俊完
〃 8	阿野実顕○	〃 3	芝山宣豊○
〃 9	中御門尚長	万治元～寛文4	芝山宣豊
〃 10	阿野実顕	〃 5	四辻公理○
〃 11	勧修寺経広○	〃 6	柳原資行○★
〃 12	中御門尚長	〃 7	園基福○★
〃 13	姉小路公景○	〃 8	中院通茂○
〃 15	阿野実顕	〃 9	東園基賢○★
〃 16	中御門尚長	〃 10	園基福★
〃 17	阿野実顕	〃 11	池尻共孝○
〃 18	中御門尚長ヵ	〃 12	梅小路定矩○
〃 19	阿野実顕	延宝元	池尻共孝
〃 20	清閑寺共房○	〃 2	梅小路定矩
正保元	坊城俊完○	〃 3	池尻共孝
〃 2	園基音○	〃 4	梅小路定矩
〃 3	坊城俊完	〃 5	池尻共孝
〃 4	園基音	〃 6	梅小路定矩
慶安元・2	坊城俊完	〃 7	池尻共孝
〃 3・4	園基音		

注1：「柳営日次記」「徳川実紀」による．
注2：○は初度参府，★は議奏を示す．

次に上皇となった後西上皇の御所にも、譲位の翌年には朝廷内で「院伝奏」と呼ばれる存在がいることが確認できる（「葉室頼業記」寛文四年一月一〇日条など）。しかし、幕府との関係においてみると、後西院の譲位後初度の年賀使清閑寺共綱は院伝奏就任の挨拶ともとれる太刀馬代の献上を行っているものの[25]、それ以降は確認できず、後水尾上皇の年賀使に関しては一例も確認できない。

慣例としてすべての上皇のもとに幕府公認の院伝奏が置かれるのは、次節で述べる霊元院の譲位を待たねばならない。

2　霊元上皇の御所

後水尾院の死から七年後の貞享四（一六八七）年三月一三日、霊元院は譲位を前に、自己の仙洞御所に配する人員を決定した[26]。その際の区分を確認すると、

【史料3】

御人分儀被　仰出、院(霊元院)之儀、伝奏先日被仰出、評定押小路(公起)三位・藤谷(為茂)三位・三室戸(誠光)三位、御献奉行右衛門督(西洞院)時成・芝山(定豊)前宰相・梅小路(共方)三位、院参輩松木中納言宗顕・清水谷(実業)中納言（下略）

（『勧慶日記』[27]同日条）

後水尾院期とは異なり、院伝奏[28]・評定・献奉行・院参衆といった区分が明記されている。彼らはどのような勤番体制をとっていたか。

【史料4】

一、今日　禁中江院参之輩御礼也、此内三室戸(誠光)三位評定衆当番、梅小路(共方)三位献奉行当番、竹内(惟庸)三位・飛鳥井(雅豊)中将・石山(師香)少将以上近習参番、堤(輝長)右衛門権佐内ゝ当番不参候間、重而御礼之時分申上義、追而右大将(議奏三条実通)・勧修寺(同経慶)大納言へ自評定衆申入了

（『貞享四年三月院中御礼』[29]二七日条）

譲位直後、仙洞御所に配属された公家たちが御礼のため参内したという記事だが、仙洞御所での当番のため行けない者が列記してある。その区分は評定・献奉行・「近習」・「内々」であり、この四者がおのおの別の番を組んでいる

とみられる。史料3にみえる譲位直前に決定された区分に照らすと、院参衆が「近習」「内々」二つの番に分かれているらしいことが相違点といえる。享保年間になると、具体的な番組編成がわかる。番文を三点あげよう。

【史料5】

洞中小番

　一番　（評定滋野井）公澄卿　（献奉行六角）益通卿
（勘解由小路）韶光卿　（桜井兼供）徹源入道　（上冷泉）為久卿　（以下五名略）
　二ー　（評定四条）隆安卿　（桑原）長義卿
（六条）有藤卿　（藤谷）為信卿　（東久世博意）幽海入道　（以下四名略）
　三ー　（評定上冷泉）為綱卿　（献奉行竹内）惟永卿
（久世）通夏卿　（風早）公長卿　（押小路）実岑卿　（以下四名略）

（梅小路共方「日記」享保三年冒頭）

【史料6】

洞中小番

子・午・卯・酉
　一番　（献奉行六角）益通卿
（勘解由小路）韶光卿　（清水谷）雅季朝臣　（桜井兼供）徹源入道　（以下六名略）
丑・未・辰・戌
　二番　（評定上冷泉）為綱卿　（献奉行竹内）惟永卿
（六条）有藤卿　（風早）公長卿　（押小路）実岑卿　（滋野井）実全朝臣　（以下五名略）

寅・申・巳・亥
三番　公澄卿（評定滋野井）　長義卿（献奉行桑原）
為信卿（藤谷）　通夏卿（久世）　幽海入道（東久世博意）　為範卿（五条）（以下四名略）

（梅小路共方「日記」享保五年八月冒頭）

【史料7】

洞中小番　八月十四日ヨリ差替

子・午・卯・酉
一番　長義卿（評定桑原）　益通卿（献奉行六角）
韶光卿（勘解由小路）　通夏卿（久世）　徹源入道（桜井兼供）　為久卿（上冷泉）（以下五名略）

丑・未・辰・戌
二番　為綱卿（評定上冷泉）　惟永卿（献奉行竹内）
有藤卿（六条）　公長卿（風早）　実岑卿（押小路）　実全朝臣（滋野井）（以下四名略）

寅・申・巳・亥
三番　公澄卿（評定滋野井）　隆春朝臣（献奉行四条）
為信卿（藤谷）　雅季（清水谷）　幽海入道（東久世博意）　為範卿（五条）（以下四名略）

（同右）(30)

注目すべきは、これらの番文のいずれでも、組の番号の下に二名が特記されており、特に注記はないものの、次行以降に列記される名とは区別されているとみられる点である。この二名をおのおの検討すると、組番号の次に名を記されている公家はすべて評定であることが確認でき、(31)次の一名は、おおむね献奉行とみられる。ひとつの番文の中で、評定・献奉行と院参衆が区別して記されているとみられる。いっぽう、譲位直後の「近習」「内々」の区別はみられなくなっている。

さらに注目されるのは、史料6の一番に、評定の名がみられない点である。その職にあった四条隆安がこの年一月二六日に没しており、八月一六日の桑原長義の任命[32]に先立つこの時点では評定は二名だったのであるが、その名は二番と三番に一名ずつ記載されていることから、三番での勤務体制は変わっていないとみられる。評定・献奉行・院参衆は、史料4にみるように番を区別されているが、番組上は同じ三日一勤であり、ほとんどワンセットとして勤番していたと考えられる。これらの番文に含まれていない院伝奏の勤務状況は、次の史料から明らかになる。

【史料8】

参　院、晩頭与庭田前中納言(重条) 院伝奏也 同道、向内藤大和守(所司代重頼)亭、院伝　奏之事、与庭田隔日自午刻相勤、及申刻御用無之時者退出、不及宿仕

(史料編纂所蔵「伊季公記」元禄二年六月二九日条)

この日記の前日条には、当初の院伝奏二名のうち東園基量が病身で参院できないため、記主今出川伊季が前日に新たに院伝奏に任命された旨の記事がある。続くこの記事では、所司代邸に挨拶に出向いたという記述に続いて勤務形態に関する覚書があり、庭田・今出川の二名で、宿直なしの二日一勤で勤番するよう定められたことがわかる。前節でみた先行する後水尾法皇の御所では、院伝奏に相当する役職が他の公家の小番と同じ三番編成であるため同じ番文に記された例があったが、霊元上皇の院伝奏はいわば二番編成で、三番編成の評定・献奉行・院参衆とはサイクルが一致しないため、上掲の番文には記載されていないのであろう。

享保一三(一七二八)年、この体制に変更が加えられる。やや長くなるが、番文をみよう。

【史料9】

享保十三年正月元日ヨリ小番結改

一番　清水谷大納言　雅季卿・壬生三位　俊平卿・（献奉行）四条三位　隆文卿（献奉行以下番衆二名略）

二番　冷泉中納言　為久卿・（献奉行）六角三位　益通卿・桜井三位　氏敦卿（以下番衆二名略）

三番　六条前中納言　有藤卿・（献奉行）竹内三位　惟永卿（以下番衆二名略）

四番　久世前中納言　通夏卿・（献奉行）五条宰相　為範卿（以下番衆二名略）

五番　（献奉行）押小路宰相　実岑卿・六条三位　有起卿（以下番衆二名略）

院伝奏　小川坊城前大納言　按察使俊清卿・東園前大納言　基雅卿

評定　桑原前中納言　長義卿・藤谷前中納言　為信卿・石山前宰相　師香卿

御献奉行　惟永（竹内）卿・益通（六角）卿・隆文（四条）卿

右三卿、従去年以三番勤仕、自今年被改五番、仍実岑（押小路）卿・為範（五条）卿被加之、以前ハ右三卿別番也、今度被入惣番也

（上北面三番二〇人、番代一〇人、未番代出頭四人、番代在家・同幼并未番二名、隠居一名略）

院御所公卿・殿上人・上北面・院蔵人・非蔵人・下北面等、古来以三番勤仕、旧臘被　仰出、自今可被為成閑散之間、公卿・殿上人被分五番、非蔵人老境之輩有之間、二ヶ日続小番賜暇日四ヶ日旨、上北面蔵人等相同、初例之儀也、於下北面未不及何御沙汰　如古来二日非番

（「松尾相国日記」(33)　享保一三年巻冒頭）

享保一三（一七二八）年元日以降の勤番体制が示され、一度に勤番する人数を減らすという霊元法皇の意向により、下北面にいたるまで勤務形態が改められたという説明が付記されている。堂上公家は三番編成を五番に変更したとあり、それに伴い、定員三名の評定は勤番間隔が一致しなくなったためか、番文から外れ、院伝奏に続いて記されてい

る。いっぽう献奉行は、二名が追加されて依然各番に献奉行が一人ずつ含まれてはいるものの、表記としてはその他の院参衆と完全に同列となっており、また以前は「別番」であったものを「惣番」に組み込んだとあるから、献奉行としての独自の番はなくなったとみてよいだろう。

院伝奏に加え評定が完全に別番となり、献奉行は逆に院参衆の小番に組み込まれ、互いが連動しない、「院伝奏／評定／番衆」の三種の番組が並立する体制となった。

なお、献奉行が独自に番を組む例は他の御所ではみえず、献奉行の重視は霊元院の御所のひとつの特色といえる。譲位前の貞享三（一六八六）年五月六日、食膳に油が混入したとして近習・奥非蔵人などと並び禁裏御所の献奉行五名から誓紙を取ったが[34]、その際に献奉行に別番での宿直・参勤を命じており（「基量卿記」同日条）[35]、これを譲位後の仙洞御所にも引き継いだとみられる。しかし譲位に先んじての人分では、東山天皇の禁裏御所については献奉行をあげておらず（「勧慶日記」貞享四年三月一三日条）、院御所についても宝永六（一七〇九）年に譲位した東山院の仙洞御所に配された公家は院伝奏二・評定三・「参番衆」一五と[36]、献奉行の番はなく、あくまでも霊元院の御所における重視であった[37]。最終的に享保一三年のこの改編により、献奉行が独自の番を組むことはなくなった。

以降の中御門・桜町・後桜町・光格の各仙洞御所では、「院伝奏／評定衆／小番」の勤番区分が、番組数の違いはあれ、基本的には踏襲されていくことになる[38]。享保一三年の改編は、老境に入った霊元法皇が御所への参仕義務を緩めたものであるが、後代から見ると、仙洞御所の番組編成を確立させたものとなったといえよう。

小　括

下御所（桜町殿）に多数の番衆を擁して存在した後水尾院・霊元院の仙洞御所における制度形成の過程を、勤番体制に注目して明らかにした。この過程は、端的にみるならば、

①後水尾院後期　…「（院伝奏）—小番」
②霊元院前・中期…「院伝奏／評定—献奉行—小番」
③霊元院末期　　…「院伝奏／評定／小番」

のような形で進展した。番が分かれ、さらに番組数も別となって区別が明瞭になる、という方向で制度が分化し、享保一三年に献奉行の番が解消されて以降、互いが連動しない「院伝奏／評定／小番」の体制が、仙洞御所機構として定着するにいたる。

二　霊元院の譲位と仙洞御所機構の確立

1　霊元院の「院政」制度構想

貞享三（一六八六）年一二月七日、それまで「四人衆」「年寄衆」「老中」などと呼ばれていた役職[39]の呼称が正式に議奏に統一される旨が議奏・摂家に伝えられ、翌日には諸臣へも通達された[40]。従来の研究においては、職務の拡大と公的化、幕府の公認と役料給付に続く議奏制度整備の最終段階に位置づけられ、翌貞享四（一六八七）年三月に朝仁親王（東山院）への譲位をひかえる時期であることから、霊元院が「院政」を敷くための制度的布石とみるべきという指摘がされているが[41]、具体的にはどのような制度が構想されたのか。

呼称の決定に一月ほど先立つ貞享三（一六八六）年一一月一八日、霊元天皇から議奏衆へ、譲位後の勤務形態についての申し渡しがあった。

【史料10】
一、被仰下条〻

一、来年御即位之後、相役中（議奏）乍四人唯今迄之通ニ可相勤、尤院中（霊元院）へも被召連度思召、乍去思召入之人無之間、其侭可相勤、正親町（公通）・川鰭（実陳）・池尻（勝房）等者諸事不申沙汰、毎日隔日ニ可参、四人之輩自然御用之刻院参之時等可候禁中（東山院）、其外之義ハ一向無構、相役中可相勤由仰也、各畏入了、尤雖未練短才、仰重之間畏入了

一、勧亜相（議奏勧修寺経慶）・基量（同東園）両人院伝奏可被仰付、禁中相役中与乍苦労可兼帯由仰也

右松木（宗条）大納言所存聞召之処、叡慮御同然也、両伝奏入（ママ）申此旨、各列座御前被仰付之間畏入了

（「基量卿記」同日条）

霊元天皇の側近である議奏東園基量が、天皇から伝えられた制度構想を記した史料である。興味深い内容であるので若干詳しくみると、①現任の議奏四名（基量・勧修寺経慶・三条実教・愛宕通福）は、譲位に伴い仙洞御所へ連れて行きたいが、（後任の議奏として）思いあたる者がないので留任とする、②正親町公通・川鰭実陳・池尻勝房ら[42]は隔日で参内し、議奏が御用・院参で不在の際のみ代役をつとめる、③議奏のうち東園基量・勧修寺経慶は院伝奏を兼任する、④以上の霊元天皇の構想に松木宗条は合意している、という趣旨である。実際に確立する制度は、禁裏御所に武家伝奏・議奏、仙洞御所に院伝奏・評定という「両役」がおのおのおかれるという体制であるが、この段階ではそれとは異なったあり方が、霊元天皇とその側近で東宮朝仁親王（東山院）の外戚である松木宗条によって構想されていたことがわかる（この概念図を、巻末参考図1―Bに示した）。

天皇に近侍し禁裏御所を監督する役職として定着している議奏に自己の側近を留めおき[43]、その議奏を自らの御所の院伝奏と兼任させ、また院伝奏を兼ねない議奏をも積極的に仙洞御所に召そうとしている。譲位後も議奏と緊密な関係を保ち、東山天皇を自らの影響下に置きつつ朝廷全体を支配していく構想であったとみられる。

院伝奏と議奏の兼任は従来なかった体制であるが、議奏を上皇と禁裏御所を結ぶ回路とする発想は、新しいものではない。議奏の成立に関する先行研究によれば、後水尾上皇の側近が任ぜられて天皇を養育・監督したのがその始ま

りである。(44)禁裏御所の監督を行い、職制上画期とされる寛文一一(一六七一)年にも、問題があれば後水尾法皇に言上するよう命じられており、以降の人事にも法皇の関与が指摘されている。(45)霊元天皇の即位以降しばしばあった、後水尾院の江戸への年賀使を議奏がつとめる例(46)(表9参照)が、この年以降みられなくなるなど、確かに議奏は禁裏御所(霊元天皇)の職としてのあり方を明確にしたのであるが、後水尾院の在世中は禁裏御所に参仕しつつもなお院とのつながりを保ち、院と天皇・禁裏御所を結ぶという性格を強くもっていたといえる。

霊元院の当初の構想は、院と禁裏御所を結ぶ回路という、議奏が創設当時持っており後水尾院没後は必然的に失われていた機能を復活させ、制度化しようとするものであったと評価できる。(47)自らの譲位と仙洞御所の開設に伴い、近世朝廷の既存の機構を前提としながら、上皇としての自分が朝廷運営を主導するための新しい「院政」体制を構築しようとしたといえる。

霊元院が関白・武家伝奏・議奏・近習衆などの禁裏御所中枢から自身と東宮朝仁親王への忠誠をうたう誓紙・血判を取ったことが既に指摘されているが、(48)こうした精神的な手段のみならず、制度的にも自らが朝廷を支配するための裏づけを考えていたのである。

しかし、実際に行われた人事はこの構想通りのものではなかった。議奏から東園基量・庭田重条の二名が院伝奏に就任したが、(49)後任の議奏として高辻豊長・富小路永貞が任ぜられ、当初構想されたような議奏と院伝奏の兼任は実現されなかったのである(以降の霊元上皇御所の院伝奏・院評定の一覧を参考表1に、確立した段階の概念図を、巻末参考図1―Cに示した)。

史料10でみたような構想が、どのような契機・経緯を経てこのような形にいたったかは明らかではないが、既知の事実との関連を可能性として検討しておく。

一点目として、議奏の職務の多忙化がある。寛文一一(一六七一)年以降、議奏は天皇を監視・教育するという創設時の職掌に加え、武家伝奏の補佐、禁裏御所の管理運営などを新たに担うようになったことが明らかにされており(50)、激務化していたとみられる。霊元院が構想を示してから一月後の史料をみよう。

【史料11】

朝間向勧修寺（議奏経慶）亭、右大将（同三条）・愛宕（同通福）・予（同基量）各不合（ママ）趣、来年即位以後四人相勤事難治之事也、今一人可被加哉、又宿可為御免哉、両条之間訴訟言上之義相談也、各一同之間、明日・今日之中伝奏迄可申含由、勧亜相以下四人同意也

（「基量卿記」貞享三年一二月一二日条）

議奏勧修寺の屋敷に同役四名が集まり、霊元院譲位・東山院即位以後の、議奏の増員あるいは宿直の免除を武家伝奏に願う旨を申し合わせている。一一月二四日に庭田重条が加えられて議奏は五名となっているのだが、その庭田は参加しておらず、譲位後の議奏は四名と理解されている。これは（a）議奏五名中、霊元院の構想通り院伝奏を兼ねる二名が交替制をとり、議奏の実勤数は四名という予定であった、（b）兼任構想は断念され、庭田が院伝奏に転じ残り四名が議奏に留任する予定であった、といずれにも理解できるが、少なくとも、議奏が激務であるという認識をこの時期の在職者が共有していたことがわかる。霊元院の構想は、確立した議奏の職務に照らして既に現実的ではなかった可能性がある。

背景としてもう一点想起されるべきは、久保貴子が指摘した、構想と実際の人事決定の間にあたる一二月二三日に、以降の朝廷運営を基本的に方向づけたとして知られる、霊元「院政」への幕府の牽制があったという事実である(51)。具体的に紹介しておくと、関白・武家伝奏・議奏は、所司代が示した老中奉書のうち、特に「東宮（朝仁親王、東山院）御即位以後御作法之義、万事　院御所（霊元院）御差引不被遊様ニ、以関白殿・両伝可被申上候」、すなわち新帝の行動に関して霊元上皇が口出ししないよう関白・武家伝奏から言上すべし、という箇所をめぐり苦慮、翌年明けまで討議を続ける。翌年「院御所御差引事、曽以重事ニ無之候、事軽キ末〻之事云々、公事政或官位或事重事御差引無之様

と之義ニ而ハ無之候」(「基量卿記」貞享四年一月二日条)、すなわち重事に関しては霊元院の関与を禁止しない、という解釈を所司代土屋政直が提示、安堵した武家伝奏らはその趣旨に基づいて霊元院に披露、事態は一応の落着をみた、というものである。この出来事が院伝奏・議奏兼任の取りやめに帰結したことを直接示す史料は未見だが、幕府が院による朝廷運営に基本的に否定的な姿勢を示した後に、それに直結するような制度構想を実現することは困難だったろう(52)。

数年ほど下るが、議奏・院伝奏に関する幕府の姿勢の相違が、久保貴子により指摘されている(53)。元禄五(一六九二)年二月に議奏と院伝奏の補充が課題となった際、所司代小笠原長重は、議奏の人選は上皇でなく関白・武家伝奏らによるべきとする一方、院伝奏に関しては上皇による人選が原則であるとし、武家伝奏・議奏とは一線を画する位置づけをした、とされる。霊元院の構想と異なり、幕府にとって両者はまったく別個の役職であった。

さて、院伝奏と議奏の兼帯を否定する実際の人分けの段階(史料3)で、初めて評定(院評定衆)なる役職が登場する。近世の評定は、霊元上皇の仙洞御所開設に伴い設置されたとされ(54)、桜町上皇を除き以降すべての仙洞御所で常時三名がおかれた(55)。設置をめぐる具体的な事情、構想の変更との前後関係を示す史料は未見であり、あるいは議奏と兼任させた院伝奏の補助として構想されたものであった可能性もあるが、後代の職掌は禁裏御所における議奏にほぼ相当し(56)、制度的な結びつきがなくなった議奏に対応する仙洞御所の役職として定着したとみられる(57)。

朝廷・幕府における評定の位置づけに関する事例を、一つ検討しておこう。元禄五(一六九二)年一月三日、参内した所司代小笠原長重と武家伝奏千種有維が相談して、年頭の恒例行事である武家伝奏の所司代役宅訪問を五日と決め、あわせて院伝奏・議奏(当番を除く)も同日、その他の公家(「諸家」)は一〇日・一一日とし、院伝奏・議奏らに伝達した(「資廉卿記」同日条)(58)。これに関して仙洞御所から申し入れがあった。

【史料12】

（前略）扨ハ明日弥評定輩二条（所司代）へ被行向候間、是又左様ニ御心得可給候、以上

正月四日　重条（霊元院院伝奏庭田）

千種（武伝有維）大納言殿

柳原（同資廉）前大納言殿

扨庭田へ一昨日、来五日両人（武家伝奏）二条へ罷越可有之候、両人も五時参候由申遣ス、返事ニ坊一位（明正院院伝奏坊城俊広）と申合可参由被申越、其返事ニ、評上（ママ）之衆議　奏衆同日ニ被越候、議　奏衆も被行向候哉之由被申越也、今朝又使ニ而如此、例之通可然候、議　奏も弥被向候由返事申遣ス、依之右返事之手帖ニ有之也、今日退出以後、庭田へ手帖遣し、先刻御報趣委細承了、評定衆明日二条へ被向候由尤存候、議　奏衆も弥被越候事ニ候、唯今退出、早〻如此候、尤不及御報候由申遣ス、

（「資廉卿記」同四日条）

院伝奏から記主の武家伝奏柳原資廉への書状と解説である。議奏が行くならば評定も加えたいと仙洞御所側が要望、武家伝奏はこれを妥当と認めるというやりとりである。翌日武家伝奏は所司代にその旨を伝えている（同五日条）。五日に所司代を訪れる公家たちは、幕府との関係において他の公家たちとは別格の位置にあるといえ、[59]創設当初はそこに加えられていない評定は、議奏と同じ扱いとしたいというおそらくは霊元院の意向により、この年から武家伝奏、議奏、明正院・霊元院の院伝奏と同じ扱いとなった。

2　「院政」否定と院伝奏制度の確立

朝廷・幕府における院伝奏・評定の位置づけを更に明瞭にするため、役料の上での処遇を検討してみよう。まず山

口和夫が紹介している史料を検討する[60]。

【史料13】

御人分事、東園(基量)・庭田(重条)両中納言者院伝　奏、右大将(三条実教)・予(経慶)・高辻前大納言(豊長)・愛宕前宰相(通福)・富小路三位(永貞)者議奏、内ゝ御治定也、然所ニ、役料自武家出分五人分也、仍院伝奏両人分無之、但一人分者自　本院(明正院)御代替ニて可被為返上由也、今一人分不足、然者議　奏一人可被減哉之由及御沙汰、(肩註)「予役料指上事」仍予申云、経慶役料可指上申間、人数之減事御無用由申、甚御機嫌也、予右之人数内知行高故如此申出事也（下略）

（「勧慶日記」貞享四年三月七条）

その内容を詳しくみると、人分の決定の一〇日前の段階で、霊元院は兼任を断念している。院伝奏二名・議奏五名をおくことにしたが、それに際し幕府より出される役料は五人分で、代替わりとの理由で明正上皇が一人分の役料（後述する）を返上してもなお足りないと霊元院は述べ、議奏を一人減らそうと考えたが、最も高禄の記主経慶が役料を返上することでひとまず決着した、とある。さて、ここでいう五人分の役料とは、明らかに議奏のそれを指している。東山天皇の議奏と霊元上皇の院伝奏は、兼任が断念されたにも関わらず役料の上ではまったく同じ存在として考えられており、当初の構想の根強さを窺わせる。

この一一日後、幕府の意向が伝えられた。

【史料14】

(頭註)「院伝奏義関東御趣申事」

土屋相模守(所司代正直)依招、柳原前大納言(武伝資廉)同道行向相州、申云、院伝　奏之事、東園(基量)中納言儀御傭　御気色次第役料直可被下事、庭田中納言被召連、是是(衍字)又伝　奏事御気色次第由役料者可指上事、以上自関東申来候間、可令言上之旨也

（「勧慶日記」貞享四年三月一八日条）

所司代が武家伝奏・議奏に伝えた幕府の決定は、東園・庭田とも院伝奏任命は問題なし、役料は東園にのみ給し、庭田は返上するように[61]というものであった。人選の承認とあわせて議奏とは別枠の役料を、一名分のみと過渡期的ではあるが給することを幕府が公認し、霊元上皇の院伝奏は、議奏と別個の役職として確定した。

第Ⅰ部第１章で述べたように、当時の明正院付の公家には幕府から役料が給付されていたのであるが、史料13で霊元院は、その一人分が充当されるとしつつ、新たに自らの院伝奏の役料が幕府から出されることを期待していない。上述したような処遇をうけた明正上皇は幕府にとって特殊な存在であり単純に先例とはみなしにくかったこと[62]、霊元院個人に対する幕府の姿勢、また当時幕府においては役料制じたいが廃止されていたこと[63]、などがこうした霊元院の判断の前提として考えられるが、それでは史料14で給付が認められた霊元上皇の院伝奏の役料は、どこから出されることになったのか。霊元院の譲位に伴い議奏から院伝奏に転じた東園基量の日記のほぼ一年後の部分に、参考となる記事がある。

【史料15】

評定衆押小路（公音）・藤谷（為茂）参会、則番頭衆へ申渡

一、御勝手向以外御不足之処、諸事兼約之義被仰付、依之諸家認先例　院中ニ無之間可被停止、重而御勝手調之刻ハ如元被仰付可被下由申渡之、依之両伝・評定衆等役料も聊時指上候由物語可被申由、評定衆へ申渡、則番頭三人・御献奉行頭へ被申渡、各領状了

（「基量卿記」貞享五年八月二九日条）

霊元院の仙洞御所の財政状況が非常に苦しいため、先例にない仙洞御所で公家衆に食事を出すことを一時やめ[64]、合わせて記主基量ら院伝奏・評定が役料を暫時返上することになり、評定ら仙洞御所付の公家衆に通達されている。譲位から一年を経たこの時点までに、霊元上皇の院伝奏の両名、さらに評定へも役料が給されるようになっていたこと

が確認できる。そして、返上が仙洞御所の財政の足しになるとされていることから、彼らの役料は仙洞御所の予算[65]の内から出され、幕府から別個に出されるものではなかったと考えられる。

この史料の時点では院伝奏・評定らの役料は返上と決まっているが、正徳三（一七一三）年に院伝奏となった東園基長には同年冬から役料が出ており（「基長卿記」正徳三年一一月一一日条など）、給付が再開されていたことがわかる。霊元院以降の仙洞御所の状況もみておこう。

【史料16】

一、御参　院（光格上皇）午刻、御退出　戌刻前

今日御参　院中、上（仁孝天皇）御所武伝御両卿様より御状ニ而、院伝御両卿之中御参　内被遊候様被仰入候者、日野様（院伝奏資愛）御参　内之処、御両伝被仰渡候者、院伝奏御役料先例之通三十石自　院御蔵賜候、此段自日野様御伝被為有候様、御両卿被仰含候由、則日野様御参　院ニ而被仰伝、院御所へ被仰上候

外御所江者不及御礼候由也

右者明和度御譲位以前此御沙汰有之候得共、此度者武辺御調此節相済候ニ付、右之通相成候旨、武伝御両卿より御噂被為達候事

評定御方弐十石被賜候義、右同様之由候事

（「御用帳雑記」[66]文化一四年四月八日条）

光格上皇の譲位（三月二二日）に伴い、武家伝奏が院伝奏日野資愛を招いて伝えたところでは、院伝奏三〇石・評定二〇石の役料が、先例通り仙洞御所の蔵から給されるという。前の上皇であり先例となっている後桜町院譲位当時の武家伝奏広橋兼胤の公務日記には、院伝奏に三〇石・評定に二〇石を「前〻之通」[67]下されるとあり（史料編纂所蔵謄写本「兼胤記」明和七年一一月九日条）、のちの院御所では上皇の蔵から役料給付が一般化しているといえる。

前節で武家伝奏・議奏・院伝奏・評定が他の公家と一線を画する扱いを受ける例を述べたが、幕府が役料を給付する武家伝奏・議奏と、上皇に参仕する院伝奏・評定とでは、（明正院を例外として）役料の面では一線が画されていた。[68]また役料の額や、人選に際して院伝奏は事前に幕府の許可を得るが評定は得ない（「基長卿記」享保五年八月一六日条）[69]など、院伝奏と評定の間にも差があった。

東園基量・庭田重条の院伝奏両名は、霊元上皇の年賀使として初めて参府した際に、おのおの院伝奏就任の礼として将軍綱吉に太刀目録や馬代の献上を行い（「柳営日次記」貞享四年六月二日条、元禄元年三月一一日条）、以後院伝奏の定員は二名で確定した。[70]

後代すべての上皇のもとに置かれた院伝奏という役職は、明正院のもとに、おそらくその特殊な地位を考慮して幕府がおいたものに始まるが、処遇・定員などに関する先例が形成されたという意味で、霊元院の譲位に伴う仙洞御所の開設が、制度上の確立をみた画期であったといえる。おそらくは職掌や勤務形態の上では、同じ空間（「下御所」）に先行して存在し、同様に大人数の番衆を擁した後水尾法皇の御所における梅小路らのあり方（第一節参照）を踏まえたと推測される。

3　「院政」構想と禁裏御所の機構

以上みたように議奏と院伝奏の兼任は実現しなかったが、霊元院の構想（史料10）にはもう一点、東山天皇即位後の禁裏御所における、正親町公通・河鰭実陳・池尻勝房ら東山院の東宮時代の側近の役割も記されている。この部分は実際にはどうなったのか。

譲位に先んじて発表された人員配分の、禁裏御所の部分をみてみよう。

【史料17】

御人分儀被　仰出、院之儀（中略、史料3参照）禁中近習輩、議奏見右、四人輩今出川大納言（伊季）・正親町中納言（公通）・川鰭宰相（実陳）・池尻三位（勝房）等也、奥番族基勝朝臣（園）・雅光王（白川）・永福（高倉）・公韶（四辻）・実陰（武者小路）・泰福（土御門）・季保等朝臣、頼重（葉室）・長時（清岡）・貞俊・為房、以上被仰出（下略）

（「勧慶日記」貞享四年三月一三日条）

禁中の「近習」として、議奏・「四人輩」・「奥番」を配すとしているが、この「四人輩」が、上記の三名に今出川伊季[71]を加えた顔ぶれである。

【史料18】

摂政前右大臣冬経（中略）武家伝奏資廉（柳原）・有維（千種）、本院伝奏（明正院）俊広（坊城）、仙洞伝奏（霊元院）重條（庭田）・基量（東園）、神宮伝奏通誠（久我）、賀茂伝奏光雄（烏丸）、議奏実通（三条）（以下議奏四名略）、四人衆伊季（今出川）・公通（正親町）・実陳（河鰭）・勝房（池尻）、院（霊元院）評定公起（押小路）（以下評定二名略）

（「基量卿記」自筆本貞享五年巻冒頭[72]）

霊元上皇の院伝奏東園基量が貞享五（元禄元）年の日次記の冒頭に心覚えとして記した重職者の一覧であるが、「四人衆」が、伝奏・議奏・評定などと並ぶ朝廷の重職として、議奏と評定の間に記されている。この年正月の霊元院御所への参賀記事をみると、三日に「次禁中四人輩・同近習輩、於御書院御対面」（「基量卿記」同日条）とあり、元日に参賀している議奏とは別に、「近習輩[73]」に近い存在として、禁裏御所の四人衆・四人輩と呼称されるような地位にあったことがわかる。これに任ぜられた際に今出川伊季は「御譲位已後禁中近習被仰出之間、議奏衆被申渡、御請申」と記しており（「伊季公記」貞享四年三月一三日条）、近習衆の年寄格としての性格が強いとみられる。「四人衆」という呼称からも、創設当初の議奏を思わせる職である。

譲位に先立つ霊元院の構想のうち、院伝奏と議奏の兼帯という部分は実現しなかったが、議奏の補佐にあたるとされた職は、実際におかれていた。院の構想がまったく実現しなかったわけではなかったといえる。「伊季公記」で勤務状況をみると、三日に一度程度の頻度で参内し、代勤としては「四人衆」の残り三名の名のみがみえる[74]。彼ら四名で独自の番を組み、禁裏御所に参仕していたとみてよいだろう。こうした勤務形態は、武家伝奏・議奏・院伝奏といった役職と同様のものである。しかし一方で、議奏が就任にあわせて諸奉行を免じられた（史料17参照）のに対して、今出川伊季は「四人衆」任命と同時に御記奉行・御献奉行・非蔵人奉行をも命ぜられるなど（「伊季公記」貞享四年三月一四日条）、小番をつとめる公家衆に近い面もあり、「四人衆」は勤務形態の上で議奏と近習の中間的な位置にあったといえる。

この四名のうち、正親町公通は翌貞享五（一六八八）年一〇月二七日に明正上皇付に（内閣文庫蔵・坊城俊広「日次記」同日条）、今出川伊季は前述のように元禄二（一六八九）年六月二八日霊元院の院伝奏に転ずるが、「四人衆」の後任についてはいずれの史料も記載していない。

残る二名のうち池尻勝房は、元禄三〜六年にかけ、議奏の候補となったり、「議奏代」として選ばれて勤務したことが既に指摘されている[75]。池尻は、議奏に准じ、その増員・加勢の際には常に候補となる存在であったが、議奏の代役として勤務する際には改めて議論がなされているので、職務の上ではおそらくは東山天皇の近習衆の筆頭格のような位置にあり[76]、霊元院が当初構想したように譲位後一貫して議奏の補佐を担ってはいなかったと考えられる。

前述したように院伝奏との兼任が実現しなかったため、当初考えられたほど議奏の代役の必要はなく、議奏の補助としての「四人衆」は継続して補任されなかったのであろう[77]。

こうした加役的存在に関する幕府の姿勢をみてみよう。次に掲げるのは、平井誠二が言及している[78]元禄六年の議奏の補充をめぐる朝幕間交渉の史料である。

【史料19】

議奏之義、去一日仙洞（霊元院）へ言上候処、去三日被召資廉（武伝柳原）、以庭田前中納言（院伝重条）被仰出候趣（中略）

一、議奏被召加候事、専要之御用ハ勧修寺（経敬）・愛宕（通貫）両人ニ被仰付、其外ハ先当時池尻（勝房）通ニ為助一両人可被仰付候哉
と思召候事

右禁中（東山院）へ献上之、

議奏之義ニ付去三日被仰出候趣承知仕、重而言上之覚

一、議奏之義無人之段、小笠原佐渡守（所司代長重）気毒ニ存候由、従度之初比度〻被申候意趣ハ、従関東御役料被出候事候故、
万一従大樹（綱吉）如何様之子細ニ而不被召加候哉之由申来候而ハ、言外時儀も不宜候間、所詮病気之衆御免被仰出、
新加被仰付候而可宜存候由申候故、先日院宣之趣申聞候へハ、先達而如申入候役料出候子細も候間、兎角議
奏之御役人と御治定被遊被仰付候而御尤ニ存候、若池尻宰相（勝房）ことくに御座候てハ、議奏の人躰無之とてもあ
まり御事不闕之様ニ関東へ相聞可申候様、然者末〻ニハ役料も無益之様ニ罷成候てハ御為彼是如何ニ存候間
剛而申上候様ニと佐渡守密被申候事

右之趣ニ候間、何とそ議奏之人柄御撰被遊被仰下候者、又武家へも可申聞候

（史料編纂所蔵謄写本「基熈公記」元禄六年七月二二日条）

議奏の補充が再び問題となった際、霊元上皇は、特に増員はせず池尻勝房のような「助」を一、二名置くという案を示している。議奏若干名とその加勢からなる体制を考えており、譲位前の構想がこの段階まで霊元院の念頭にはあったようである。しかしこれに対して所司代小笠原は、池尻のような立場で事足りるのであれば、幕府が議奏に役料を給する意味が問われかねないので、正式の議奏を任命すべきと述べている。結局中御門資熈・清水谷実業が新たに議奏に任ぜられた。幕府は加勢に頼る体制を歓迎しなかったのである。

ただし定員を満たした上で臨時に「議奏加勢」をおく場合が後代にあったことは既に指摘されており[79]、享保期には既にこの名称での任命を確認できる[80]。平井は池尻の地位を「議奏加勢の先駆」と評価しているが[81]、貞享四年におかれた「四人衆」全員をそのように位置づけることができるであろう[82]。

小　括

霊元院の譲位前後の時期に特に注目し、霊元院の構想と実現した制度の関係を、既知の事例を踏まえながら検討した。霊元天皇は当初、議奏と院伝奏の兼任、および議奏の頻繁な参院を可能とする代役の設置を構想していた。これは議奏のかつての性格を復活させ、上皇と禁裏御所の中枢を直結する回路として制度化しようとしたもので、院政を前提とした近世朝廷の新たな運営機構を構築しようとしたものと評価できる。しかし実際には、院伝奏と議奏の兼任は実現せず、霊元上皇の院伝奏は、幕府との関係においても議奏とは別個の存在として確立した。霊元院の構想のうち、東山院の東宮時代の近習が東山院の即位後は議奏に准ずる役割を果たすとした部分については一応実現されたが、継続的な補任はなされず、禁裏御所の武家伝奏・議奏、仙洞御所の院伝奏・評定という機構が確立した。

また、将軍家の血を引く明正上皇の院伝奏・院参衆は、武家伝奏・議奏と同様に幕府から役料給付という特別な待遇をうけた。霊元院以降、上皇のもとに幕府が公認する院伝奏がおかれる点は受け継がれたが、役料の点での厚遇はなくなり、院伝奏・評定衆のみに対し、上皇に与えられた財源のうちから給付する例となった。院伝奏・評定は幕府との関係において、ある局面では武家伝奏・議奏と同様の扱いをうけたが、役料や人選への関与の上でははっきり一線が画されたのである。

おわりに

本章では、近世仙洞御所の機構が、一七世紀後半に成立してゆく過程を検討した。大雑把にまとめると、後水尾上皇のもとでの勤番体制の分化と、明正上皇に対する幕府の処遇を前提とし、霊元院による院政を前提とする体制の構想が挫折した結果として、以後踏襲される仙洞御所の機構が霊元上皇のもとで確立したと考えられる。編成区分は、譲位前の霊元天皇の禁裏御所の機構にほぼ等しいものであった。具体的な諸事実についてはここでは繰り返さず、課題と論点を整理して結びとしたい。

まず、禁裏御所の機構や近世朝廷全体の運営との関係について。霊元上皇のもとで確立した体制は、当初の霊元院の構想や明正上皇の待遇に照らせば、上皇と天皇および禁裏中枢機構との間に制度的な回路が存在せず、また幕府も院付の公家を重視・厚遇しない体制といえ、近世の朝廷機構は、霊元院の譲位の前後において、院政を必ずしも前提としない形で確立をみたといちおう評価することができる。ただし制度上の位置づけとは別に、上皇と禁裏の中枢を形成する廷臣の間には、特に譲位直後は個別的・嘱人的なつながりが強く保たれているはずであるが、本章ではここを介した朝廷運営への上皇の関与の側面は検討することができなかった。またこうした時期に禁裏・仙洞御所の機構が朝廷運営上果たした機能を、研究の乏しい光格にいたる以後の上皇の時代について解明することがなお課題であり、従来の蓄積を踏まえて実態解明を更に蓄積していく必要がある。

また堂上公家の番衆編成という点から近世朝廷を見渡せば、「三卿」と通称される役職および番衆を擁した東宮御所、また女院・准后・生後まもない宮などに付けられた「肝煎」「御世話卿」などの役職を視野に入れて検討する必要がある。この点は次章のテーマとなる。寛文以前の後水尾上皇、後西上皇の御所の機構も本章で検討しきれなかった。

これらの解明は、天皇・院を中心とした近世朝廷の編成のあり方と、幕末期にいたるその変容を知る基礎作業であり、また一方ではこうした役職の階梯上の頂点に位置するとみられる武家伝奏・議奏の性格をより明らかにすることにつながるであろう(85)。

注

(1) 近世の天皇・朝廷に関する全体的な研究状況については、久保貴子「近世朝幕関係史の課題」(『歴史評論』四七五、一九八九、のち『近世の朝廷運営』岩田書院、一九九八所収)、山口和夫「近世天皇・朝廷研究の軌跡と課題」(『講座 前近代の天皇五 世界史の中の天皇』青木書店、一九九五)を参照のこと。

(2) 平井誠二「武家伝奏の補任について」(『日本歴史』四二二、一九八三)・「確立期の議奏について」(『中央大学文学部紀要』一二八、一九八八)、母利美和「禁裏小番内々衆の再編――後水尾天皇側近衆の動向」(『日本史研究』二七七、一九八五)、田中暁龍「江戸時代議奏制の成立について」(東京学芸大学史学会『史海』三四、一九八八、のち『近世前期朝幕関係の研究』吉川弘文館、二〇一一)・「江戸時代近習公家衆について――霊元天皇近習衆を中心に」(『東京学芸大学附属高等学校大泉校舎研究紀要』一五、一九九〇、のち同)、松澤克行「後光明天皇期における禁裏文庫」(田島公編『禁裏・公家文庫研究 第三輯』思文閣出版、二〇〇九)など。

(3) 久保貴子「天和・貞享期の朝廷と幕府」(『早稲田大学大学院文学研究科紀要 別冊』一四、一九八八)、高埜利彦「江戸幕府の朝廷支配」(『日本史研究』三一九、一九八九)、平井誠二「正徳改元の経緯について」(『大倉山論集』三九、一九九六)など。高埜はこの時期を近世朝廷の「第一の変容期」と位置づけている。

(4) 朝幕研究会編『近世朝廷人名要覧』(学習院大学人文科学研究所、二〇〇五)参照。

(5) 前掲一九九五、「霊元院政について」(今谷明・高埜利彦編『中近世の宗教と国家』岩田書院、一九九八、以下一九九八A)・「天皇・院と公家集団――編成の進展と近世朝廷の自律化、階層制について」(『歴史学研究』七一六、一九九八、以下一九九八B)・「近世史料と政治史研究――江戸時代前期の院近臣の授受文書を中心に」(石上英一編『日本の時代史三〇 歴史と素材』吉川弘文館、二〇〇四)・「近世の朝廷・幕府体制と天皇・院・摂家」(大津透編『史学会シンポジウム叢書 王権を考える――前近代日本の天皇と権力』山川出版社、二〇〇六)。

(6) その他、筆者が一九世紀の仙洞御所における諸役職を分析した(拙稿「近世院政の組織と制度――光格上皇の「院政」を事例に」『論集きんせい』二四、二〇〇二。本書では分解・加筆して第II部第4章、第III部第1章)ほか、今江廣道「江戸時代における院伝奏と評定の補任」(『季刊ぐんしょ』再刊第三八号、一九九七)、久保貴子『近世の朝廷運営』(岩田書院、一九九八、一五七―一五九頁。なお山口前掲二〇〇六註五一を参照のこと)が、霊元上皇以降の院伝奏・評定衆の補任状況を一部明らかにしている程度。なお今江は後桜町院の評定として山本実福をあげているが、これは押小路実富の誤りである。

(7) 延享四(一七四七)年「桜町殿」と改称された。現在の仙洞御所。空間を異にして存在した明正院・後西院の御所は、院伝奏を含めても付けられた公家は数名程度(院没時の後西院付は七名、貞享期の明正院付は四名)と、人的にはかなり小さな規模であったようである。明正院付の公家に関しては本書第I部第1章を参照のこと。

(8) 母利前掲一九八五、本田慧子「近世の禁裏小番について」(『書陵部紀要』四一、一九八九)。

(9) 山口前掲一九九八B。

(10) 国文学研究資料館所蔵「久世家文書」中に、梅小路家歴代当主の日次記原本が含まれる。梅小路家は家祖定矩・共方・定代と、仙洞御所に関連が深い家。久世家文書に混入した過程については不明。なお本原では同館目録により表題を「日記」で統一し、記主・館整理番号を付記する。なお、当日記群の存在については西村慎太郎氏のご教示をうけた。

(11) 以下、引用史料内の( )[ ]は筆者による注記を、一字空けは平出を示す。

(12) 梅小路定矩「日記」(久世家六)寛文八元旦条に、「拝礼、諸臣天盃給、上北面・非蔵人・僧御流被下」とあり、僧侶という区分がある。後代には、院両役と伺候衆が区分されるようになる(史料編纂所蔵「実久卿記」天保七年元旦条など)。

(13) 二番編成となっているが、前年末の火災で仙洞御所が焼失、後水尾法皇はこの時、女御御殿に居り、臨時の体制である可能性が高い。

(14) 四月、六月などから新しい番組に入る例は後代よくみられ、この事例も恒例の結改日であったのではないかと考えられる。

(15) 風早実種が増えているが、風早は以前から院参として名がみえており、元旦はたまたま参賀できなかったものとみられる。

(16) 山口前掲二〇〇四が彼らを「後水尾院側近の第三世代」として取り上げている。彼らの履歴については、これに詳述されているので本章では略す。

(17) 儀式などのため他の日にも参院している。なお、本章では通例にならい「小番」という語は堂上公家の基本的な役である禁裏・仙洞などへの参仕を指して用いるが、史料上は伝奏や評定衆、北面・非蔵人などの番も、「小番」と呼称されることがある。

(18) 実際には池尻共孝は年頭の法皇使として三月二六日まで留守、梅小路定矩は所労でほとんど出仕できない状態であった。

(19) 三名のうち池尻共方は江戸への年賀使として三月二六日まで留守であるが、帰京前の一八日段階の番組で三番となっていることから、院伝奏の実勤人数によるとみるよりは、小番の番組数に連動するとみる方が自然と思われる。

(20) 後述するが、のちの霊元院の仙洞御所では、評定・献奉行が同様の小番との関係を示す。

(21) 梅小路定矩「日記」(久世家七) 寛文九年二月一〇日条、同寛文九年四月一一日条などに四名が併記される場合があり、彼らのうち若干名が登場する場合も多い。

(22) 梅小路定矩「日記」(久世家六) 寛文八年一月三〇日条、同寛文九年五月一九日条。

(23) 主として国立公文書館蔵「柳営日次記」により、一部「徳川実紀」で補った。

(24) 山口前掲二〇〇四は、公家鑑の先駆である寛文七年「御公家分限帳」や延宝期の「運正寺文書」に、法皇の「伝奏」と記された例を指摘している。また、慶安四年の奥書をもつ「勅使御礼之次第」(群馬大学附属図書館所蔵。この史料の存在については、平井誠二氏のご教示をうけた) には、「本院伝奏」をあげた箇所がある。院のもとに伝奏をおくことは生前譲位途絶以前の通例であり、近世初頭においても、制度的確立とは別に、院御所で取次を担うような側近をそのように理解・表現することがあったのだろう。

(25) 「今度伝奏ニ被差越ニ付御礼」とあるが (『寛文年録』二巻六七頁、三年三月一三日条)、一般的な表現である「伝奏被仰付候御礼」などと異なり、意味がとりづらい。

(26) 山口前掲一九九八A・B。

(27) 史料編纂所蔵写真帳「勧修寺家旧蔵記録」のうち。原本は京都大学蔵。勧修寺経敬 (経慶) は、霊元院の側近のひとりで、在位期・「院政」期にまたがり議奏をつとめた。

(28) 上皇が複数存在する場合、史料上は譲位順により本院・新院、また法躰であれば法皇と称され、伝奏も本院伝奏・新院伝奏・法皇伝奏と記される場合があるが、本章ではすべて院伝奏と表記し、特に区別する場合は「後水尾上皇の院伝奏」のように記す。

(29) 宮内庁書陵部蔵「庭田重条日記」のうち。院伝奏庭田譲位直後の諸事をまとめた別記。

(30) 史料7は原史料上では、八月一四日に番組が結改された際、それまでの番文 (史料6) に加筆して新しい番組を表してある。見易さを考え、二つの番組に分解して示した。
(31) 評定の補任状況については、宮内庁書陵部蔵「院中御日次」に基づく。
(32) 史料編纂所蔵「基長卿記」。史料7の結改と対応関係にあるのだろう。
(33) 史料編纂所蔵写真帳。記主松尾相匡は霊元院の上北面。
(34) 山口前掲一九九八A。
(35) 史料編纂所蔵謄写本。原本は宮内庁書陵部蔵。記主東園基量は当時議奏、譲位後院伝奏。
(36) 他に、すぐ禁裏に返されるものとして「暫時御雇」七名があげられている（史料編纂所蔵「基長卿記」同年六月二五日条）。
(37) こうした体制をとった確かな理由はわからない。なお、参考となる最も近い時期の記録として、享保三・四年の禁裏献奉行の職務日記（大阪府立中之島図書館蔵・町尻家「直廬御用雑記」のうち）をみると、参内した者への食膳・酒菓の手配を行うのが職掌のようである。
(38) たとえば、管見の限りでは桜町上皇の院中小番は三番編成、後桜町上皇・光格上皇の院中小番は五番編成が基本であった。なお桜町上皇の仙洞御所においては院伝奏は一名、評定衆はおかれなかった（今江前掲論文）。桜町上皇の仙洞御所に関しては、本書第II部第3章を参照。
(39) いわゆる議奏。後掲注(44)参照。なお、後水尾上皇が既に没している貞享期には霊元院の側近が任じられている。
(40) おのおの「基量卿記」・史料編纂所蔵謄写本「通誠公記」同日条。
(41) 田中前掲一九九〇。どのような意味でそうであるのか具体的な分析は行っていない。
(42) この三名は、のちに「三卿」と呼ばれる皇嗣付公家の役職の先駆的存在であった。第2章で詳述する。
(43) 後代には、譲位に伴い議奏の顔ぶれが変わり、特に新天皇の側近として東宮付の皇嗣付三卿からの転任が通例となる。詳しくは第2章参照。
(44) 従来は霊元天皇に付けられて創始されたとみなされていたが、松澤克行により、先行する後光明天皇の時代にも類似した存在を確認でき、後水尾上皇が即位したばかりの幼い息子に後宮関係者や近臣の一部を付けたものであることが指摘された（松澤前掲二〇〇九）。
(45) 田中前掲一九八八、平井前掲一九八八。
(46) 園基福（寛文七・一〇）、東園基禎（寛文九）。寛文六年の柳原資行もまだ議奏であった可能性が高い。年頭の院使は、後代には院伝奏が交代でつとめるなど、仙洞御所付の公家が担うのが近世を通じての慣例（勅使は武家伝奏）であり、この時期の議奏の院近臣としての性格を明瞭に示すといえる。

(47) 呼称として選ばれた鎌倉期の「議奏」は、院政下の朝廷におかれたものであり、院政を支えるべき役職としての意味合いを込めた命名であった可能性もある。

(48) 久保前掲一九九一、山口前掲一九九八Ａ。

(49) 貞享四年三月七日に内定して所司代に確認が行われ（「基量卿記」）、一八日に申し渡された（書陵部蔵「庭田重条卿記」）。

(50) 田中前掲一九八八。

(51) 久保前掲一九八八。

(52) 田中暁龍がその後詳しく明らかにしたところでは、天和・貞享期の京都所司代土屋政直が、霊元上皇の口入を排除する指示を行い、また議奏が院と禁中両方の御用を掌る状況を修正し、霊元院が主張した四人衆による議奏の代替を否定し、議奏が禁中御用を掌るように修正した（田中暁龍「貞享期の朝幕関係――京都所司代土屋政直を中心に」桜美林大学『人文研究』一、二〇一〇、のち『近世前期朝幕関係の研究』吉川弘文館、二〇一一）。本章で見通しにとどまった政治過程が、詳しく明らかにされている。なお、田中は議奏が禁中御用のみを掌るのを「本来の職制」と述べている。筆者も、幕府の認識や、これ以降確立した制度はその通りであったと思う。ただし、田中の仕事を含む議奏の研究史が示した事実からみて、議奏の制度的な淵源は、上皇とその子である幼い天皇を結ぶ役割にあったのであり、霊元院の議奏の運用構想は、やはり創成期の議奏の機能を復活させ、制度的に明確にしようとしたものと評価すべきであると考える。

(53) 久保貴子「元禄期の朝廷」（『日本歴史』五二〇、一九九一）、前掲著一五二頁。

(54) 山口前掲一九九八Ｂ、二〇〇四。

(55) 今江前掲論文。

(56) 光格上皇の仙洞御所における評定の役割と、議奏との共通点については第II部第4章参照。なお評定の職掌に関して、山口和夫前掲二〇〇四は、従来の院の女房奉書の機能を、評定が奉じる院宣が果たすようになった例を紹介している。

(57) 享保期の事例であるが、左大臣二条綱平が、禁裏の議奏、院の評定、東宮御所の三卿を同様の役職と説明している（第2章二節参照）。

(58) 史料編纂所蔵謄写本。記主柳原資廉は当時武家伝奏。

(59)　同様の区分は弘化期にも確認できる（史料編纂所蔵・徳大寺実堅武家伝奏記録「触状留」）。
(60)　山口前掲一九九八B。明正院の一人分の辞退でも足りず、院伝奏への役料捻出に院が苦慮、勧修寺の役料辞退を喜んだ、としている。
(61)　「指上」の語意について、直前に掲げた同じ「勧慶日記」から取った史料13では、明らかに返上の意で用いている。
(62)　明正院の次に上皇となった後西院付の公家に対しこうした処遇がとられた形跡はない。
(63)　寛文年間に創設された幕府の役料制度は天和二（一六八二）年に一度廃止され、元禄二（一六八九）年以降やや形を変えて再設定された（泉井朝子「足高制に関する一考察」『学習院史学』二、一九六五）。ただし引用した史料にみえるように、この間も明正院付へは役料が給付されている。
(64)　公家衆に食事を出すことを新たに始めたのは、霊元院が院御所の充実と公家たちの掌握につとめたことをよく示す。前述した霊元院による献奉行の重視と関係している可能性もある。
(65)　貞享五年当時、霊元上皇には幕府から七〇〇〇石の仙洞御料が与えられていた（奥野高廣『皇室御経済史の研究』後篇、畝傍書房、一九四四）。
(66)　京都大学付属図書館蔵平松文庫。後桜町上皇・光格上皇の院伝奏を平松時章がつとめた間、関連事項を平松家の家司が記録したもの。
(67)　その前の上皇である桜町院が譲位した際には、武家伝奏柳原光綱が幕府から院伝奏の役料を出すようかけあっているが（史料編纂所蔵「光綱卿記」延享五年一月一八日条）、奏功しなかったようである。
(68)　矢野健治「江戸時代に於ける公家衆の経済」上・下（『歴史地理』六六―三・四、一九三五）、田中前掲一九八八、平井前掲一九八八、高埜前掲一九八九。第I部第2章。
(69)　山口前掲一九九八A。
(70)　八条隆英一名のみとした桜町上皇（今江前掲論文）が、唯一の例外である。
(71)　今出川伊季は、もと霊元天皇の近習小番で、朝仁親王（五宮／東山院）の東宮大夫の号を帯び、譲位後は霊元院の御厩別当を兼ねた。のちに院伝奏となる。
(72)　宮内庁書陵部蔵。なお史料編纂所蔵の謄写本は、この一覧を写していない。
(73)　史料17の「奥番」に対応する、いわゆる近習小番。近習小番が制度的に確立するのは元禄期の終わり頃で、この時期が確立過程にあたるとされる（田中前掲一九九〇）。
(74)「伊季公記」貞享四年六月一五日条、同貞享五年四月二三日条など。
(75) 平井前掲一九八八。
(76) 田中前掲一九九〇によれば、元禄九（一六九六）─一〇（一六九七）年の段階では、池尻勝房は近習小番の番頭をつとめている。
(77) その後田中暁龍が明らかにしたところでは、議奏は院伝奏と兼任はしなかったが、実態としては院中に頻繁に伺候する状況で、霊元院は禁中御用の代替として「四人衆」を考えたが、貞享四（一六八七）年一〇月に所司代土屋政直はこうした状況を否定し、議奏と加勢による禁中の勤番体制の維持を指示している（田中前掲二〇一〇）。
(78) 平井前掲一九八八。
(79) 武部敏夫「議奏日次案に就いて」（『古記録の研究』群書類従完成会、一九七〇）。
(80)「難波宗建卿記」享保二〇年一二月一日条。記主難波宗建は当時中御門上皇の院伝奏。この記事がある草稿の抜粋（押小路家本、蜂須賀家旧蔵本）と清書本（田中勘兵衛旧蔵）の二系統の写本を史料編纂所が所蔵。
(81) 平井前掲一九八八。
(82) 前掲注(52)で触れた田中の近業で紹介された、貞享四（一六八七）年に京都所司代土屋政直が指示した議奏の勤番体制では、「加勢一人宛参勤申也」とある。のちの議奏加勢と異なり、本役の議奏が臨時につとめる意と読めるが、これも議奏加勢制度のひとつの端緒であろう。
(83) 石田俊によれば、霊元上皇は譲位の際、奥向きの女房について近世後期の原則と異なる配置替えを行い、これは明らかに院政を行うための人員配置であった（石田俊「霊元天皇の奥と東福門院」『史林』九四─三、二〇一一）。
(84) 元禄七（一六九四）年四月に議奏清水谷実業が罷免されたが、関白近衛基熙は院近臣でたびたび参院したことが幕府の不審をかったと理解している（久保前掲一九九一）。
(85) 第2章二節参照。

第2章　皇嗣付の職制と天皇・上皇

はじめに

前章においては、霊元院による制度構想の中で、その皇嗣五宮（朝仁親王、東山院）に付けられた公家に役割が与えられ、また実際の譲位後も一定の地位を占めたことを述べた。本章では、この時に淵源をもち、一八世紀までかけて近世朝廷機構の一つとして定着した、皇嗣付の堂上公家の役職である「三卿」[1]について明らかにする。またこのような制度化により形成された、近世の堂上公家の職制階梯について概観する。

近世の皇嗣は朝幕間の合意で決定され、儲君と呼ばれた。天和年間に立太子制度が再興されると[2]、同時に儲君治定が制度化され、治定の際に禁裏御所・仙洞御所とおなじく堂上公家の番衆が付けられるようになった[3]。五宮に付けられた公家は霊元天皇近臣・親王姻戚が中心であり、院政の布石かと推測されている[4]（これ以降の皇嗣の一覧を表10に示しておく）。

皇嗣に付けられた「三卿」は、この番衆の上に位置する役職であるが、朝廷窮乏が朝役忌避を招いた具体例としてや[5]、史料の解題などにおいて若干言及されたことはあるが[6]、詳細は明らかにされていない。この役職をおさえることで、近世朝廷において堂上公家が分配された各御所の番衆、また皇嗣・天皇・上皇（院）と地位を変える中での近臣の編成のあり方などの全容を見渡すことができるようになる。

表 10　近世の皇嗣　（立太子礼再興以降）

名	時の天皇	外 祖 父	生	儲君治定	親王宣下	立　坊	即位など
五宮 朝仁(東山院)	霊元	松木宗条	延宝 3. 9. 3	天和 2. 3. 25	天和 2. 12. 2	天和 3. 2. 9	貞享 4. 3. 21 受禅
長宮 慶仁(中御門院)	東山	櫛笥隆賀 (隆慶)	元禄 14. 12. 17	宝永 4. 3. 22	宝永 4. 4. 29	宝永 5. 2. 16	宝永 6. 6. 21 受禅
若宮 昭仁(桜町院)	中御門	近衛家熙	享保 5. 1. 1	享保 5. 10. 16	享保 5. 11. 4	享保 13. 6. 11	享保 20. 3. 21 受禅
八穂宮／茶地宮 遐仁(桃園院)	桜町	姉小路実武	寛保 元. 2. 29	延享 3. 1. 21	延享 3. 3. 16	延享 4. 3. 16	延享 4. 5. 2 受禅
若宮 英仁(後桃園院)	桃園・ 後桜町	一条兼香	宝暦 8. 7. 2	宝暦 9. 1. 18	宝暦 9. 5. 15	明和 5. 2. 19	明和 7. 11. 24 受禅
若宮 温仁　—	光格	近衛内前	寛政 12. 3. 7	寛政 12. 3. 7	寛政 12. 3. 26	—	寛政 12. 4. 4 没
寛宮 恵仁(仁孝天皇)	光格	勧修寺経逸	寛政 12. 2. 21	文化 4. 7. 18	文化 4. 9. 22	文化 6. 3. 24	文化 14. 3. 22 受禅
熈宮 統仁(孝明天皇)	仁孝	正親町実光	天保 2. 6. 14	天保 6. 6. 21	天保 6. 9. 18	天保 11. 3. 14	弘化 3. 2. 13 践祚
祐宮 睦仁(明治天皇)	孝明	中山忠能	嘉永 5. 9. 22	万延 元. 7. 10	万延 元. 9. 28	—	慶応 3. 1. 9 践祚

注：『天皇・皇族実録』などによる.

また本章では、このような番衆制に淵源する体制に基づいた、堂上公家の近世特有の職制階梯および履歴について検討する。職制階梯については、一七世紀後期に霊元院が近臣を近習小番として編成、これが武家伝奏・院伝奏・議奏などの選出母体となったこと、この昇進ルートが一八世紀には定着していること[7]や、神宮伝奏・上卿と議奏で就任者の重複がかなりみられること[8]、などが示されている。本章では、皇嗣付三卿や、番衆から完全には分化しない役職なども含めて考えてみたい。また近世の堂上公家の履歴についてだが、議奏や皇嗣付三卿のような近世的な役職については簡便かつ網羅的に知りうる手段がないため、(9)もっぱら容易に知りうる古代以来の官位・官職に基づいて記述されることが多い。(10)このような表現では、古代以来の伝統的側面のみが強調され、近世朝廷の実際の編成上の位置がみえにくい。番衆制に立脚した近世的な職制に基づく個々の堂上公家の履歴を若干検討してみたい。

一　皇嗣付三卿制の成立

1　霊元院と五宮付公家衆（天和・貞享期）

「三卿」制の淵源は、一七世紀後期、霊元院の在位期にさかのぼる。天和二（一六八二）年、霊元院は、さまざまな抵抗の中で第五皇子（五宮＝朝仁親王＝東山院）を皇嗣と定め、幕府の同意を得るとすぐ、選抜した公家たちに五宮のもとに日参するよう命じた。彼らの顔ぶれは史料によりやや異同があるが、(11)霊元院の近臣および五宮の外戚が中心だったことが示されている。(12)また伺候する公家たちとは別に、外戚の参仕が想定された。(13)六月二七日に五宮は後水尾院旧殿に移徙、(14)付属の公家たちの以降の勤務体制が定められた。霊元天皇の近臣であった庭田重条の記録からみよう。

【史料1】

伝聞、此比儲皇（五宮）御方参仕之人被相定、祇候之輩、正親町中納言公通・川鰭前宰相実陳・右兵衛督（梅園季保）・宮内大輔勝房朝臣（池尻）・左中将基勝朝臣（園）（中略）・侍従公韶（四辻）・左少将宗尚（難波）・兵部権少輔泰福（土御門）等也、左少将基淳（壬生）・蔵人中務大丞安部泰貞（倉橋）一時廿六日迄可参仕之旨被仰出了、右之輩連リ合結番可相勤之沙汰也、結番之前者先毎日参仕也云々、亦松木前大納言宗條・池尻前中納言共孝両人者隔日参仕宿直、宗顕朝臣（松木）者被候禁裏、無人之時無昼夜参仕也

（「庭田重条日記」(15)天和二年六月二八日条）

日参していたのを輪番制とし、「祇候之輩」八名および臨時の二名が輪番で参仕すると定められており、また彼ら

と区別される存在として、外戚松木宗条とその姻戚池尻共孝が隔日で参仕し宿直、また外戚で禁裏の番衆である松木宗顕も、臨時の加勢要員として確保されている。独自の御所に居住するにあたり、独立した番衆が整備され、これを霊元院の側近でもある外戚松木父子が補助する体制であった。

皇嗣が独自の御所に居住するのは、一七世紀以降では初例であったようである(16)。天皇の子女のうち、天皇正配以外を生母とするものは、生母の実家において養育されるのが近世朝廷における通例であったようで(17)、五宮も例外ではなかった。それに伴う独自の番衆の付与も、やはりこれも初のことであったとみられる。山口和夫によれば、院御所が群立した時代に新家が多く取り立てられ、院たちが没した後に霊元天皇の禁裏御所に吸収されていった(18)。幕府が少数を選抜した明正院付公家衆（第Ⅰ部第1章）を別とすれば、番衆を選抜・分割した最初のケースが、この五宮の御所だったのではないかと思われる。

さて、五宮に附された公家衆のうち、正親町公通・梅園季保・河鰭実陳の三名のみが公卿であったが、彼らは殿上人であるその他の番衆とは異なる役割を与えられていた。貞享元（一六八四）年の末、権中納言に昇進した庭田重条は、東宮御所仮殿（鷹司房輔第）での拝賀の日程を調整するため、東宮朝仁親王の外戚松木宗顕に連絡をとった。この際の松木宗顕の返書に「三人之衆」という語があり、これを日記に写した庭田は、正親町・梅園・河鰭を指すと注記している（「庭田重条日記」貞享元年一二月二三日条）。庭田が彼らへの連絡の必要性を尋ねたのに対し、松木宗顕は、不要、ただし父宗条へは連絡すると答えている。実質的に東宮御所（仮殿）を取り仕切っているのは明らかに外戚の松木父子であるが、公卿である東宮付公家衆の上席三名が、御所を代表する存在として考慮されたことがわかる。彼らが、本章で考える皇嗣付三卿にあたる最初の存在である。

彼らの位置については、三人のうち正親町公通が残した(19)、移徙に数日先立つ日付の誓状の写しから詳しくわかる。

【史料2】

一、儲君（五宮）御為之儀、且以不可抱二心、偏擲身命、可存忠節候事、
一、儲君　御行跡已下、諸事不宜御事者、毛頭無遠慮可令諫諍候、但依為　御幼年、慢　上諂他人之義不可有之候事、
一、三人之輩互毛頭無隔意、諸事　御為可然様ニ不残所存可令相談候、於難決義者、松木前大納言（宗条）江可申談候、依事者令　朝参、直ニ可令言上候事、
一、儲君江御奉公之諸家・非蔵人・鳥飼・仕丁等、女中末ゝ迄茂、　御為不所存之者於有之者、無贔屓偏頗可及言上候事、
一、三人之輩、御奉公之善悪相互出于口外与他人不可令評判候、自然以私令隔意之義於出来者、相互可為不忠之基候、但三人之輩万一誓状之趣違背之義於有之者、早速可及言上候事、
一、蜜ゝ被　仰聞候義、堅不可令他言候事、
一、誓状之趣、松木父子ヨリ外不可令他言候事、
右之条ゝ於令違背者、可蒙　日本国中大小之神罰者也、

天和二壬戌年六月廿三日　　　　（正親町）公通
（宗条）松木前大納言殿
（松木宗顕）左大弁宰相殿

（「儲君三卿誓状」[20]）

正親町公通による、「三人之輩」としての誓紙である。これは前掲史料4にいう「三人之衆」と同じものであろう。「儲君」のために奉公し、その行跡を諫止し、女中を含む御所の人員に目を配ること、などが主な役割とされる。相談・

報告すべき存在は、霊元天皇および五宮外戚の松木宗条とされ、霊元からの内密の指示や誓状の中身については、彼ら以外に漏らさないことも謳われている。

彼らの実際の活動についてはよくわからないが、即位（貞享四年三月）直前の事例として、東宮御所の文庫に長櫃などを入れる件について、議奏庭田重条が書状を「年寄衆」正親町公通・河鰭実陳・池尻勝房に出している例がある（「庭田重条卿記」貞享三年一二年五日条）。彼らは前項でみた「三人之衆」であろう。[21]造営し直された東宮御所（下御所）における状況を示す事例であるが、「年寄衆」と称され、議奏からの事務連絡の宛所となっている。この時期、禁裏御所で近習小番の上に立つ議奏も「年寄衆」と呼ばれることがあり、[22]似た体制で近臣が編成されていたと思われる（職制のイメージを、参考図1―Aに示した）。

なお前章で述べたように、霊元天皇は、朝仁親王が即位した以後、この三名を自らの「院政」体制を支える位置におくことを考えていた。重要であるので概略を確認しておくと、霊元天皇の譲位前の構想では、議奏五名は留任、うち二名が譲位後の霊元院に付く院伝奏を兼任、正親町・川鰭・池尻は、議奏が参院などした際に替わりをつとめる、とされた。自身の「院政」を前提とする朝廷機構の構想であり、正親町ら三名はその一翼を担うことが期待された。譲位後の正親町らは、今出川伊季を加えた[23]「四人衆」、一人抜けた「三人衆」と呼ばれる地位を得た。しかし「院政」構想は所司代土屋政直の掣肘を受け、院伝奏と議奏の兼任は実現せず、禁裏御所の「三人衆」の地位もやがて廃止された。

2　皇嗣付三卿制の定着（宝永期・享保期）

五宮（朝仁親王＝東山天皇）に続いて儲君と治定されたのは、宝永四（一七〇七）年の長宮（慶仁親王＝中御門院）である。当時議奏であった久我通誠の日次記に、武家伝奏から、儲君付となった公家たちの申し渡しが詳しく記されている（史料編纂所蔵「通誠公記」宝永四年三月二三日条）。まず、鷲尾隆長ら三名へ、外戚櫛笥隆慶の指示を仰ぎ御用を達するように命じられた。次に、藤波徳忠ら六名へ、「儲君御方小番」が命じられた。勤務形態はいずれとも、独自の御所（仮殿有栖川宮御所）への移徙前（この時長宮は櫛笥家に縁ある林丘寺里坊に居る）は日参、移徙後は輪番とされている。

前者のうち二名、後者のうち三名は、時には禁裏御所にも顔を出すよう伝えられている。また議奏から、外戚・櫛笥隆慶とその縁戚・西洞院時成（隆慶女婿）へ、「儲君御方御用を奉《うけたまわ》る」よう命じられている。[24]

前節でみた五宮（朝仁親王）の場合と比べると、縁戚を含む独自の番衆が付き、外戚がその上位に位置づけられる点では同じである。大きく異なる点として、前代ではごく内密のことがらであった、公卿三名とそれ以外の番衆の勤番体制上の区別や、外戚の役割が、武家伝奏・議奏からの申し渡しという形で公的に示されていることがわかる（前述のような誓状は以降確認されなくなる）。六名の番衆にも公卿がおり、長宮付の鷲尾・桑原・岩倉は、単に公卿であるという官位上の区別に留まらない地位を、明瞭に与えられている。

長宮はやはり、当初から第一候補だった存在ではなく、東山天皇の意思のもと、関白近衛家熙が長宮の皇嗣擁立につとめたとされる。[25]東山天皇・関白近衛が、前代の皇嗣（東山院）のあり方を一歩進め、公的な制度として位置づけることで、長宮の皇嗣としての地位の明確化・荘厳化を図ったと推測される。

次の儲君は、若宮（昭仁親王＝桜町院）である。その「三人輩」となった庭田重孝の記録をみると、享保五（一七二〇）年の儲君治定の際に武家伝奏から、儲君のもとに勤番すること、非蔵人に下知すること（重事は禁裏御所の非蔵人奉行に連略）、また六名の殿上人からなる番衆の勤務形態について指示されている。[26]「三人輩」と他の番衆が別番で参仕する点、武家伝奏が申し渡す点などは前代と同じであるが、「三人輩」とその他の番衆のみで、常勤の外戚が存在しない点が新しい。これは昭仁親王（若宮＝桜町院）の外戚が摂家近衛家で、その他の公家のように御所に勤番はしない家柄だったためであろう。

制度としての定着過程を示す事例をあげよう。翌享保六（一七二一）年、「親王伺候」が人手不足で所労の者もいるとの理由で、武家伝奏より庭田以下の皇嗣付三卿に、番衆の増員および三卿の宿直免除が申し渡された。宿直を免除する理由として、三名というのが先例であるので、「三人輩」を増員することはせず、かわりに宿仕を免除する、との説明がされた。この時増員された人員には公卿もいるが、彼らは番衆としての勤務を命じられた（「直廬御用雑誌」享保六年一月二五日条）。翌享保七（一七二二）年、武家伝奏両名とともに、「三人輩」のひとり万里小路尚房が江戸に参向したが、この時「加勢」として池尻共条が勤番した(27)。公卿・殿上人からなる番衆と別に、公卿三人が就任する役職がほぼ定着していることがわかる。以降、本書では彼らを「皇嗣付三卿」と呼ぼう。

以降幕末にいたるまで、皇嗣付三卿は儲君治定の際に必ず付けられてゆくこととなる(28)。就任者の一覧を、表11に示しておく。

さて、前述したように、享保期にはそれ以前と異なり、外戚の勤仕・関与はなかったようである。一例をあげよう。貞享年間に、皇嗣の外戚が任官拝賀の日程を伝達していた例を前述した。これに対し、享保期では同様の伝達を皇嗣付三卿が行っている(29)。皇嗣付三卿が東宮御所の表を代表する職となっていることがわかる。

では外戚にかわって、皇嗣付三卿が日常的に相談し指示を仰ぐべき相手はいなかったのか。皇嗣付三卿庭田重孝の職務日記をみると、就任後まもなく武家伝奏から伝えられたところでは、御用・伺いはまず議奏石井行康へ、急用ならその日の当番議奏へ、と連絡先が定められている（「直廬御用雑誌」享保五年一一月二日条）。石井は、儲君担当の議奏とでも呼ぶべき位置にあるといえる。皇嗣付三卿庭田重孝・町尻の記録からは、石井から種々の指示をうけて活動している様子をみることができる。

享保期、皇嗣（若宮＝昭仁親王＝桜町院）の在所は禁裏御所の敷地内（北殿）で、議奏が往来することは容易であり、また昭仁親王の外戚近衛家のような摂家が御所に詰めるということは近世朝廷ではありえないことであるので、議奏の一人が三卿を指揮することになったのではないか[30]（職制のイメージを、参考図1―Cに示した）。

3　役職名の定着

皇嗣付三卿の役職名は、以上みてきたように、定まったものではなかった。享保期に用いられた呼称をみてみよう。

・「三卿」　…「大納言基香卿自記伝奏日記」（武家伝奏）・「通兄公記」（禁裏番衆）
・「三人輩」…「直廬御用雑誌」「直曹雑記」（三卿庭田）
・「三輩」　…「御用雑記」（三卿町尻）
・「三人衆」…「大納言基香卿自記伝奏日記」（武家伝奏）・「兼香公記」（大納言・大臣）・「日次醜満」
・「御三人衆」…「新校正御公家鑑」（木版出版物[31]）

単に「三名の人（公卿）」を意味する多様な呼称が混在している。その地位にある者や、同じ記録の中でも呼称は一致せず、正式な役職名というようなものはなかったとわかる。

続く延享期（茶地宮＝遐仁親王）には、「通兄公記」（武家伝奏）・「広橋兼胤公武御用日記」議奏部で「三卿」の称が用いられており、宝暦～明和期（茶地宮＝遐仁親王＝桃園院）には完全に定着する。一例を示す。

【史料3】

愛宕前大納言通貫卿　三卿役被　免、綾小路中納言有美卿三卿役被　仰出、

（史料編纂所蔵「儲君親王御用日記」宝暦一二年七月二七日条）

ここでは「三卿」という語は、もはや「三人の公卿」の意ではなく、完全に役職名として用いられている[32]。「三卿」との呼称は、明確に定められたものではなく、雑多な呼称の中から自然に選び出され、一八世紀半ばに定着したと考えられる。これは近世日本における役職名としては、ごくありふれた経過であって、たとえば霊元天皇が

表11　皇嗣付三卿一覧

儲君	名	家	在任 任免	職歴(前) 禁裏諸奉行	職歴(前) 近習小番	職歴(後)	備考
五宮／朝仁親王(東山院)	正親町公通	羽林	天和2.6.23ヵ(27新殿移徙)～貞享4.3.21為四人衆(受禅)			「四人衆」・院参(明正)・武家伝奏	父実豊は議奏・武家伝奏／垂加神道道統継承者
	梅園季保	羽林	天和2.6.23ヵ(27新殿移徙)～貞享2.9.5蟄居ヵ				縁戚(妻が池尻勝房姉妹)／「不忠」のため免(「基量」貞享2.9.6)
	河鰭実陳	羽林	天和2.6.23ヵ(27新殿移徙)～貞享4.3.21為四人衆(受禅)			「四人衆」	縁戚(姉妹が宮外祖父松木宗条の妻)
	池尻勝房	名	貞享2.9ごろ?(梅園替ヵ)～貞享4.(1687)3.21為四人衆(受禅)			「四人衆」・議奏・院伝奏(東山)	縁戚(妻が宮外祖父松木宗条女)／元禄9.10.11近習(田中90／基長)
長宮／慶仁親王(中御門院)	鷲尾隆長	羽林	宝永4.3.23(22儲君治定)～宝永6.6.21任議奏(受禅)	屏	非近臣(「基長」宝永4.3.23)	議奏	縁戚(母が宮外祖父櫛笥隆慶の姉妹)
	清岡長時	半	宝永4.3.23(22儲君治定)～宝永6.6.21任新院評定(受禅)		元禄10.11.14(田中90),宝永4.3.23(基長)	評定(東山)	家祖(五条為庸子)／後に霊元院に倣い落飾
	岩倉乗具(具統)	羽林	宝永4.3.23(22儲君治定)～宝永6.3.28任議奏	能	元禄10.11.14(田中90),宝永4.3.23(基長)	議奏	もと朝仁親王伺候
	石野基顕	羽林	宝永6.3.28～宝永6.6.21任議奏(受禅)		宝永5.11.9(基長)	議奏	家祖(持明院基時子)

若宮／昭仁親王（桜町院）	庭田重孝	羽林	享保5.10.16（儲君治定）～享保20.3.21任議奏（受禅）		享保3（当時抄）	議奏	
	町尻兼重	羽林	享保5.10.16（儲君治定）～享保20.3.21任議奏（受禅）	献	享保3（当時抄）	議奏	
	万里小路尚房	名	享保5.10.16（儲君治定）～享保9.9.4没ヵ		?	（三卿在任中に没）	
	山本公尹	羽林	享保9.11.6～享保14.4.8任議奏		享保5.10.29～（兼香）	議奏	妹が親王に候す縁（「兼香」享保9.11.22）
	櫛笥隆兼	羽林	享保14.4.8～享保20.3.21任評定（受禅）		享保3（当時抄）	評定（中御門）・議奏（在任中没）	東宮伺候より／中御門天皇外戚
茶地宮／遐仁親王（桃園院）	姉小路公文	羽林	延享3.1.21（儲君治定）～延享4.5.2任議奏（受禅）		寛保元・延享元（八槐記）	議奏（兼英仁親王肝煎）・武家伝奏	外戚（生母兄弟）／初めて武伝に到る／のち神宮伝奏
	芝山重豊（基憲）	名	延享3.1.21（儲君治定）～延享4.5.2任議奏（受禅）		寛保元・延享元（八槐記）	議奏	
	東久世通積	羽林	延享3.1.21（儲君治定）～延享4.5.2任議奏（受禅）	修	寛保元・延享元（八槐記）	議奏	父久我通兄は当時武家伝奏
	飛鳥井雅香	羽林	宝暦9.5.6（同15親王宣下）～宝暦11.5.2任議奏	歌	寛保元・延享元（八槐記）	議奏	もと中御門上皇・桜町上皇院参衆
	愛宕通貫	羽林	宝暦9.5.6（同15親王宣下）～宝暦12.7.27免（後桜町院践祚）	—	?		若宮肝煎より転ず

儲君	名	家	在任 任免	職歴(前) 禁裏諸奉行	職歴(前) 近習小番	職歴(後)	備考
若宮／英仁親王(後桃園院)	石山基名	羽林	宝暦9.5.6(同15親王宣下)～明和7.11.24任評定(受禅)	学，献	?	評定・院伝奏(後桜町)	桃園天皇縁戚(父は宮外祖父姉小路実武)
	植松賞雅	羽林	宝暦11.5.2～宝暦12.9.28任議奏	学，色，硯	寛保元・延享元(八槐記)	議奏	
	綾小路有美	羽林	宝暦12.7.27～明和7.11.24任議奏(受禅)	学，服，硯，非	享保20・延享元(八槐記)	議奏	もと中御門上皇院参衆／奉行は宝暦10による
	難波宗城	羽林	宝暦12.9.28～明和7.11.24任院伝奏(受禅)	学，献，歌，色，刀，能	寛保元・延享元(八槐記)	院伝奏(後桜町)	奉行は宝暦10による
若宮／温仁親王	清閑寺昶定	名	寛政12.3.7(儲君治定)～寛政12.4.4カ(親王没)	記，硯	天明6.2.19～文化元.5.16議奏？	議奏	肝煎より転ず
	山科忠言	羽林	寛政12.3.7(儲君治定)～寛政12.4.4カ(親王没)	服，小	①?～天明4.12.10本番所 ②寛政3.12.21～享和3.6.13議奏？	議奏(兼寛宮世話卿・恵仁親王肝煎)・武家伝奏	
	風早実秋	羽林	寛政12.3.7(儲君治定)～寛政12.4.4カ(親王没)	刀，献	安永4.12.27(忠言)	議奏	
	広橋胤定	名	文化4.7.18(儲君治定)～文化10.9.15任議奏	学，記，字，会，献，非	安永4.12.27(忠言)	議奏(兼恵仁親王肝煎)・武家伝奏	後桜町院執権
	烏丸資董	名	文化4.7.18(儲君治定)～文化6.10.24任議奏	学，記，歌，色，会，能	天明8.12.24～文化4.7.18三卿？	議奏	

寛宮／恵仁親王（仁孝天皇）	園池公翰	羽林	文化4．7．18（儲君治定）～文化14．3．22任議奏（受禅）	学，刀，楽，献	安永4．12．27（忠言）	議奏	
	甘露寺国長	名	文化6．10．24～文化6．12．25任議奏	学，記，硯	天明6．5．10～文化6．3．8東宮伺候（伊光）	議奏・武家伝奏	奉行は文化4による／東宮伺候より
	正親町実光	羽林	文化6．12．25～文化14．3．22任議奏（受禅）	学，記，硯，屏，修	寛政2．12．29～文化6．12．22三卿？	議奏	奉行は文化4による／孝明天皇外祖父／在任中に神宮上卿（文化7，文化9両度）
	日野資愛	名	文化10．9．15～文化11．10．7任議奏	学，記，楽	寛政4．12．25～文化10．9．10三卿？	議奏・院伝奏（光格）・武家伝奏	姻戚（妻は宮生母姉妹）
	高倉永雅	半	文化11．10．7～文化14．3．22任評定（受禅）	学，服，屏	寛政11．12．22～文化11．10．7三卿？	評定・院伝奏（光格）	
熙宮／統仁親王（孝明天皇）	山科言知	羽林	天保6．6．21～天保12．10．1免	学，色，服，刀，献	享和3．12．19～		
	園基茂	羽林	天保6．6．21（儲君治定）～天保11．6．14没？	学，記，会，服，刀	文化14．3．11～		
	葉室顕孝	名	天保6．6．21（儲君治定）～天保15．9．22列近習小番御免	学，記，色，会，楽	文化7．2．7～		妻の父は広橋胤定
	野宮定祥	羽林	天保11．7．4～弘化3．2．12為近習（13践祚）	学，硯，献	天保6．12．20～	議奏	
	中園実暉	羽林	天保12．10．1～弘化2．5．7没	学	文政3．12．21～		

儲君	名	家	在任 任免	職歴（前） 禁裏諸奉行	職歴（前） 近習小番	職歴（後）	備考
	綾小路有長	羽林	天保15. 9.22～弘化3．2.12為近習(13践祚)		①文化6．9.13～文化14. 3.22院祇候 ②天保12. 9.29院祇候より～		
	八条隆祐	羽林	弘化2．6．3～弘化3．2.12為近習(13践祚)		文化6．9.13～		三条実万「国事御用掛」に推薦(箱石)
祐宮／睦仁親王（明治天皇）	日野資宗	名	万延元7.10(儲君治定)～慶応3．1．9ヵ(践祚)	学，献，非，記，会	文政12. 1.27～	武家伝奏(在任中に廃官)	広橋胤定の子
	中院通富	大臣	万延元7.10(儲君治定)～慶応3．1．9ヵ(践祚)	学，色	天保9．7.16～		
	柳原光愛	名	万延元7.10(儲君治定)～文久3．8.24任議奏	学，記，歌，会	①天保3．7.13～安政4．9.30 ②安政5.12.19～	議奏(在任中に廃官)	
	六条有容	羽林	文久3．8.25～文久3.12.27任議奏		文久2．9.20～	議奏(在任中に廃官)	
	葉室長順	名	文久3.12.27～慶応2.10.21任議奏		天保5.12.22～	議奏(在任中に廃官)	
	堀河親賀	羽林	慶応2.10.24～慶応3．1．9ヵ(践祚)		安政5.10.18～文久3．2.12？本番所		仁孝天皇姻戚(母が天皇生母の姉妹)

注1：典拠史料：勧慶日記，基量卿記，基長卿記，兼胤公記，兼香公記，孝明天皇紀，仙洞後桜町上皇御所詰所日記，儲君親王御用日記，祐宮儲君御治定三卿私記，実久卿記，通兄公記，通誠公記，帝室制度史，徳大寺実堅武家伝奏記録・二条往来，儲君三卿備忘（山科忠言），儲君三卿備忘（山科言知），明治天皇紀．

注2：奉行略称：学；御学問所，小；小御所，屛；屛風，献；御献，修；修理職，歌；御歌書幷御手本，色；御色紙，硯；御硯文台幷御小道具，服；御服，非；非蔵人，刀；御太刀，記；御記，字；御字書，会；御会，楽；御楽器．

注3：前任の奉行項は，特に出典を記さない場合就任前年の「禁中諸奉行補略」による．

注4：小番は本田1990，門流は松澤1994によった．

「議奏」の呼称を定めた例などは(33)、むしろ特殊な事例というべきであろう。

4　皇嗣の禁裏同居化と「肝煎」（享保期以降）

前項でみた享保期のあり方は、以後いくつかの点で以降の例として定着した。

次の皇嗣遐仁親王（茶地宮・八穂宮、桃園院）の場合は、生母の実家は姉小路家であったが、久保貴子によれば延享二（一七四五）年に儲君治定に先立ち天皇正配（准后舎子、青綺門院）の実子と定められ、姉小路家は外戚としての扱いは受けなかった(34)。儲君治定の際、姉小路公文が三卿となっている(35)。外戚に特殊な地位が与えられることはなくなっているといえる。以降の皇嗣は、儲君治定に際して天皇正配の実子・養子とされる例となり、かつてのように外戚に参仕を命じることはなくなった。

また、遐仁親王（茶地宮・八穂宮、桃園院）は、儲君治定後は「実母」である天皇正配と禁裏北殿で同居、その後、東宮御所として後院御所を修補するまでの仮殿として今出川第に移ったが（「通兄公記」延享三年一月二一日条）、結局仮殿に居る間に受禅した。これ以降、皇嗣が独自の御所を造営されることはなくなる。『天皇皇族実録』『続史愚抄』などから整理してみよう(36)。

〔若宮（英仁親王＝後桃園）〕　仲筋里殿で誕生、翌月より約九年間、女御（准后）曹司（禁裏北殿）に居住、この間に儲君治定・親王宣下。立坊の前年より三年間、直廬（禁裏御三間）に居住、受禅。

〔若宮（温仁親王）〕　産御殿（有栖川亭）で誕生、直廬代（中宮御所、禁裏北殿）に居住。この間に儲君治定、親王宣下。即位せず早世。

〔寛宮（恵仁親王＝仁孝）〕　生母実家勧修寺家で誕生。「母局」（禁裏西対屋）に七年居住。儲君治定・中宮実子とされると同時に直廬（中宮御所／禁裏北殿）に移り、親王宣下・立太子。二年後、禁裏郭内の常御所北隣に造営された東宮御殿（文化一五年より花御殿と称す）に移り、八年居住し受禅。

〔熙宮（統仁親王＝孝明）〕　生家実家正親町家で誕生、翌月母局（禁裏対屋）に移り四年間居住。儲君治定後、准后の養子とされると同時に直廬（准后御殿、禁裏北殿）に移り、二年後花御殿へ移る。ここで立太子があり、践祚した。

簡単にまとめると、まず母の実家で出生後、まもなく禁裏御所に入っている。天皇正配の御殿に入るが、天皇正配の子でない場合はその前に生母の局に何年か居住する。儲君治定・立太子などを契機に、同じく禁裏御所内で、天皇が居る常御所周辺の殿舎を与えられて移住する。独自の御所を禁裏御所の郭外にもつことがなくなり、基本的に天皇と同じ禁裏御所の郭内の殿舎に居住するように変化したのである。

それに合わせ、享保期の議奏石井のような存在が、制度的に定着した。茶地宮（遐仁親王、桃園院）の際は、祖父中御門院の叔父でもある議奏八条隆英が、儲君治定の際に「儲君御肝煎」に任命され（国立公文書館蔵「八槐記」延享三年一月二九日条）、以降の儲君に関して、必ず「肝煎」なる役職が、主に武家伝奏・議奏の兼任として存在することを確認できる。その職掌について、統仁親王（熙宮、孝明天皇）の三卿の別記に、議奏・万里小路建房が肝煎に任命された記事に「事〻示談被諷諫了」、つまり三卿が相談し助言をうける存在とされたことが付記されている（書陵部蔵・山科言知「儲君三卿備忘」天保六年六月二一日条）。かつての外戚、享保期の石井の役割を継ぐものであったとみられる。

享保期を境として、独立した御所・外戚常駐という皇嗣のあり方が、禁裏御所内・議奏管掌というあり方に変化したといえる。本章では詳細に検討できないが、寛政期以降は、皇嗣付三卿も天皇の近習衆の兼任となっていったとみられ[37]、天皇・禁裏御所の職制による管掌はいっそう強まっていったようである（職制のイメージを、参考図1―Dに示した）。

二　堂上公家の職制階梯

1　三御所の堂上公家「役人」

前節で明らかにした皇嗣付三卿は、従来知られている堂上公家の役職、武家伝奏・議奏や院伝奏・院評定などのような関係にあったのか。端的に説明したものをあげよう。

【史料4】

一、万里小路・庭田・町尻、儲君様（若宮）而云三人衆、禁裏而議奏、院中而評定衆云同也、左府公（二条綱平）仰也、但先例之由

（「日次醜満」享保五年一一月四日条／『桜町天皇実録』一巻、一六頁）

享保五（一七二〇）年、儲君若宮（昭仁親王＝桜町院）付の公家が決められた際の史料であるが、左大臣二条綱平は先例として、「三人衆」（皇嗣付三卿）は、禁裏御所における議奏、仙洞御所における評定に該当する存在である、と述べたという。また一九世紀の例だが、皇嗣付三卿野宮定祥は「公私動静議奏に擬すべく、先輩諷示有り」、と述べている[38]。

皇嗣付三卿の職掌は、東宮御所の人員からの願書の受付、掃除など表の殿舎の管理総括、御所に来た武家や公家などの取次などが史料上に具体例としてみえるが、これは禁裏の議奏・院の評定にあたる職務であり、上掲の理解が裏づけられる。

なお禁裏御所では議奏の上に武家伝奏がおり、仙洞御所では評定の上に院伝奏がいたが、皇嗣の御所（御殿）には皇嗣付三卿のみであった。これは皇嗣は基本的に幼年であり、人格をもって発言するような事態は想定されていないことを示すであろう。

さて、禁裏御所の武家伝奏・議奏、院御所の院伝奏・評定、皇嗣御所の皇嗣付三卿の五職が、幕府との関係において、まとまった扱いをうけている例がある。享保一三（一七二八）年三月、疱瘡を患った将軍世子家重の見舞のため、公家たちが所司代邸に赴くべき日付を、武家伝奏が触れた。そこでは、一一日に「議奏中・院伝奏・評定中・三人衆」、一一日・一二日の内に「諸家一統」および摂家・世襲親王家・門跡の使者が行き向くとされている。(39) 武家伝奏・議奏・院伝奏・評定そして皇嗣付三卿は同列で、その他の存在とは区別されている。

恒例行事で似たようなものとして、公家たちによる所司代邸への新年参賀がある。この年の正月五日には、武家伝奏の中山と「議奏中・院役人中・親王三卿」が所司代邸を訪れている。(40) 享保期の皇嗣付三卿や院伝奏の記録をみると、就任の翌年から一貫して五日か六日に参賀しており、(41) 一方その他の番衆は一〇日～一二日に参賀しているようで、(42) 享保期にはこうした区分が安定して存在していたようである。(43) 院伝奏の記録では、次のような表現がみられる。

【史料5】
牧野河内守亭江参入、年始、役人拾五人也、藤谷・予令同道、如例遂面会了、帰了、両町奉行・小堀仁右衛門宅へ参了、

（史料編纂所蔵「俊清卿記」享保一六年一月五日条）

彼らをひっくるめて「役人」と総称していることがわかる。(44) 武家伝奏・議奏を「両役」といい、院伝奏・評定を「院両役」と呼ぶ例は史料上広くみられる。さらに皇嗣付三卿は、皇嗣御所の「役人」と呼びうる存在であった。(45)

本書ではすでに、霊元院の院伝奏が一七世紀末に設置されたとき、以前から存在した明正上皇の院伝奏とともに年頭の参賀に赴くようになったこと、また数年後には仙洞御所側の要望により、院評定もこれに加わるようになった事実を指摘した（第I部第1章、第II部第1章）。皇嗣付三卿も、遅くとも享保期には加わっており、単に慣行上朝廷内で定着したというだけでなく、皇嗣御所を代表する役職（「役人」）として、幕府からもある程度公的に位置づけられて

いたといえる。

ただし幕府との関係をみると、役料の額や給付元[46]、人選への幕府の関与[47]、江戸や所司代への就任の挨拶[48]、といった点において、これらの役職には差異があった。皇嗣付三卿ではこうしたことはみられず、幕府との関係は相対的に希薄であったといえる。

2　堂上公家の職制階梯と皇嗣付三卿

弘化三（一八四六）年、東宮統仁親王（煕宮、孝明天皇）の即位に伴って三卿から議奏加勢に転じた野宮定祥は、「抑東宮三卿、受禅之時蒙議奏或評定御役、先例也」、つまり皇嗣が即位した際、皇嗣付三卿は議奏あるいは院評定に転じる例である、と不満を述べた（史料編纂所蔵「定祥卿記」二月一三日条）。実際に、皇嗣付三卿に任じた公家の職歴を検討すると、皇嗣付三卿が禁裏・院の四職にいたる登竜門となっていたことがわかる。

前述したように、霊元院は譲位後も自分の近臣である議奏たちを新天皇に近侍させることにこだわったが、宝永六（一七〇九）年東山院が中御門院に譲位した際には、議奏のうち二名が院伝奏に転じ、かわって皇嗣付三卿のうち鷲尾隆長・石野基顕は議奏に、清岡長時は院評定に転じた。以後、譲位に伴って玉突き人事がなされ、皇嗣付三卿のうち二名は議奏、一名は院評定に転じることが、野宮定祥が述べたように一般化した[49]。また東宮が即位するかなり前に皇嗣付三卿から議奏に転じる例も多くみられ、必ずしも儲君の近臣として生涯を送るわけではないことがわかる。前述したように皇嗣付三卿は時の天皇の近臣から選抜されたので、天皇との関係も強く、また皇嗣付三卿が堂上公家のいわば実務官僚を養成する課程となっていたともいえる。

後者の点について具体的に数えてみると（表12・図1）、皇嗣付三卿となった堂上公家は四五名いるが、禁裏・院両役に転じた者二六名、間をおいてこれらに就任した者七名、皇嗣付三卿在役中に没した者三名、その他は九名である。

表12　三御所「役人」の転任状況

		転任						非転任			
		武伝	院伝	議奏	評定	三卿	転任者計	没・辞	不明	他	総計
前職	武家伝奏（議奏設置以降）	—						47			47
	院伝奏（霊元院以降）	2	—	1			3	29（11）			32
	議奏	32	10（9）	—			42（9）	104	4		150
	院評定		15	6	—		21	31（15）	4		56
	皇嗣付三卿		1（1）	27（12）	3（3）	—	31（16）	7	6	3	47
	転任者計	34	26（10）	34（12）	3（3）		97（25）	218（26）	14	3	332

注1：武家伝奏・議奏は「武家伝奏・議奏一覧」，院伝奏・評定は今江論文および本書参考表1によった．
注2：数字は人数．（　）内は，そのうち御所の開設・解体による異動を示す．

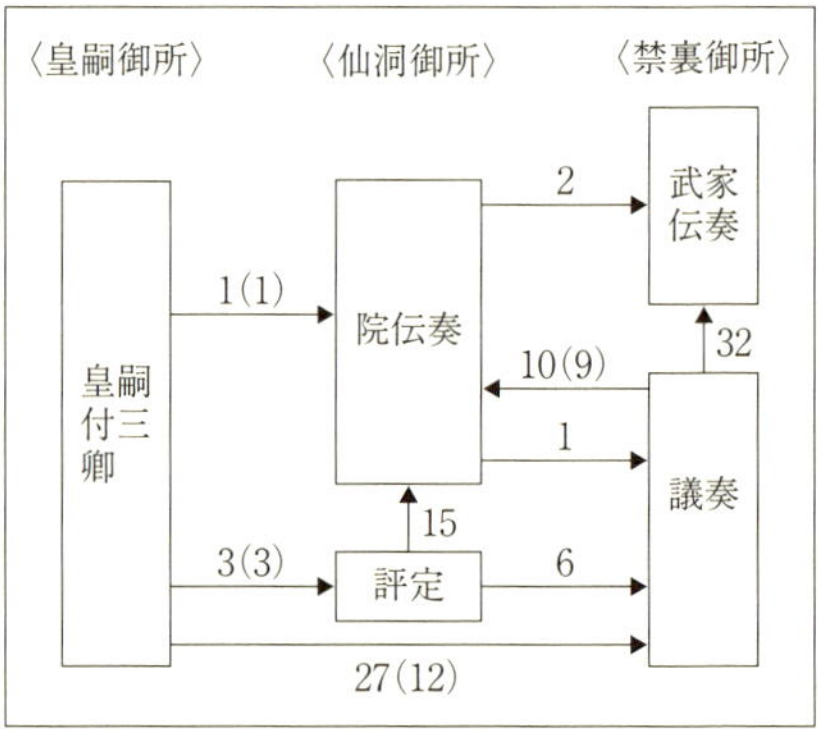

図1　転任状況の整理

注：表13を整理．

例外的に天保・弘化期、統仁親王（熙宮、孝明天皇）の皇嗣付三卿のみはほとんど転任がみられないが、この時期を除けば、ほぼ全員がのちに禁裏御所・仙洞御所の「役人」となっているといえる。

皇嗣付三卿は、武家伝奏・議奏が兼任する肝煎（前述）の指導をうけながら、御所と番衆を管理する実務に従事し、経験を積むポストであったといえるであろう[50]。

また、「役人」五職に準じる存在として、「肝煎」と呼ばれる職も次第に定着したようである。たとえば、一八世紀後半の女院青綺門院には堂上公家二名が「肝煎」として付けられた[51]。彼らは「役人」と異なり常勤ではなく、数日置きに御用伺いに出仕するという勤務形態であり、うち一名は禁裏御所の番衆の兼帯であった[52]。また皇嗣については、先述したように、主に議奏の兼任である東宮（儲君）肝煎がおかれた。これらについて制度上の淵源や定着過程を明らかにすることはできないが、一つの目安を示すと、禁裏御所の口向役人が日々筆録した公日記「御所詰所日記」の部類記である「禁裏詰所日記部類目録」の、「諸堂上方之事」項を通覧すると、宝暦八（一七五八）年七月、女院肝煎・若宮肝煎について記載があるのが初見であって[53]、一八世紀に定着したのではないかと思われる。

一九世紀の事例であるが、彼らを含めた職制階梯を端的に示す例をあげておこう。文化一〇（一八一三）年九月一五日、朝廷の各部局に示された人事である。（書陵部蔵「仙洞後桜町上皇御所詰所日記」）。人に即して整理して示すと、

広橋伊光…（免）武家伝奏　（加）近習（小番御免ヵ）
山科忠言…（免）議奏・東宮肝煎　（任）武家伝奏
広橋胤定…（免）東宮三卿　（任）議奏・東宮肝煎
日野資愛…（免）中宮肝煎　（任）東宮三卿
鷲尾隆純…　（任）中宮肝煎

このうち新旧の中宮肝煎としてみえる日野資愛・鷲尾隆純は、この前後は光格天皇の近習衆でもあり[54]、中宮肝煎は小番と兼帯の職であったと思われる。これを踏まえて整理すると、中宮肝煎（兼近習衆）→東宮三卿→議奏（兼東宮肝煎）→武家伝奏、という玉突き人事である。武家伝奏を頂点とする職制階梯が、わかりやすく示されているといえよう。

3　堂上公家の近世的履歴

最後に、番衆・役人の編成からみた具体的な堂上公家の職歴を、人に即して具体的にみてみたい。前述したように、

こうした職歴をそのまま記載した史料はあまりないので、ある程度の履歴を個別の史料や研究で追える人物から若干名を選んで示すことにする。

まず、最初の皇嗣付三卿として、前章で触れた池尻勝房（慶安三生、宝永八没）。

禁裏外様小番→儲君五宮（東宮朝仁親王＝東山院）三卿→禁裏（東山天皇）「四人衆」→同・近習衆→議奏→東山上皇院伝奏（東山院譲位による）(55)

はじめは霊元院の近習小番にも入っていなかったのだが、五宮外祖父・松木宗条の娘婿であったことから儲君となった五宮に付けられ、以後は彼が没するまでともに御所を変えつつ累進しており、東山院の側近と呼ぶにふさわしい職歴といえる。

続いて、前節で登場した日野資愛（安永九生、弘化三没）。まず元服前に、光格天皇の児《ちご》となっている(56)。成人後の職歴は、確認できる範囲で次のようである。

光格天皇近習衆（議奏加勢・中宮肝煎を一時兼帯）→東宮恵仁親王（寛宮＝仁孝天皇）三卿→議奏→光格上皇院伝奏（光格天皇の譲位による）→武家伝奏(57)

こちらは、基本的には光格天皇の側近として累進したといってよい履歴といえよう。

次に、橋本実久（寛政二生、安政四没）をみよう。やはり元服前に後桜町上皇の児となっている(58)。成人後の職歴は次の通りである。

後桜町上皇院参衆→光格天皇近習衆（後桜町上皇没による）→光格上皇伺候衆（院参衆）→同・院評定→同・院伝奏→仁孝天皇近習衆（光格上皇没による）→議奏(59)

もっぱら仙洞御所に参仕した人物といえる。

最後に、綾小路俊宗（元禄三生、明和七没）・有美（享保七生、寛政五没）父子。俊宗は、東山上皇院参衆→（禁裏番衆？）→東宮昭仁親王（若宮＝桜町院）番衆→桜町天皇近習衆（一時議奏加勢を兼帯）→中御門上皇院評定→小番御免（中御門上皇没による）→女院（青綺門院）肝煎[60]

東山院・中御門院・桜町院の三代、東宮・禁裏・仙洞の三御所にわたり、小番御免となった後は[61]、非常勤ながら女院御所にも参仕した。俊宗息・有美は、まず中御門天皇の児となる[62]。成人後の履歴は次の通り。

桜町天皇近習衆→中御門上皇院参衆→桜町天皇近習衆（中御門院没によるか）→儲君茶地宮（遐仁＝桃園院）番衆→桃園天皇近習衆（遐仁の受禅による）→儲君英仁親王（後桃園院）三卿→議奏（英仁の受禅による）[63]

父同様、特定の個人や御所に付いてはおらず、四代・三御所を行き来した経歴である。

このようにみると、特定の天皇（皇嗣・院）に近侍し続けた場合も、そのようにはとらえがたい場合もあり、かなり多様な経歴がありえたことがわかる。児や近習小番を出発点に、その時期に存在する御所の間で転属しながら次第に累進していっており、その中で特定の天皇や御所と関係が深い場合もある、とまとめられよう。

おわりに

以上で述べた、番衆制に基づく編成・機構をごく大雑把にまとめよう。近世朝廷では、まず禁裏御所に武家伝奏・議奏、院御所に院伝奏・院評定、そして皇嗣御所には皇嗣付三卿という役職がおかれた。彼らの下には、禁裏御所では近習・内々・外様の三つの小番があり、院御所・皇嗣御所には一つの小番があった。堂上公家は家格により内々・外様に属し、近習・仙洞・儲君の小番はここから選抜され、小番と兼務の肝煎などを経て、上記の五職に進んだ。皇嗣付三卿は、最も低いポストで、議奏が兼任する皇嗣肝煎の指導をうけつつ経験を積んだ。一八世紀におけるあり方を、いわば〝静的〟な視点から、近世の〝典型的〟なあり方と考えるならば、本章では、以上のような体制をそれに

表13　皇嗣付三卿の前職

	翌年任三卿者数	天保12禁裏奉行人数
御記	10	15
御字書	1	21
御歌書幷御手本	5	6
御色紙	6	6
御会	6	6
御服	5	7
御太刀	5	6
御楽器	3	8
御硯文台幷御小道具	6	10
御屏風	3	7
御献	8	7
紫宸殿	0	51
小御所	1	27
御学問所	16	53
修理職	2	3
能	3	2
小番	0	6
非蔵人	3	2
のべ合計	65	243

注：表11から作成.

あたるものとして提示した。

また〃動的〃な視点に立てば、従来一七世紀後半について知見の厚かった近世的な朝廷機構の整備・拡充が、一八世紀にもなお継続していたこと、また皇嗣付三卿の場合においても、霊元院をめぐる動向がその発端となっていたこと、を本章では示したと思う。以下、論点と課題を整理して結びとしたい。

第一に、近世の堂上公家の職制階梯について。先行研究が示すように、このような職制階梯は一七世紀後期に霊元院が近臣を取り立てたことに始まるのだが、一八世紀には、嘱人的な紐帯を必ずしも必要としない慣習・制度として定着していたのではないかと思われる。個別の公家の履歴について、より突っ込んだ分析を加える必要があろう。特に本章で詳しく検討できなかった要素として、番衆がおおむね兼ねるとみられる各種の奉行がある(64)。たとえば、皇嗣付三卿が就任前年につとめていた奉行について表12から整理してみると（表13）、学問所奉行の割合が高く(65)、紫宸殿・小御所・御字書奉行が低い。学問所奉行の中身についてはなお不詳であるが、重要な昇進ルートを成している。

第二に、皇嗣をめぐる制度からみた、近世朝廷における政治的中心の変化について。詳細に明らかにすることはできないが、一七世紀の皇嗣は後水尾院の子女であり、その御所で養育されていたと思われる(66)。本章の検討を踏まえると、上皇が皇嗣および若年の天皇を養育・後見する体制から(67)、天皇が皇嗣を養育する段階へと変化した、ととらえられる。前者を担った役職が、創設期の議奏であり、後者を担う存在となったのが皇嗣付三卿および皇嗣肝煎である。

筆者はかつて、院御所の機構は一七世紀末に、院政を前提としない体制として確立したと把握した（前章）。ごく大まかな見取り図としては、上皇を中心とする嘱人的要素の濃い朝廷から、天皇を中心とする近世固有の制度を備えた朝廷へ変化したと考えることができよう。

なおこの点に関して、本章で明らかにしえなかった問題は、皇嗣の禁裏居住が定着した経緯である。格別の政治的背景を想定せずとも、昭仁（若宮＝桜町院）の生まれながらの皇嗣という、本来理想的だが実際にはむしろ珍しい立場がもたらした体制が、準拠すべき先例となったと、いちおう説明することはできる。それに加え、新御所造営の出費を避けられるという点で、幕府にとっては好ましかったろうし[68]、また皇嗣の養育および側近の育成を、天皇・摂関・武家伝奏や禁裏付武家の目の届く範囲で行うなど[69]、政策的な意図があったと考えることもできるだろう。これに関連する興味深い事実として、慶仁親王（長宮・中御門天皇）の外戚であった櫛笥隆慶が、即位後も天皇に近侍し、朝廷の意思決定に深く関わったことが近年指摘されている[70]。朝議に対する外戚の容喙を排除するという意図があった可能性もあるだろう。今後の課題としたい。

最後に、本章で扱ったような職制がもつ機能と限界という点について。三卿についても、具体的な職掌や機能を検討することができなかった。番の懈怠、諸職の「加勢」の常置といった実態の解明も必要である。また幕末の京都政局を鑑みると、こうした職制を通じ、実務能力や政治的実力を培ったのは堂上公家ではなく、むしろ公家の家臣層ではないかとも思われる。一九世紀、あるいは幕府・藩の機構や諸改革との比較を視野に入れ、今後検討してゆくべき問題であろう。

注

（1）　将来天皇となることが定められている存在は、近世史料上、儲君治定後は「儲君」、親王宣下後は「諱＋親王」、立太子後は「東宮」（春宮）のように呼ばれる。皇嗣付三卿はこれに奉仕する職で、対象の呼称に「三卿」を付けて呼ばれる。煩雑であるので、本書では、原則的に呼称を皇嗣・皇嗣付三卿に統一する。

(2) 野村玄によれば、綱吉政権は、廃一宮により傷ついた皇位継承行為および皇嗣五宮の権威回復のため、立太子節会の再興を容認したものであるという（野村玄「天和・貞享期の綱吉政権と天皇」『史林』九三―六、二〇一〇）。

(3) 帝国学士院編『帝室制度史』一九三七―四五。なお、単に皇嗣の意である一般名詞としての「儲君」は、「禁中幷公家中諸法度」第二条など、それ以前から広くみられる。

(4) 田中暁龍「江戸時代近習公家衆について――霊元天皇近習衆を中心に」（『東京学芸大学附属高等学校大泉校舎研究紀要』一五、一九九〇、のち『近世前期朝幕関係の研究』吉川弘文館、二〇一一所収）、久保貴子『近世の朝廷運営』（岩田書院、一九九八）。

(5) 矢野健治「江戸時代に於ける公家衆の経済　下」（『歴史地理』六六―四、一九三五、五八頁）。

(6) 田中暁龍「史料紹介「享保期の武家伝奏日記」について」（『東京学芸大学附属高等学校大泉校舎研究紀要』二三、一九九八、八八頁）。田中は史料解説の中で、今後の課題としつつ、「次期天皇である東宮の養育係としての役職」と推測している。

(7) 田中前掲一九九〇、山口和夫「天皇・院と公家集団――編成の進展と近世朝廷の自律化、階層制について」（『歴史学研究』七一六、一九九八）。

(8) 渡辺修「近世神宮伝奏の性格変化」（『日本歴史』六八九、二〇〇五）。

(9) 武家伝奏・議奏については、川田貞夫・本田慧子「武家伝奏・議奏一覧」（『日本史総覧　補巻二　通史』新人物往来社、一九八六）、院伝奏・評定については、今江廣通「江戸時代における院伝奏と評定の補任」（『季刊ぐんしょ』再刊三八、一九九七。なお後桜町院評定・山本実福とあるのは、押小路実富の誤り）がある。また例外的な同時代の名鑑として、山科言縄「近臣便覧」（延享―弘化、宮内庁書陵部。なお宮内庁書陵部は以下書陵部と略記）、京都大学図書館「武家伝奏・議奏・東宮三卿・近習・院伝奏・評定・院祇候次第」（安永―天保、平松文庫）がある。ただし、いずれも番衆については遺漏が目立つ。

(10) 刊行されている「公卿補任」「諸家伝」、近刊のものでは橋本政宣編『公家事典』（吉川弘文館、二〇一〇）、また各家が提出した家譜（史料編纂所蔵）は、基本的に古代以来の官位・官職によって履歴を表記している。

(11) 東京大学史料編纂所蔵謄写本「基量卿記」天和二年三月二七日条・同所蔵「伊季公記」同日条。いずれも霊元院の近臣の記録であるが、このレベルでも情報に齟齬があることは、あるいはこの番衆付与がひっそりと行われたことを示すものかもしれない。なお、東京大学史料編纂所は、以下、史料編纂所と略記する。
(12) 田中前掲論文一九九〇、二〇頁、久保貴子『近世の朝廷運営』(岩田書院、一九九八)一一五―一一七頁。
(13) 「松木前大納言・同宰相等ハ各別之義歟」、つまり外戚の松木宗条・宗顕父子は別格であろうか、と述べている。
(14) 藤井譲治・吉岡眞之監修・解説『東山天皇実録』一巻(ゆまに書房、二〇〇六)、六頁。
(15) 宮内庁書陵部蔵写真帳。記主庭田重条は霊元天皇の近習衆。のち貞享三(一六八六)年一一月二四日に議奏に、翌貞享四年三月二一日には霊元院の譲位に伴いその院伝奏に転じた。
(16) 平井聖他編『中井家文書の研究　内匠寮本図面篇』全一〇巻、中央公論美術出版、一九七六―八五。これに先立ち儲君と称された、素鵞宮＝紹仁親王(後光明院)、高貴宮＝識仁親王(霊元院)は、父である後水尾法皇の御所に同居していたものとみられる。第Ⅱ部第1章史料1に、法皇御所中にある「若宮御殿」がみえている。
(17) 藤井譲治・吉岡眞之監修・解説『天皇皇族実録』第一期(全三七巻、ゆまに書房、二〇〇六)に多数の例がみられる。
(18) 山口前掲論文。
(19) 山崎闇斎高弟、のち道統を継承。霊元院の信頼厚い人物(磯前順一・小倉慈司編『近世朝廷と垂加神道』ぺりかん社、二〇〇五)。
(20) 史料編纂所蔵、正親町家三九―五九七。史料名は包紙ウハ書によるが、同筆で「祖考一品御筆也」と付記されており、孫の公明が後代につけた題とみられる。「三卿」という呼称の成立時期については後述する。
(21) 当初のメンバー梅園は「年来春宮伺公の処、忠直の志を存ぜず」との理由で蟄居を命じられており(史料編纂所蔵「基量卿記」貞享二年九月六日条)、かわって池尻勝房が加わっている。
(22) 貞享三(一六八六)一二・七、呼称が「議奏」と定められた。田中前掲一九九八。
(23) 譲位前は霊元天皇近習筆頭(「伊季公記」貞享四年一月二四日条)、のちに霊元院院伝奏。官職上は朝仁親王(五宮／東山院)東宮大夫、譲位後は霊元院御厩別当。
(24) たとえば、最上席となる鷲尾隆長は、母が宮外祖父・櫛笥隆慶の姉妹にあたる。
(25) 久保貴子前掲著、一七〇―一七三頁。想定される反対勢力は、霊元上皇だったという。
(26) 書陵部蔵・庭田重孝「直廬御用雑誌」享保五年一〇月二八日条、大阪府立中ノ島図書館蔵・町尻兼重「直廬御用記」同日条。

(27)　書陵部蔵・庭田重孝「直書雑記」享保七年二月二一日条。

(28)　若宮＝英仁親王（後桃園）の場合のみ、儲君治定の四ヵ月後、親王宣下に前後して任命されている。理由は不明である。

(29)　「儲君祇候庭田重孝書状」（国学院大学久我家文書編纂委員会『久我家文書　三』国学院、一九八五、九一三頁）。奉書形式であり、東宮昭仁親王令旨と呼ぶのが適切であろう。

(30)　石井が選ばれた理由としては、石井家が昭仁親王の外戚近衛家の家礼であることが考えられよう（松澤克行「近世の家礼について」『日本史研究』三八七、一九九四）。

(31)　享保一一・一三。なお、これ以前のものには、三卿とそれ以外の番衆の区別がない。朝幕研究会編『近世朝廷人名要覧』（学習院大学人文科学研究所、二〇〇五）所収のものを参照。

(32)　三卿在任者が残した職掌日記の原題をみると、温仁親王（寛政一三年生・没）三卿の山科忠言の記録に「三卿」の語がみえ（書陵部蔵）、以降は別記の題に「三卿」の語が含まれるのが慣例となっている。

(33)　平井誠二「確立期の議奏について」『中央大学文学部紀要』一二八、一九八八。なおこの職名は、源頼朝が後鳥羽法皇に付けた役職に由来する。幕府の支援をうける朝廷で院政を敷こうとした霊元院の政治的意図が反映しているのではないかと思われる。また史料上明確ではないが、院評定についても異称はみえず、同様に定められたものとみられる。

(34)　前掲久保著、二〇一・二〇二頁。

(35)　『通兄公記』延享三年一月二一日・三〇日条（八巻）、『桜町天皇実録』（ゆまに書房、二〇〇六）一巻一〇頁。

(36)　黒板勝美編『続史愚抄』後篇、国史大系刊行会、一九三一。前掲注(17)。

(37)　寛政期以降、天皇正配との同居中は、三卿は近習小番衆と兼任されるようになる。書陵部蔵・山科忠言「儲君三卿備忘」寛政一二年三月七日条、国立公文書館蔵「伊光記」文化四年七月一八日条（ともに儲君治定日）。

(38)　史料編纂所蔵謄写本「定祥卿記」弘化二年五月二一日条。中山忠能が三卿任命を辞退したことを批判する内容であるが、このころ皇嗣付三卿は近習衆の兼任となっており、「抑東宮三卿非役人、又非小番衆、無定格」と述べ、職の重みがないことを嘆いている。これを同じく批判した東坊城聡長は、「三卿別無俸禄而繁勤無遑」と述べ、役料もないのに職務が繁多であると指摘している（矢野健治「江戸時代に於ける公家衆の経済」下『歴史地理』六六―四、一九三五、五八頁）。

(39)　「大納言基香卿自記伝奏日記」享保一三年三月八日条（前掲注(6)田中論文三三頁）。なお『歴代残闕日記』所収本では「院

伝奏」が「伝奏」となっている（第二八巻、臨川書店、一九七〇、三八四頁）が、語順からみて院伝奏が正しい。

(40) 「大納言基香卿自記伝奏日記」享保一三年一月五日条。前掲注(6)田中論文二八頁、『歴代残闕日記』二八巻二三九頁。記主の武家伝奏園基香は欠席、翌日出向いている。

(41) 史料編纂所蔵「基長卿記」、書陵部蔵・庭田重孝「直曹雑記」。

(42) 史料纂集『通兄公記』一―四巻（続群書類従完成会、一九九一―九六）。

(43) これ以前の皇嗣付三卿の参賀日については未詳である。

(44) 「一五人」の内訳は、武家伝奏二、議奏五、院伝奏二、評定三、皇嗣付三卿三であろう。

(45) 史料編纂所蔵「兼香公記」では「東宮役人」という呼称が散見される。

(46) 武家伝奏・議奏は幕府から、院伝奏・評定は院の蔵から役料を給付された（第Ⅱ部第1章）。

(47) 任免の連絡だけは武家伝奏から所司代に対してなされている（「徳大寺実堅武家伝奏記録・二条往来」天保一五年九月二二日条など）。これは院評定と同様である。

(48) 武家伝奏両名・院伝奏一名は、天皇・上皇の新年を賀す使者として、毎年一度江戸へ派遣され、新任後初度の将軍との対面の際には太刀・馬代を献じて伝奏就任の礼を行うのが通例だった。皇嗣から年頭の使者が出されることは、立坊前後に一、二回ある程度で、また必ずしも三卿ではなかった（「柳営日次記」『徳川実紀』）。

(49) 遐仁親王（茶地宮・桃園院）が即位する際は三卿は三名とも議奏へ転じたが、これは上皇となった桜町院が評定をおかなかった（前掲今江一九九七）ため。

(50) なお神宮伝奏・上卿と議奏をともに経験した（前掲渡辺二〇〇五）七三名と、以上で示した三卿からの昇進組は二名（姉小路公文・正親町実光）が重複するのみで、まったく別の昇進ルートであったことがわかる。この二つの異なる昇進ルートを合わせると、約一五〇名が知られる議奏の約三分の二を占めることになる。

(51) 前掲久保著、二〇五頁。

(52) 女院御所研究会「平松時行『女院御用雑記』（宝暦三年）――翻刻と解題(一)」（『論集きんせい』三〇、二〇〇八）「解題」。

(53) 拙稿「近世朝廷における公日記について」（田島公編『禁裏・公家文庫研究』第四輯、思文閣出版、二〇一二）。

(54) 「武家伝奏・議奏・東宮三卿・近習・院伝奏・評定・院祇候次第」。

(55) 久保貴子「近世天皇と後宮・側近」（『岩波講座天皇と王権を考える2　統治と権力』岩波書店、二〇〇二）二二四頁表1、

本書第Ⅱ部第1章、前掲田中一九九〇、前掲今江一九九七。
(56)「禁裏詰所日記部類目録」「諸堂上方之事」項、天明六年八月二六日。
(57)「武家伝奏・議奏・東宮三卿・近習・院伝奏・評定・院祗候次第」、書陵部蔵「仙洞後桜町上皇御所詰所日記」文化一〇年九月一五日条、「武家伝奏・議奏一覧」・前掲今江一九九七。
(58)「禁裏詰所日記部類目録」「諸堂上方之事」項、寛政一〇年二月五日。
(59)主に史料編纂所蔵謄写本「実久卿記」による。実久と仙洞御所の職制については第Ⅱ部第4章で述べる。
(60)史料編纂所蔵謄写本「基長卿記」宝永六年六月二五日条、国立公文書館内閣文庫蔵「八槐記」享保二〇年二月一日条、史料編纂所蔵・蜂須賀本「難波宗建卿記」享保二〇年一二月一日条・享保二一年一月二三日条、「八槐記」享保二〇年末番文、『通兄公記』元文二年八月七日条、『広橋兼胤公武御用日記』寛延三年六月二三日条（刊本一巻、九頁）。女院肝煎は常勤で勤番する職ではない（前掲注(52)「解題」参照）。
(61)老齢などにより勤番を免じられること。参賀や触伝達に際しては、「～小番御免」というまとまりで扱われる。なお一九世紀の皇嗣付三卿・野宮定祥は、上皇が没すると院伝奏・院評定は番御免となる例で、「是れ其の主を失うに依る也」と述べている（史料編纂所蔵「定祥卿記」弘化三年二月一三日条）。
(62)「禁裏詰所日記部類目録」「諸堂上方之事」項、享保一四年三月四日。
(63)国立公文書館蔵「八槐記」享保二〇年末番文、史料編纂所蔵謄写本「宗建卿記」田中本・享保二一年二月一一日条、「八槐記」延享元年一二月二八日条、史料編纂所蔵謄写本「兼胤記」議奏部・延享三年一月二一日条、書陵部蔵「通兄公記」延享四年四月二一日条、「儲君親王御用日記」宝暦一二年七月二七日条、「天皇・議奏一覧」。
(64)書陵部蔵『禁裏諸奉行補略』。これによる情報の整理については、平井誠二氏に貴重なご助力をいただいた。
(65)御学問所が存在しなかった温仁親王三卿（寛政一二任／寛政度内裏における御学問所の造営は文化二）を除くと、宝暦以降はほぼ全員が該当。
(66)前掲注(16)参照。
(67)たとえば議奏は、一七世紀に後水尾上皇が後光明天皇および霊元天皇に付けた存在に始まる。松澤克行「後光明天皇期における禁裏文庫」（田島公編『禁裏・公家文庫研究』第三輯、思文閣出版、二〇〇九）、田中暁龍「江戸時代議奏制の成立について」（東京学芸大学史学会『史海』三四、一九八八）。

(68) 享保期ごろから、御料の物成だけでは立ち行かない禁裏御所の会計を補塡することが行われたという（奥野高廣『皇室御経済史の研究　後篇』中央公論社、一九四四）、四四一頁。
(69) 前掲注(37)参照。
(70) 石田俊「近世中期の朝廷運営と外戚」（『近世の天皇・朝廷研究』三、二〇一〇）。東山院時代の松木父子の事例とあわせ、こうした事態に対する批判が享保以降の制度の前提である可能性があるだろう。

第3章　桜町上皇と朝廷運営

はじめに

本章では、延享四（一七四七）年に譲位してから寛延三（一七五〇）年に没するまで、仙洞御所に居住した桜町上皇を事例に、一八世紀の朝廷における意思決定過程の一端を明らかにする。

本章の目的の一つは、上皇の不在が一般的であった一八世紀における「院政」のあり方を明らかにすることである。貞享四（一六八七）年以来仙洞御所にあった霊元院が享保一七（一七三二）年に没してから、明和七（一七七〇）年に後桜町院が譲位して仙洞御所に入るまでの三八年間で、上皇が存在したのは中御門院・桜町院合わせて六年足らずであった。生前譲位の復活以後、一七世紀の朝廷ではほぼ常に上皇が存在しており、大きな変化を迎えていたといえる。

仙洞御所にあったわずかな期間、桜町院が朝廷の意思決定の主体であったことは、既に知られるいくつかの事例から明らかであるが、(1)詳しい朝廷運営については不明で、むしろ院の没後について、官位御定、宝暦事件といった事例に関する詳しい研究がある。(2)本書では第II部第1章において、霊元院の譲位後、近世朝廷の機構は院政を前提としない形で確立をみたことを述べた。上述のような時代状況のもとで、朝廷はどのように意思決定を行ったのか、禁裏・仙洞御所の人員はどのような役割を果たしたのか、具体的に明らかにする。

目的の二点目は、先例や形式が累積する近世の政治過程において、どのように判断・決定がなされ、表向きはどのような形をとったかを、良質な史料に基づいて明らかにすることである。朝幕関係史研究を例にとれば、表向き朝廷の発議によった徳川家斉の異例の太政大臣昇進について、(3)実際の発議、および形式上は朝廷の発議とすることは、ともに幕府の強い要望によったことを、藤田覚が当時の朝廷の中心人物であった関白鷹司政通の日記を用いて明らかにし、これを根幹に天保期の朝幕関係を分析した事例がある。(4)藤田がまた岡山藩主池田綱政の願書を例に、大名の願書・伺書の文面から大名の意図を読み取ることの危険をわかりやすく述べたように、(5)これは近世政治史の史料実証における一般的な問題であろう。本章では武家伝奏柳原光綱の記録「光綱卿記」(6)を主に用い、実際の意思決定過程と、整えられた形式がともにわかる一事例を提示し、あまりにも当然のことではあるが、良質な史料によることの重要性を改めて確認したい。

以上の視角から、処罰（事例1・2）・人事（事例3）・褒賞（事例4）に関する具体的な意思決定過程を検討する。なお、典拠となる史料は一部難解であるため、煩雑さをいとわず、こまめに史料を掲げて分析する。

一　桜町院の譲位と仙洞御所

1　桜町院の「院政」構想と幕府

延享三（一七四六）年、桜町天皇は譲位の意を示した。譲位の先例では、後水尾院が三四歳、霊元院が三三歳、東山院が三四歳、中御門院が三四歳であったが、この時、桜町天皇はまだ二七歳であり、摂家・武家伝奏・議奏らは反対、また後継と目される茶地宮（のち桃園天皇）もまだ七歳であることを理由に幕府もこれを制止し、朝幕間でやりとりが行われたが、結局、延享四（一七四七）年五月二日に譲位した。(7)

以上が従来知られる譲位にいたる過程だが、桜町院はこの中で、譲位を思いとどまるようにとの幕府の意向をうけて、譲位後の政務のあり方に関する次のような意思表示を行っている。

【史料1】

入夜召　御前（桜町天皇）（中略）又仰云、備後守（所司代牧野貞通）御暇之節、口上にて相役（議奏）左之趣可申含、

先達而御内慮之御返事ニ、親王（儲君茶地宮）御方御幼年之由被仰上候得共、上の思召にハ御幼主御成人まてハ院中ニテ御政務可被遊候、御近代ニハ、明正院御在位之間、後水尾院院中御政務被遊候事候、尤幼主之間、表向者摂政之儀ニテ候故、表立候て院中御政務と申にてハ無之、内々之事と思召候事、

右之趣も関東にて致沙汰置候様にと申含可然由也、光綱申云、院中御政務と申儀、御内〻にても被仰遣候儀不容易重事に候、不図被承、御脱屣御急ハ右之思召故歟と被察候様に有之候へハ、御為甚敷如何敷候、乍然愚昧之申状甚恐入候、兎角再三御思慮之上、関白殿（一条兼香）所存も被聞食、伝奏上京之後両卿へも被仰下候而可被仰遣歟之由申之、天意定而御不快歟、猶御思慮之上、明日殿下へも被尋下候上之儀と思召候、

（「光綱卿記別記」関東御往交事・延享三年四月二三日条）

当事議奏で、武家伝奏代(8)をつとめていた記主柳原光綱に対し桜町天皇は、譲位後も、天皇が成長するまでは仙洞御所で「政務」を行うつもりであり、その旨を所司代に伝えるよう、武家伝奏代の柳原光綱に命じている。例として明正天皇の時代の後水尾上皇をあげている(9)。

「院中政務」はあくまでも「内々」のことで「表向」は摂政を立てると述べるなど、構想としてはかなり控え目にみえる発言である。しかしこれに対して光綱は、院政を行いたいがために譲位を急ぐと幕府にみられては桜町天皇のためにはなはだ好ましくないと述べ、関白に諮り、また武家伝奏の帰京を待つよう制止、天皇は不快な様子であったという。天皇が幼少のおりに譲位して「院政」を行うことは、幕府が許容しないであろうという主張である。

こののち、帰京した武家伝奏から幕府の制止を聞かされた天皇はいったん延引を決めるが、七月にはまた譲位の意

を表明し、「去五月十日御延引幾日を経ず、掌を返すが如し」と議奏広橋兼胤を嘆かせ[10]、結局譲位にいたることになる。この間、このような表明が実際に所司代に対して行われた様子はなく、その後譲位までに議論があったのかも定かではない。またこれが上皇の本音か、儲君の幼年を理由とする幕府の制止に対する反論にすぎないのかは定かでなく、また両役は一貫して天皇の譲位を制止しようとしていることから、柳原の発言もそのまま受け取ってよいかはわからない。このように多くの留保がつくが、次項以降、具体的な事例を検討する際、譲位に先立って示された「内々の院政」という枠組みを念頭におきたい。

2　桜町上皇の仙洞御所機構

桜町院は譲位にあたり、近習小番から選抜した一二名を含む一七名を番衆とした（「通兄公記」延享四年三月二六日条）。これはごく常識的な人数であったが、その上位の役人は、院伝奏八条隆英一名しかおかなかった[11]。これは霊元上皇以降の他の上皇が院伝奏二・院評定衆三を置いた中で、特異である。

かわりに院執事に武家伝奏久我通兄を、また院執権に議奏広橋兼胤をあてていることに留意しておきたい（第III部第1章参照）。特に院執事は従来大臣をあてたもので、異例の人事といえ、通兄はその悦びを日記に記している（「通兄公記」延享四年四月二一日条、八巻一六五頁）。

延享四（一七四七）年五月二日の譲位の際、三名となっていた議奏のうち八条隆英は院伝奏に転じ、残り三つの席には即位して桃園天皇となった遐仁親王の東宮三卿、姉小路公文・芝山重豊・東久世通積が転じた（「通兄卿記」同日条）。彼らは東宮三卿となったのも前年一月二一日の儲君治定に伴ってであり（「通兄公記」同日条）、経験はかなり浅かったと考えられる。残る二名の議奏柳原光綱・広橋兼胤、武家伝奏の久我通兄・葉室頼胤が中枢となることは明らかであり、そのうち二名を院司に据えたことは、禁裏の中枢を仙洞御所に引き付ける意欲を示したものであったと一応みることができる。

また柳原・広橋は蔵人として、東宮三卿から議奏に転じた東久世・芝山は院参衆として、かつて中御門上皇の院司の称号を帯びていた経験をもっていた（第Ⅲ部第1章参照）。譲位に伴い、議奏は仙洞御所に関連の深い公家で固められた。うち柳原光綱は、延享四（一七四七）年一二月武家伝奏に転じる。

二　事例1――地下官人の処罰

まず、寛延二（一七四九）年に起こった図書寮官人の所役懈怠事件を扱う。柳原紀光の史書「続史愚抄」にも記事がみえる大きな事件であり、本章で扱う中では議論の過程が最も詳細にわかる事件である。問題となった事件は、寛延二年四月一〇日、仙洞御所において行われた、桜町上皇の父・中御門院の十三回忌法会の二日目に起こった。事件の中身を、院執事として法会に参加し、また武家伝奏でもあった久我通兄の日記からまとめておこう。

・鐘をうつ所役を資興から命じられた図書大允栂井定村(12)が、より低い格の者が行うという近例をあげてこれを拒否。

・院伝奏八条隆英が、定村が困難であれば子定祥か同輩の平岡父子(13)がつとめるよう内々に説諭したが、いずれも所労と称し参仕せず。

・奉行日野西資興は、院伝八条の指示で通兄に相談に来る。通兄が八条に会ったところ、桜町院の意向をうけ、罪科に処されても出仕しないという重事であり、とりあえず図書官人の出仕を止め、主典代(14)に代行させるよう奉行資興に指示するという対応がなされた。

法会後、所役を拒否した図書寮官人たちへ下される処罰が議論されることになる(15)。以下、処罰が最終的に決定されるまでの過程を追うが、議論が多岐にわたるため一部を省き、①出仕の停止、②処罰内容の決定、③恩赦、の三つの論点にしぼって議論を示す。

① 出仕の停止

四月一二日、処罰に向けての動きが始まる。桜町上皇の前に武家伝奏・院執事久我通兄、武家伝奏柳原光綱、議奏・院執権広橋兼胤、院伝奏八条隆英らが候し、法会に参仕した久我通兄が事件について説明した後、広橋兼胤を通じて摂政へ、また柳原光綱を通じて長橋局へ伝えるよう、上皇が命じた(16)（「光綱卿記」四月一二日条）。この段階で、問題は摂政・武家伝奏・女官を含む朝廷中枢の共有するところとなった(17)。

【史料2】

参　内、申摂政（一条道香）、次以乳母局言上之、驚　思食、摂政可被計申之由被仰下、此旨予（議奏・院執権兼胤）再参　洞可奏之由奉　勅命、

参射山(18)申此趣

（内閣文庫「八槐記」四月一二日条）

広橋兼胤は摂政・桃園天皇に事件を告げる。天皇は摂政一条道香が処置するよう、またそのように上皇に伝えるよう広橋兼胤に命じている。当時九歳の天皇の意向とは考えにくく、公式には摂政が処置するものとの理解が共有され、それに基づいて周囲の女房が述べていると考えるべきだろう。

【史料3】

参　内、帥卿（広橋兼胤）先自是参、被　仰参候趣殿下へ被申入、予又八条（院伝隆英）被申趣申了、

栂井父子閉門戸止出仕、平岡父子止出仕之事可有御沙汰哉　院御所思召、右之通御取斗ニ而も可然御様子之事　殿下申了、有

暫、殿下右栂井父子・平岡父子先止出仕之事可申渡之由被命、

（「光綱卿記」同日条）

参内した柳原光綱・広橋兼胤から説明をうけた摂政一条道香は、上皇の意向に基づき栂井らの出仕を止めることを

命じた。これをうけて図書寮の地下官人を管轄する出納平田職方[19]が呼び出され、武家伝奏久我通兄から処分を申し渡された（「通兄公記」同日条）。

以上をみると、公式には摂政が命じることで出仕の停止がなされているが、具体的な処分内容を決定しているのは上皇である。院司を兼ねる議奏・武家伝奏が、上皇の意思を摂政・天皇・長橋局へ伝える使者をつとめていることが注目される。

② 栂井父子の処罰

光綱は出仕の停止を命じた報告のため仙洞御所に戻り、院伝奏八条隆英にその旨を告げて上皇に面謁した。上皇は報告を聞き、処罰の審議について指示する。処罰内容については、近衛内前・一条宗基・九条尚実ら摂家当主たち（いわゆる勅問衆）、武家伝奏へ談じるよう摂政へ伝えるように、また所司代へも両武伝から伝えるように、というものであった（四月二二日条）。上皇は摂政を介して朝廷中枢の意見を徴集しようとしている。二日後、早くも摂政・勅問衆による評議が行われる。

【史料４】

巳半刻参　内、午斜摂政（一条道香）御参、左相府（近衛内前）・左幕下（九条尚実）参入、評議了、殿下示給、則賜覚書一紙、

摂政（一条道香）

栂井但馬守背　院宣候故、罪之義不軽候間、官位被召放候上、遠流可然哉存候事、併遠流之儀ハ不被仰遣、武辺ニ而以重罪之咎可糺罪と斗被仰下方可宜被存事、勿論栂井図書允ハ重追放可然哉、併是も武家ニ而糺罪之儀被仰下方ニ而も可有之哉、平岡父子罪之儀者一両日中ほ（ママ）度相知候間、知レ次第評議之上可申上事、

左大臣（近衛内前）

・栂井父子官位被召放、遠流可然被存候、平岡父子ハ罪之儀治定之上評議之事、

左大将（九条尚実）
栂井但馬守官位被召放遠流、倅図書允追放可然旨、平岡父子ハ伝奏ニ而口書被取候方可然被存候事、
右殿下筆一紙也、且示給云、栂井・平岡罪被決之儀、御神事（賀茂祭）後と被存候、乍然若急ゝニも被取斗可然　院思召之
御様子候ハヽ、如何様共可被相斗事（中略）且内府（二条宗基）服中故、殿下難被及面謁之間、以中山大納言（議奏栄親）被申達、以一封
被申所意候、是又則被入御覧之事、一封如左、
以栄親（議奏中山）被示聞候一ヶ条、委曲令承知候、定村違　勅候者先解任候歟、於定祥者父子之間之義候故、従俊方・
俊栄茂重ク被仰付候哉、於俊方・俊栄者、従定祥茂軽被仰付候哉、尤雖重科之者、以御憐憫、評議之上被
減罪一等候哉、宜在　執政候、
宗基
（中略）参　院、追付源亜相（武伝通兄）参入、先謁八条前黄門（院伝隆英）、殿下已下被申趣可及言上候、思召若可有齟齬哉否密談、可
叶時宜之由被答、仍両人参　御前、委曲言上、書付等献了、被聞召、追而可有御返事之由、両通被留（中略）更
予壱人詣殿下、　院御返事之趣申入、
（四月一四日条）

桜町上皇の指示に基づき、摂政が禁裏御所で勅問衆と評議、欠席者の書状での回答と合わせて武家伝奏を通じて上皇に報告している[20]。勅問衆の見解は流罪を基調としているが、これは禁中並公家中諸法度の規定「関白・伝奏並奉行職事等申渡儀、堂上地下輩於相背者可為流罪事」に基づいているとみられる。平井誠二によれば近世を通じて九例しかなく[21]、実施されれば非常に重い処分であるといえる。

摂政一条道香は、処罰の時期は桜町上皇の意向次第であると口頭で述べており、また武家伝奏は勅問の結果を上皇に言上するに先立ち、その内容が上皇の意思にそぐうかどうか院伝奏に密かに確認しており、実質的には上皇の意向

が強く反映されると認識していることも認められる。これを踏まえ、桜町上皇が意思を示す。

【史料5】

一、自八条前黄門（院伝隆英）書状、両人（武伝）可参　洞之由也、参　院、召　御前、仰云、栂井・平岡儀、摂政已下所意之趣先日申上候得共、不一様候故、　思召之儀難被定仰候、乍然大概被載御書候、此段摂政へ可申入宜被取計申之由可　仰、賜御書筥、両人窺云、罪状之儀於武家相当可相斗之旨殿下可被斗哉、軽重内々　思召如何、仰云、可為其通候、乍然自此御所御差図者無之候、殿下宜有御沙汰思召候由也、参殿下、被謁、右御書進上、被及拝見、両人へも被為見、則拝見之処、官（ママ）奉行命罪不軽、任十七ヶ条旨可被定重科之趣之御書也、殿下被承知候旨参　洞可言上之由被申、参　洞、付房丸御文匣返上、殿下御請之旨申入了、

（四月二九日条）

桜町上皇が勅問衆の意見を踏まえ、意見を述べた書を武家伝奏を介して摂政へ渡している。意向を述べつつも、桜町上皇は「この御所からの指図はなく、摂政が決定するように」と述べていることに留意したい。翌日摂政は武家伝奏に命じ、処罰内容についての摂政の所意と、勅問衆がこれに同意している旨を上皇に伝えさせた（四月三〇日条）。

翌日、

【史料6】

参　院　退朝之節可令参之由、今朝八条前黄門（院伝隆英）被告示、　令召御前（一ヶ条略）

一、罪之儀被任武家役候得共、大概其品　思召承度候、殿下被申候通り、栂井父遠流、子追放、平岡父子ハ於公家御咎斗ニ而可相済哉、仰云、栂井但馬守流罪より不重、追放より不軽様にと思召候、其段殿下内々被申候趣之通と無　思召之由也、

（五月一日条）

武家伝奏は参院し、罪状について摂政の考え通りでよいか、上皇に確認を行っている。翌日、武家伝奏から所司代へ正式の申し入れがなされる。

【史料7】

巳刻源亜相（武伝通兄）被来、同伴向備州（所司代牧野）役宅、面謁、

一、栂井一件書付渡之、此儀四日ニ可申渡候、申渡候上者、武辺ニ而相当之仕置被申付候様ニ可有御沙汰、備州答云、四日申付候儀無差支、武辺ニ而被定候罪之儀、如何程之事ニ而可有之哉、答云、遠流よりハ不重、追放より不軽様ニ被斗、可叶御所方　思召候歟、乍然被任武家被定罪候事故、又子細も候ハヽ、内ゝ承度由申了、備州承諾　罪之儀猶相考、明日ニも内ゝ可示之由、備州申之、

（五月二日条）

上皇・摂政・勅問衆が同意した案が、「御所方」すなわち天皇・上皇の内々の意向として、武家伝奏から所司代へ伝えられている。

以上をまとめると、上皇の指示に基づいて摂政が勅問衆と評議、その意見を踏まえて上皇が意見を述べ、摂政がそれに基づく案を出し、勅問衆・上皇の承認を経て、武家伝奏から京都所司代へと伝えられている。上皇は、（形の上では）摂政が決定すると述べている。

上皇の意見がどのようなものであったかは、前掲史料5に「十七ヶ条」すなわち禁中並公家中諸法度によるという摂政・勅問衆の意見と共通の前提が述べられているだけで明らかではないが、意思決定の過程が上皇により決められていること、重職者の意見がいったん上皇に集約されること、最終的に武家伝奏が上皇に確認を行っていることに注目すれば、所司代に申し入れる内容を実質的に決定したのは上皇であったといえよう。

さて、この議論の間に、次のような注目しておくべきやりとりがみえる。

【史料8】

一、以周防長橋被申出、御付窺候栂井父子・平岡掃部御暇可被下事、平岡左衛門尉儀ハ御内不被下御暇、以御憐愍閉門斗可申付歟之由申候、如何可被答候哉、両人（武伝）へ被相談之由也、答云、三人は尤御暇被下候儀候、（中略）其侭可相勤哉之事被仰下候ても可然哉、元来是等之儀両人非可斗候故、難定申云、乍然内々以書状新大納言局へ被及相談候方可然存候由申入了、

（五月三日条）

平岡の処分について禁裏付に尋ねられた長橋局に問われ、武家伝奏は彼らの決定するところではないとし、内々に訪ねるべき先として、仙洞御所の女房筆頭である新大納言局[22]をあげており、処罰を実質的に決定するのは上皇であると、武家伝奏が認識していたことが明らかとなる。

③　尼門跡による罪科減免願

事件が中御門院の法会で起こったため、処罰の決定後、中御門院の娘である尼門跡たちが、院の追善を理由として罪の軽減を願った。

【史料9】

（史料6の続き）

一、仰曰、栂井等之儀ニ付、被宥罪候様ニと之儀ニ付、姫宮方より被申候儀も有之候哉、左候而も無妨歟如何、両人（武伝）奉答云、無差障候歟、乍然格別ニ被宥候儀ハ於武辺定申大法ニ違候儀も可有候哉、被宥一等之儀　両御所無　思召候ハ、可相成事存候由申上、又仰云、此儀若弥出候事ニ有之者、長橋局へ被申入候様ニ可被仰之由也、

（五月一日条）

上皇は、尼門跡たちから罪の減免願いが出ることを想定し、その如何について両武家伝奏を呼んで意見を求めている。これに対し武伝たちは、罰を免ずることは幕府の「大法」（禁中並公家中諸法度か）に反するのでできないが、一等の軽減は「両御所」すなわち上皇・天皇（摂政か）が同意すれば可能であろうと述べている。上皇は実際に願いが出たならば、禁裏御所の「奥」を代表する長橋局あてに出すように命じるだろう、と述べている。

【史料10】

参　内、以周防長橋局被申出、今度図書寮不調法ニ付、宝鏡寺・曇華院両宮より、若右之輩流罪にも被　仰下候ハヽ、御法会之節之儀にも候間、軽く被仰付候様にと　院御所へ被願申候処、内〻御沙汰之儀候故、　院ニハ兎角難被仰候、内へ御願候様にと御沙汰故、長橋迄文ニ而被申入候、仍両人へ被申候、宜相斗之由也、両人答云、可相成儀無斗候得共、先承候由申了、摂政へ右之段申入候処、於彼公（摂政道香）被宥事難被申候、　院へ可言上、彼御所被宥候　思召候ハヽ、於摂政者是又無所存之由也　先是備州内〻申両人　栂井父子罪之儀、書付進覧、此通　院へも可申上之由被命了、

（中略）参　院、源亜相（武伝通兄）同被参、召　御前、

一、備後守内〻定申栂井罪名之儀内〻言上、且尼両宮遠嶋御沙汰候ハヽ、一等被宥様ニ長橋局へ願事、両人へ自長橋局被示聞、摂政殿へ申入候、於彼公難被宥、　院思召次第ニ被宥候共無異存之由被申、仍窺段言上、仰云、遠嶋之儀相宥候とも可然哉、乍然尚摂政又可有思慮、其上左府（近衛内前）已下へも以書中尋所意、各無所意候ハヽ、両尼宮被申処　両御所無余儀願にも被思召、一等相宥候様ニとの儀候旨、備後守へ可申達仰也、両人畏奉了、

（中略）退出、詣殿下、栂井罪被宥之儀　院仰之趣申入了、

（五月三日条）

宝鏡寺・曇華院の両尼門跡より実際に願いが出されている。はじめは仙洞御所に願い、内々のことで上皇からは言いがたいので禁裏御所に出すようにとの桜町上皇の指示をうけて、長橋局へ文を提出している。実質的に決定するの

は桜町上皇であると、尼門跡たちは認識していた。一日（前掲史料9）に上皇が述べた通りの経緯であり、一日の段階では既に願いが上皇のもとに出されていたのかもしれない。これをうけた摂政道香は、判断を上皇に委ねている。上皇は罪一等軽減を認めた上で、摂政がさらに考え、勅問衆にも異論がなければ「両御所」の意向として所司代に伝えるよう、武家伝奏に指示している。

翌日、武家伝奏は参内し、摂政より、左大臣・内大臣とも罪一等を減じることについては異存がない由であるので、所司代に伝えるようにとの指示をうけた（「通兄公記」五月四日条）。

【史料11】

源亜相被来、同伴向備州方、謁申云、今度図書寮之輩不届ニ付、若遠嶋なとにも被仰付候ハヽ、御追善之節之儀にも候間、被相宥、軽キ方ニ被仰付候様にと、宝鏡寺・曇華院両宮より此間被相願候、然処昨日栂井但馬罪之儀遠嶋ニ当候由被示聞候、内々　両御所之御聴ニも達候処、右両尼宮被願申候趣無余儀被思召候、御追福之節にも候間、傍一等を被宥候様ニと被思召候、此趣可申談御沙汰之由申、備州承諾之由申了、起座、

（同日条）

上皇の指示通り、摂政・勅問衆の同意を経て、「両御所」の意向として、武家伝奏から所司代に伝えられている。この後、武家伝奏は上皇と摂政に報告している。

以上をみると、減免願いが出るという事態を想定し、その武家伝奏に相談しているのは上皇であり、摂政も判断を上皇に一任している。決定する実質的な主体が上皇であり[23]、また願いをはじめ仙洞御所へ出した尼門跡たちはそのように認識していたといえるが、上皇自身は願いの窓口を禁裏の女官である長橋局とし、また摂政にさらに一考を促すなど、それを表向きに認める行動は取っていない。

以上、この事例についてまとめておくと、最終的に決定し、幕府に伝達される際には、上皇と摂政・勅問衆の意向

が一致していることが確認され、「禁裏・仙洞」「両御所」「御所方」すなわち天皇（代行者である摂政）と上皇の一致した見解として表明されている。実質的な決定は、摂政・勅問衆・武家伝奏らに意見を提示させ、それを踏まえて桜町上皇が行っているとみられる。武家伝奏・尼門跡らはそう理解しており、細かく上皇に意見を求める摂政一条道香の姿勢にもそうした認識が窺える。一方で上皇は、表向きは摂政が決定するとしている。

ただし、この事例は仙洞御所で発生した事件であるから、上皇が中心的な役割を果たすことは当然とも思われる。以下では、仙洞御所以外の事例を検討してゆく。

三　事例2——堂上公家の処分

延享五（一七四八）年八月、西本願寺の後住問題にかこつけて賄賂を取り、西本願寺と深い関係をもつ左大将九条尚実[24]の文書を偽造した鷲尾隆熙[25]の所業が問題となった。

【史料12】

入夜自殿下（摂政一条道香）賜使、有対謁度事□□（虫損）条、可詣之由也、同役（武伝通兄）同被行向、殿下被謁、被示云、鷲尾宰相本願寺事ニ付自町家輩非分之賄賂被受納候、依之可有御咎之事、内ゝ備後守（所司代牧野）へ被直談、院へも内ゝ被申上候、猶又書付等到来之由、被為見之、両人一覧、必竟罪状也、猶明日　院へ内ゝ被窺、其後以両人御咎之様子　院へ被仰進、其後可被仰付之由也、

（八月一八日条）

鷲尾隆熙を処分すべき旨が、摂政一条道香より所司代・桜町上皇・両武家伝奏へ伝えられている。摂政が武家伝奏に命じている順序では、①翌一九日に摂政道香が桜町上皇に「内々」に伺い、②その後両武家伝奏を通じて処罰につ

いて上皇に伝え、③その後に処分を命じる、という予定であるという。翌一九日、摂政の指示により、議奏・院執権である広橋兼胤が所司代の書付を上皇に届け、上皇の「摂政宜被計」、摂政がよろしく処理するように、との返答を摂政に報告している（内閣文庫「八槐記」八月一九日条）。続いて、兼胤を介して両武家伝奏が仙洞御所に呼び出された。

【史料13】

則参　院、同役（武伝通兄）同被参、召御前、

一、鷲尾一件之儀、殿下江入御覧之備後守（所司代牧野）内〻之紙面之趣ニ付、彼是有仰之儀、畢竟明日殿下へ可申、此儀弥被止出仕　閉門ニ而ハ無之、両官ヲ辞申候様にも被仰出候ハヽ、其已前定而以両人可被仰進思召候、其節本願寺門徒願之儀ニ付凡卑之所行も有之候、依之如此可被仰付思召候旨、可被仰進、殿下より唯今迄被申上候、委細之儀ハ内〻之儀にて候条、右被仰進候節初而被聞食候思召之由也、

両人畏奉了、退出、戌刻也、

（八月一九日条）

主語が錯綜してやや意味がとりにくいが、桜町上皇は両武家伝奏に、摂政がみせた所司代の紙面（鷲尾の罪状）についていいたいことを明日摂政に告げるとまず述べた。続いて、鷲尾には出仕を止め両官（参議・右衛門督）を辞するよう、（摂政が）命じることになれば、その前に武家伝奏を介して「（鷲尾は）本願寺門徒の件で凡卑の所業があったので、このように処罰したいと（天皇／摂政が）お考えである」と上皇に伝える、委細は「内々」であり、上皇は両武伝から処罰について知らされる段階で初めて一件を知ったという形にする、と告げている。これらについては摂政一条道香が「今まで申し上げていた」とあり、この前段階で摂政が参院していたとみられる。罪状の伝達と合わせ、①の段階が行われたといえる。

確認されている手続きは、一八日に摂政道香から両武伝に告げられた順序（前掲史料12）と同一であろう。具体的

な処罰内容については摂政が決定、上皇に伝えた後処罰を言い渡すという形式をとることが、摂政に続いて上皇からも確認されているといえる。ただし実際の処罰内容については、摂政と面談したこの段階で決定されている。
翌二〇日、両武伝は摂政に呼び出され、鷲尾に所労と称し出仕を止め両官を辞すよう摂政からとりはからうので、その旨を、参院して書付で上皇に言上するよう命じられ、両武伝は書付を作成して摂政の確認を得た（八月二〇日条）。前掲史料12でみた手続②の準備にあたるであろう。翌日、②・③の段階に移る。長くなるので史料を分けて示す。

【史料14】

直参　院、参御前、殿下江窺書付入御覧、
鷲尾宰相儀、西本願寺門徒願、其事ニ付貪着之品も有之、身分不相応之儀共被聞及候、依之称所労出仕無之、両官辞退候様ニ内意可被申達被存候、仍内〻被申上候事、
右無思召之候ハヽ、今日八条前中納言・櫛笥少将両人ヲ以申達候様ニ被命候由言上、仰云、此通弥可申渡、（下略）
（八月二一日条）

両武伝は前日に作成した書付を上皇にみせ、鷲尾へ申し渡す公家二名（いずれも鷲尾と同じ四条家に属する）を告げ、上皇は同意している（略した箇所で、申し渡す顔ぶれについては意見を述べている）。この後、光綱は帰宅、通兄は摂政に上皇の返答を報告したのち、光綱の邸宅に移動し、鷲尾の一族を招いて、両伝奏が列座して次のように申し渡した。

【史料15】

鷲尾宰相儀、身分不相応之儀共有之候段被聞及候間、称所労出仕無之様ニと殿下被命候、此段両人より可申達之由候、鷲尾家江可有御達候、両官も今日中ニ辞退有之候様にと同被命候、此一件摂政儀にて被命候儀にてハ無之候、全殿下一存ニ而取計之儀に候、上よりと申事ニ而無之段、同申含了、且きと可被止出仕程之儀にて候得共、寛恕之取計ニ而如此之由、殿下被仰候事、

両人（鷲尾一族）承諾、被行向鷲尾亭、有暫被帰来云、殿下被命候趣承伏候由也、（前掲史料14の続き）

鷲尾自ら謹慎し両官を辞すように、との一条道香の指示を申し渡した。なお、摂政としての命ではなく、一条道香個人の取り計らいと述べられているが、両武家伝奏が列座して一族に摂政の意向を伝達するという形式、また寛恕による本来より軽い処分であると説明されていることから、あくまで朝廷による処罰の一型であり、その中でのごく軽い手続きとして、「摂政個人としての勧告」という形がとられたと位置づけられよう。この日、鷲尾隆煕は自ら両官を辞した（『公卿補任』）。(26)

この件についての幕府側とのやりとりはどうであったか。前掲史料14の前段で、両武家伝奏は所司代から、鷲尾以外の関係者の処分を今日行う旨の連絡をうけている。そこに記されている経緯をみると、江戸に連絡するとどれだけ重い処分となるかわからないので、所司代が摂政道香に「内々」で「直談」したところ、鷲尾は軽い処分で済ませたい由であったので、であれば鷲尾に取り入った（幕府が処分する）者たちの処罰も軽くすると述べた、とある。

所司代としては朝廷の最高責任者としてあくまで摂政を考えていることがわかる。両者の「直談」が何日のことかはわからないが、前掲史料12の「直談」と同じと考えると、具体的な罪状を摂政と上皇が内談する以前に、処分を軽く済ませることについては摂政が決めていたと考えられる。もっとも具体的な処分については、摂政は一八日の段階（前掲史料12）では触れていないことから、上皇と摂政が内談した一九日（②の段階、前掲史料13）に決定されたと推測される。

以上の経過をまとめると、朝廷中枢で整えられた形式上の手続きは、摂政一条道香が罪状を検討して処分を決定、桜町上皇に案が伝えられ、その了承を得て武家伝奏が、道香個人の意向によるものとして処分を申し渡す、というものである。実質的な処分の決定は、一九日に摂政が上皇と内談した時点でなされているとみられ、この段階のやりととりは「内〻」と表現されている。なお、最も形式的なレベルでは、幕府・朝廷は鷲尾の犯罪について関知せず、鷲尾が自ら両官を辞し、出仕をやめた、ということになる。

この二重構造は、前節でみたものの端的な形であるといえよう。

四　事例3——武家伝奏の人事

武家伝奏は近世朝廷における最重職のひとつであり、元禄期から幕末までは、朝廷が推薦した候補から幕府が選任する方式で任命されていた。本節では、本章冒頭に掲げた例に続き武家伝奏の人事について、幕府に推薦する候補を選定した過程を検討する。寛延二（一七四九）年末、武家伝奏の一人久我通兄が、翌夏に内大臣に昇進し、合わせて武家伝奏を辞めることが確定的になり、後任の人選が問題となった。

はじめに、最終的に幕府に伝えられた内容からみておこう。

【史料16】

午刻向松平豊後守（所司代資訓）役館、謁、御内慮書渡之、注左、

自筆

久我右大将（通兄）任槐可被　仰出候ニ付、自関東上京以後役儀被遊御免、其替中山大納言（議奏栄親）・広橋大納言（同兼胤）両人之内江可

被　仰出被　思食候、此旨関東江宜被申入候由、禁裏・　仙洞御内慮候、以上、

二月九日　柳原大納言（武伝光綱）

松平豊後守（所司代）殿

且予（光綱）示趣、

（中略、候補者の親類書の件）
一、中山（栄親）大納言・広橋（兼胤）大納言両人之内、広橋大納言被　仰出度　思召候、乍然於関東御事次第之儀候、先右之意
　味候事、
（寛延三年二月九日条）

禁裏・仙洞の意思として、議奏の中山栄親・広橋兼胤を候補者とする「御内慮書」が、武家伝奏柳原光綱から京都所司代に渡された。これが正式に幕閣に伝達される書面である。あわせて光綱は口頭で、あくまで幕府次第と留保しながらも、広橋をより強く推す旨の、主語を明示しない「思し召し」を伝えている。その後幕府の決定により武家伝奏に任命されたのは、この申し入れ通り広橋兼胤であった(27)。どのような経過を経て、こうした結論にいたったのか、四日前の「光綱卿記」をみよう。

【史料17】
巳半刻参　院、以八条侍従（院参衆隆輔）言上、召　御前、窺条、
一、先日摂政（一条道香）被相窺候久我役儀被免候替之儀、中山（議奏栄親）大納言可被仰遣之由、今一人之処誰ニ而可有之哉、未御治定も無之候、光綱存寄も可申上之由御沙汰之段、摂政被申候得共、此儀軽易難申定候、兎角御定之趣奉度旨言上、仰云、最初中山大納言・広橋（議奏兼胤）大納言可被仰遣　思召候処、広橋儀他之御用等も有之候故、先被止候、乍然能御思慮之処、御手習之儀ハ例之参　内之節ニ而も可相成　思召候、平常議奏御用之儀、外〻未経年数輩候故、可有如何　思召候、光綱所存可申上之由仰也、予申云、平常之御用、残候衆中ニ而更ニ御用御差支無之存候、先達而光綱被　仰遣候節、広橋儀も被　仰遣候、今度無之候も若ハ如何にも可有之歟（中略）乍然依事差支等も可有之哉、可有御定之旨申了、仰云、広橋御役儀当時議奏中ニ而日久候間、中山・広橋被　仰遣可然　思召候、就中広橋方と　思召之趣も内〻可申達由　仰也、予又申云、今一往摂政より被相窺候儀ニ

ハ及間敷哉、仰云、更不及被申上、右之段光綱申入、無異存候ハ、武辺へ可令達之由仰也、（同五日条）

参院した光綱が桜町上皇と交わした会話で、実質的な意思決定がなされている。これ以前に、摂政一条道香が上皇に尋ね、議奏中山栄親が決定したが、もう一人が決まらず、意見を述べるようにと摂政から光綱に伝えられた。これをうけて光綱が参院、上皇の意向を尋ねたところ、初め議奏広橋兼胤と中山を考えたが、他の御用を考えてやめた、しかしよく考えると手習いの御用[28]は参内のついででよい、他の議奏の職務は経験の浅い他の議奏たちで問題ないか、と光綱に尋ねた。光綱は問題ない、以前に自分が任じられた時も広橋は候補にあげられており[29]、今回名がないのは如何かと思う、しかし「お定めあるべし」と述べている。上皇は中山と議奏歴の長い広橋を候補として幕府に言い送る、また広橋を希望する旨を内々に伝えるようにと命じている。また光綱の確認に対し、摂政に異存がなければ重ねての摂政との面談は不要としている。

候補者両名と、広橋を強く推すという内容は、桜町上皇が決定していることが明らかである。事前の上皇と摂政のやりとりでは中山一人が候補だったのが、広橋を特に推す方針に変わっているのだが、摂政道香には了承を得ればよいとされている。

幕府へ提示する候補者を実質的に決定するのが桜町上皇であることは、前提として朝廷中枢で共有されているといえる一方、上皇は一応摂政の同意を得るよう武家伝奏に指示している。また前掲史料16でみた正式の幕府への伝達では「禁裏・仙洞」の内慮と表記されており、手続きの上では桃園天皇とその代理である摂政に配慮が払われている。

五　事例4――堂上公家の褒賞

堂上公家の水無瀬家は、摂津国の水無瀬宮に参仕するかわり、御所の小番を免じられるという特殊な家柄である。延享年間は、若年の当主師成にかわり、一族の町尻説久・山井氏栄が交代で水無瀬宮に参仕していた。師成が成人し（寛延元年一五歳）、町尻・山井は代勤を命じられることになった。

【史料18】
（前略、参院）同役（武伝久我通兄）以房丸窺度儀有之間参　御前度由被申入、召御前、亜相（通兄）被窺条〻、（中略、代勤の経緯）
一、水無瀬宮御用町尻・山井勤来候ニ付、従関東御心付も被為在候様被遊度　仙洞思食之由、備後守（所司代）亭へ行向、
明日可申達哉之事、仰、明日行向、可申思召之由也、
（延享四年一二月二一日条）

両人の勤役に対し幕府から「心付」すなわち表立たない褒賞を与えるよう、上皇の意思として（実際に上皇が発議したかは不明）武家伝奏から幕府に申し入れを行うことが、武家伝奏の確認に応える形で上皇より命じられた。

武家伝奏は、こうした上皇の意向を二三日に摂政へ告げ、二四日には所司代に「院思召」として書付で伝え、渋る所司代から内々で江戸へ聞いてみるとの回答を引き出した（「光綱卿記」）。年が明け、「表向」に幕府に申し入れてよい、つまり実質的には了承するという所司代の回答があり、武家伝奏から報告をうけた桜町上皇は、表向きに申し入れるよう指示した（延享五年二月二一日条）。五日後、

【史料19】
一、申刻向源亜相（武伝通兄）亭　布衣・指貫、同伴向備後守（所司代）亭、於小書院謁之、（中略）

一、町尻・山井、水無瀬御宮御用被相勤候ニ付、自関東御心付被為在候様ニ被遊度　仙洞思食之旨、切帋ニ書付
渡之、備前承知之由申候事、
（二月二六日条）

武家伝奏両名が所司代宅に出向き、申し入れを行っている。桜町上皇の意思であることが、正式な申し入れの書付に明記されているらしい点が注目される。四月九日、「院思召」への老中からの返答として、白銀五〇枚宛を下付する旨を所司代が武家伝奏に伝え、書付を渡した（「光綱卿記」）。武家伝奏は桜町上皇に報告する。

【史料20】

一、参　院、藤葛籠二献了、其後参　御前度由以房丸言上、召　御前、（中略）備後守紙面之趣、口つから源亜
相被申上、被聞召候、御機嫌思召之由御挨拶両人より可申達候　院伝より不及挨拶、両人へ申渡候後、右紙面可遣由也、
明日於　禁中両人へ可申渡、　院より被仰遣候故も無之、禁裏より被仰遣候故ニ関東より賜候趣ニ可申渡由
仰也、退出、八条黄門（院伝隆英）へ委細談置候事、
（四月一二日条）

上皇は満足の意を、院伝奏からではなく武家伝奏から所司代へ伝えるべきこと、禁裏御所において申し渡すこと、また上皇からではなく「禁裏」（天皇／摂政）の発議であったとして伝えることを命じている。翌日、

【史料21】

一、町尻中将・山井弾正大弼、自関東御心付銀五十枚宛被下候儀、昨日院へ言上、今日於此御所可申渡、自　院
被仰遣候ニハ無之、禁裏より被仰達候而自関東賜候段、可申渡　仰之由、摂政殿へ申入、議奏衆当番　東久世
三品申入了、（割註ママ）
一、右両人へ申渡、

水無瀬へ引越両人御宮御用被相勤候、依之御心付之品有之候様ニ被遊度被仰遣候、依之白銀五十枚宛自関東賜候由申渡、

右為礼来十五日二条へ行向可有之候、猶承合候上可申候由申含候、院思召厚候趣も内々申含了、

（四月一三日条）

武家伝奏は摂政と当番の議奏へ伝えた後、町尻・山井へ申し渡している。上皇の意向によることは「内々」に伝えられている。

以上の経緯をみると、上皇が所司代と武家伝奏を介してやりとりをし、摂政は武家伝奏から報告されるだけで、ほとんど登場しない。内々および表向きに幕府に申し入れる際、上皇の意向であることが書付などの形で明示されている。しかし上皇の指示で、町尻・山井へ告げられる際には、禁裏の意向によるとされた。天皇（摂政）からの申し入れによるという形式を、むしろ朝廷内部の手続きにおいて整えている点が注目される。(30)

おわりに

以上、桜町上皇の「院政」下における朝廷の意思決定の過程をみてきた。

まず朝廷内における意思決定の主体・相談相手などについてみよう。実質的な決定を行うのはいずれも桜町上皇であるが、形式上は摂政一条道香が決定するというパターンが一貫してみられ、これは当該期の朝廷における意思決定の原則であったといえる。これは冒頭で触れた、桜町院の譲位以前の構想（前掲史料１）に沿うものである。実質は上皇、形式上は摂政という形は、摂政・武家伝奏以下の協力のもとで実現されており、上皇の構想した「内々の院政」が、朝廷中枢の同意を得て実現されていると言える。武家伝奏の記録であっても、史料の質によっては、こうした複

雑なやりとりを記さず、表向きのみが記載されることが多いであろう。史料上に現れるやりとりが実態であるのか、整えられた形式であるのか、注意しながら史料を利用することが必要であることがわかろう。

幕府とのやりとりからみると、所司代が連絡をとりあう相手はあくまでも摂政・武家伝奏であるが、上皇の意思としての表向きの申し入れも行われており（事例4）、実態として上皇が朝議を主導することについて、幕府が忌避しているとは思われない。事例1・事例3では幕府に対して天皇（摂政）・上皇の合意という形で表明されているが、これは重事に関する幕閣と朝廷の正式なやりとりにおける慣行とみた方がよいであろう。

意見を求められる存在に目を向けると、上皇から意見を求められているのは、摂政・武家伝奏・勅問衆ら、いずれも禁裏御所（天皇）に付随する人員である。桜町上皇に最も近く、仙洞御所の機構の最上位にある院伝奏八条隆英は、上皇への対面を取り次ぐのみで、その意見は表れてこない。八条が残した記録は知られておらず、本章では仙洞御所外の史料を使用したから、八条以下の仙洞御所の構成員が上皇に個人的に意見を求められる（その可能性はきわめて高い）といった局面は知りえないのであるが、少なくとも上皇が意見をとりまとめて朝廷全体としての意思決定を行う過程では、院伝奏の役割は仙洞御所における取次ぎにほぼ限定されているといえる。仙洞御所の職制との関わりでいえば、冒頭で触れたように院執事を兼ねた久我通兄、譲位前には「院政」構想を制止していた柳原光綱の両武家伝奏が、桜町上皇と摂政一条道香の間をこまめに行き来し、問われて上皇に対して意見を述べている。院執権を兼ねた議奏広橋兼胤もしばしば登場して使者をつとめている。

桜町院の在位中については検討できないが、桜町院・摂関・武家伝奏、重大問題の場合には勅問衆を加えた意思決定のあり方は、おそらく同様であったであろう。桜町上皇が禁裏の機構と連絡をとりあう形での朝廷運営のあり方は、天皇による意思決定のあり方、おそらく霊元院下での朝廷機構の確立のあり方と、事実として上皇不在が常態化したことを前提として、あくまでも天皇による朝廷運営の延長上として、「内々」のレベルで上皇が摂政と密に連絡をとり、運営を円滑に行うという構造になっていたといえるのではないか。天皇あるいはその代行者である摂政により決定がなされることが、朝廷における形式上の慣行として成立していたものといえよう。

以下に、本章では検討し切れなかった問題をあげておく。一点目は、一般的にいえば摂家との関係の問題、この時期においては一条父子と桜町院の関係である。桜町院の在位期・「院政」期を通じて摂関の地位にあった一条兼香・道香父子との関係については、良好であり、協力して官位改革や朝儀復興にあたったというのが通説的な理解である(31)が、一方で摂家の地位をめぐっては、一条父子が桜町院の意向を拒否した事実も指摘されている。ひとつは摂家の大臣が占める勅問衆に清華家の大臣も加えようという桜町天皇の意見を関白一条兼香が拒否した事例(32)、ひとつは摂家の養子を他の家格から出すという桜町天皇の案を関白一条兼香が断固拒否した例(33)である。当主の急逝が続く摂家の力を削ごうとする桜町天皇の意向を、一条兼香が拒否し、逆に摂家の地位を強化する結果になっていくという構図があったとみることもできよう。

またひとつは、中御門院の時代、また桜町院の在位期との比較である。仙洞御所に移り、「院政」を行うことが、意思決定などにどのような変化を生じるのか、あるいは生じないのかという問題は、院および朝廷にとり、譲位して「院政」を行うことにどのような意味があったのかを明らかにすることにつながるであろう。

注

（1）たとえば蔵米取の小身公家に地方知行を与えるよう幕府に申し入れたり（矢野健治「江戸時代に於ける公家衆の経済　下」『歴史地理』六六—三・四、一九三五）、自らの没後の皇位継承について遺言したり（山口和夫「天皇・院と公家集団——編成の進展と近世朝廷の自律化、階層制について」『歴史学研究』七一六、一九九八）している。

（2）橋本政宣「寛延三年の「官位御定」をめぐって」（『東京大学史料編纂所研究紀要』一、一九九一、のちに『近世公家社会の研究』吉川弘文館、二〇〇二）、渡辺雄俊「青綺門院と宝暦事件」（『書陵部紀要』四九、一九九七）、久保貴子『近世の朝廷運営』（岩田書院、一九九八）など。上皇不在・天皇幼少の朝廷において、摂政一条道香の独断専行が目立ち、他の摂家が反発、また女院青綺門院に天皇家の長としての発言が求められたことなどが示されている。

（3）小野将「近世後期の林家と朝幕関係」（『史学雑誌』一〇二—六、一九九三）。

（4）藤田覚「天保期の朝廷と幕府——徳川家斉太政大臣昇進をめぐって」（『日本歴史』六一六、一九九九）。

（5）藤田覚「大名と幕府役人」（『史料を読み解く3　近世の政治と外交』山川出版社、二〇〇八）。

（6）史料編纂所所蔵謄写本。いずれかの段階で混同が生じたらしく、「光綱卿記」内にも別記が混在している。本章で参照した延享元（一七四四）年から寛延三（一七五〇）年にかけての記録は、目録上は日次記のごとくであるが、武家伝奏の拝命記事から始まっており、日次記ではなく武家伝奏としての職掌日記であると思われる。本来は「公武御用日記」と称すべきであろうが、本章では収蔵機関の付けた名称に従い「光綱卿記」と呼ぶ。記述の細かさは武家伝奏・院執事久我通兄の『通兄公記』（続群書類従完成会、一九九一—）、議奏・院執権広橋兼胤の「八槐記」（国立公文書館内閣文庫）など同時期の日次記を大きく上回る。本節では多くの史料をここから引くので、以下「光綱卿記」よりの引用は史料名を省き日付のみを記す。

（7）この前後の事情について橋本政宣は、譲位の真の理由は今後の課題としつつ、「上皇として自由な立場での朝儀の復興や改革を推進するためであったと考えられる」と見通しを述べている（前掲著、八二〇頁）。

（8）両武家伝奏は年頭挨拶のため毎年江戸へ向かい、その間議奏が代理をつとめる。平井前掲一九八八によれば寛文・延宝期に定着した制度。延享三（一七四六）年は、四月一日から五月九日まで武家伝奏が京を空けた（『通兄公記』）。

（9）明正天皇の時代、後水尾上皇による政務は幕府から公認されていたことが明らかにされている（藤井譲治『徳川家光』吉川弘文館、一九九七、野村玄『日本近世国家の確立と天皇』清文堂出版、二〇〇六）。

（10）橋本前掲著、八一二頁。出典は「八槐記」。

（11）今江前掲論文が翻刻した宮内庁書陵部蔵「院補任」に、

　桜町院「自延享四年五月二日至寛延二年四月廿三日」
　　隆英「延享四五二為院伝奏」
　　　「院伝奏一人、不被置評定」

とある。後桜町上皇以降はまた院伝奏二名・評定三名の体制に復すので、霊元以降では際立った構成となっている。八条は桜町院の大叔父にあたり、稚児→近習→議奏→院伝奏と、天皇・院の側近を累進した（山口前掲一九九八）。
(12) 栂井家は戦国期以来、代々図書寮官人に任ぜられている。定村は当時正六位上但馬守・図書大允、五三歳。「地下家伝」では、処罰される定村・定祥まで記載。
(13) 栂井定祥（当時従六位上・図書少允、二二歳）・平岡俊方（当時正六位下・掃部権助、四七歳）・平岡俊栄（当時正六位下左衛門尉・掃部大允、二三歳）。
(14) 地下の院司のひとつ。定員一名。院四方拝などに際しては調度を調進した。出納が兼ねることが多かった。
(15) 官位の剝奪や蟄居などは朝廷が行うが、流罪などの処罰については幕府がこれを行う。朝廷におけるこうした議論は、幕府に伝える希望の内容をめぐるものである。
(16) 長橋局は掌侍の首席匂当内侍の別称。近世には尚侍がおかれなかったので、女官の最上位として禁裏御所の「奥」の空間を代表し、女房奉書など奏請・伝宣を担った。高橋博「近世の典侍について」（『人文』一、二〇〇二、後『近世の朝廷と女官制度』吉川弘文館、二〇一〇）が詳しい。
(17) 「続史愚抄」の同日条は「於桜町殿有御前評定『図書寮官人定村不弁知職掌、再三辞撞鐘事』」と、桜町上皇の御前で罪状を決する評議が行われたかのように記しているが、実際には評定と呼べるようなものではない。出典として「先人御記」すなわち「光綱卿記」をあげており、前掲史料5に依拠した記述であると思われる（五七九頁）。編者柳原紀光の歴史観がうかがわれ興味深い。
(18) 仙人の住むとされる山、転じて仙洞御所の美称。藐姑射の山・姑射山の異称。
(19) 出納は、押小路大外記・壬生官務と並び、地下官人を統括する最高位の地下官人「三催」のひとつ。平田家が世襲し、蔵人方を支配した。職方は当時正六位上左近衛将監・出納、一一歳。扶持として同行している蒔田祐良は、当時戸屋主、五八歳。五月には、出納の推挙によって補図書寮・叙従六位上（「地下家伝」）。
(20) 本書では詳しく検討できないが、摂政と勅問衆の関係も論点となりうる。二条宗基の書状の表現「よろしく執政あるべし」からして、表向きの手続きとして、天皇の代行者である摂政が勅問衆に諮問したとみることもできるし、また摂政が他の摂家当主と「評議」し上皇に報告している点からみて、摂政は勅問衆に含まれ、上皇が勅問衆に諮問しているとみることもできよう。
(21) 平井誠二「江戸時代の公家の流罪について」（『大倉山論集』二九、一九九一）。

(22) 新大納言局は、管見の限りでは、仙洞御所の女房の最上位者である。近世期の各上皇の女房奉書が宮内庁書陵部に多数所蔵されているが、奉者はすべて新大納言局であり、固定した呼称であったことがわかる。
(23) 桜町院・尼門跡らの父の法要における事件であることなどから、尼門跡たちが願い出て罪一等を減免することは、尼門跡や上皇の発議によるというよりは、必然的に執り行われる規定の手続きに近いものだったのではないか。またこのことは、流罪が実際にはあまり行われなかったこと（平井前掲一九九一）の理由を想像させる。
(24) 西本願寺門主は歴代九条家当主の猶子となっている。また一五世光澄（元文四年没）は九条家の出身であった。
(25) 鷲尾隆熙は当時正三位参議・右衛門督、三六歳。鷲尾家は九条家の家礼。西本願寺周辺に対し九条尚実の代行者として振る舞ったものか。本書の視角以外からも興味深い事件である。
(26) 公家処罰全般については、三浦周行「江戸幕府の朝廷に対する法制」（『続法制史の研究』岩波書店、一九一九）参照。
(27) 「広橋兼胤公武御用日記」六月二一日条、刊本一巻四頁—。この時点では桜町上皇は既に没しており、伝達・挨拶などの際に上皇の名は登場しない。
(28) 議奏広橋兼胤は、延享五（寛延元）年八月一〇日から幼い桃園天皇の手習いの師をつとめていた（史料編纂所蔵「兼胤記」議奏御用部、同日条）。
(29) 「通兄公記」（延享四年一二月一九日条、刊本八巻二六四頁）で確認できる。
(30) 褒賞を下される両名のうち町尻説久は「通兄公記」延享四年三月二六日条、寛延二年「雲上明鑑」などにより桜町上皇の院参衆であったとわかるから、少なくとも小番に基づく彼らの所属によるのではない。
(31) 橋本前掲論文。
(32) 田靡久美子「近世勅問衆と朝廷政務機構について」（『古文書研究』五六、二〇〇二）。逆に非大臣の摂家当主が勅問衆に任じられるようになっていくという。
(33) 木村修二「近世公家社会の〈家格〉制」（藪田貫編『近世の畿内と西国』清文堂出版、二〇〇二）。この時期に摂家が他家から隔絶した家格として自らを確立していくととらえる。

第4章　光格上皇御所における堂上公家の機構

はじめに

本章では、近世朝廷の機構について、上皇による運営との関係を念頭におきつつ検討してきた第II部の末尾として、日本史上最後の上皇となった光格上皇をとりあげ、堂上公家により構成される近世の仙洞御所の機構が、最終的にどのような形態をとるにいたったかを具体的に明らかにする。

本章の主な素材は、「実久卿記」(1)である。記主橋本実久は、幼少時に後桜町上皇の児《ちご》をつとめ（史料編纂所蔵「定静朝臣記」文化七年一月一四日条）、長じてその番衆（院参衆）となり、文化一一（一八一四）年に上皇が没するまで参仕（書陵部蔵「近臣便覧」）、四位別当もつとめた（『公卿補任』）。いったん禁裏に移って光格天皇の近習小番をつとめたあと、文化一四年に天皇が譲位するとまもなく仙洞御所に移ってその番衆（伺候衆）となり、四位別当・院評定・院伝奏を歴任、光格上皇が没するまでその仙洞御所に参仕した（これらの役職については本章および第III部第1章で詳述する）。その後は仁孝天皇のもとで議奏などをつとめたが、光格上皇が没するまではほとんど仙洞御所に勤務していた、仙洞御所の専門家というべき堂上公家である(2)。

なお、光格上皇は文化一四（一八一七）年に譲位した後、天保一一（一八四〇）年に没するまでの二三年間にわたり、日本史上最後の「院政」を行ったとされるが(3)、この時期の朝幕関係については徳川家斉の太政大臣昇進、朝覲行幸復興など、いくつかの事例について研究があるものの[4]、その前提となるべき光格上皇による「院政」の実態・制度については研究がない。本章では実際の朝廷運営についてまで検討を及ぼすことはできないが、光格上皇の仙洞御所に参仕した公家の組織についてその制度と役割を具体的に解明し、文政・天保期の朝廷運営および朝幕関係を検討するための基礎を構築したい。直接の先行研究はないが、前章までと同様、仙洞御所の機構に関する山口和夫の提起および実証を前提としている。なお院伝奏の職掌に関して、京都大学が平松時章の記録を大量に保存・公開しているが[5]、本章では十分に活用することができていないことをお断りしておく。

一　光格上皇御所の番衆――伺候小番

1　小番の制度

近世の朝廷においては、堂上公家が近習・内々・外様の三つの小番に組織され、輪番で禁裏御所へ参仕していたが[6]、同様に堂上公家がつとめる小番が、仙洞御所にも一つおかれていた。この小番は、「伺候衆小番」「仙洞小番」「院中小番」「洞中小番」などと呼ばれ、またこれに属し仙洞御所へ参仕する公家は、光格院政期には「伺候衆」と呼ばれていた[7]。伺候衆の名は「雲上明鑑」「雲上明覧」などの刊行物や公家の手になる名鑑に列記されており、おおむね全員を知ることができる（表14）。

該当期の禁裏小番はいずれも六番構成であったが、「実久卿記」「実麗卿記」[8]に載る伺候小番の番組、および彼らの参院日の間隔から、光格上皇の伺候小番は終始五番構成であったことがわかる。一組の人数は公卿・殿上人を合わせて禁裏小番とおおむね同じ四―六人、全体では二〇―三〇人程度で、全体としては増加傾向にあった[9]。

各組には、番頭が一名ずつおかれた。確認した範囲では、内々・旧家かつ二〇〇石以上の上層公家で、正三位以上の公卿がつとめていた[10]。番頭は人数が少なくなった組へ他の組から伺候衆を臨時に補塡する「定加番」を沙汰し[11]、また伺候衆に触れを回す役割などを担っていた。各組の番頭は基本的に結改ごとに替わったようだが、一番の番頭のみは、管見の範囲では常に正二位権大納言・花山院家厚であった。家厚は院執権（第III部第1章）を兼ね、「伺候第一」と呼ばれ[12]、伺候衆の首席として扱われた。

番頭が回した触れとしては、吉事・凶事のほか、小番結改に関する通達が目立つ。小番をつとめる公家の増減や席次の変化に対応して番を組み直すのが結改であるが、その手順は、

【史料1―①】

自七月一日伺候衆小番被結改、申沙汰雑事如例年

（「実久卿記」天保六年六月二六日条、実久は評定）

【史料1―②】

自来月一日洞中小番結改、予（実久）五番参勤之事、自東久世三位（通岑）被示　今日小番第一人也、予五番之頭也、於番人々以廻文申遣了

（同・天保二年六月二七日条）

【史料1―③】

自来月一日院中小番被結改、予（実久）二番参仕旨、四辻中納言被示了、番組続左、

（同・文政元年六月二七日条）

このように、まず評定が沙汰し、その日の当番の第一席（通常は番頭か）から新番頭たちへ、番頭たちからおのおのの組の伺候衆へと通達されていた[13]。

結改は禁裏と同様に元日、七月一日の年二回が恒例であったが、「実久卿記」「実麗卿記」に載る結改日をみてゆく

表14　光格上皇の伺候衆

名	官途	新旧	小番	一門	門流	加番～免番	院関係役職	備考
花山院家厚	清華	旧	内	花山院家	一条	文化14. 3. 21 院御所開設～天保12. 9. 29 旧院退散	番頭，院執権	「伺候第一」
徳大寺実堅	清華	旧	内	閑院家	？	文化14. 3. 21 院御所開設～文化14. 12. 21 任議奏	番頭，院厩別当	祖父・実祖，父・公迪は後桜町院厩別当．文化14. 12. 21 議奏，のち武家伝奏
四辻公説	羽林家	旧	内	閑院家	近衛	文化14. 3. 21 院御所開設～文政2任評定	番頭，院別当，評定	女は小上臈(細井)．祖父・公亨は後桜町院院伝奏，父・公万は後桜町院厩別当
日野西光暉	名家	新	外	日野家	近衛	文化14. 3. 21 院御所開設～文政7. 7. 5，依補蔵人，為近習	判官代，年預	父・延光は後桜町院院参衆・判官代(院参衆)・年預
風早公元	羽林家	新	外	閑院家	九条	文化14. 3. 21 院御所開設～文政7. 8. 22 本番所(27止官・蟄居)		祖父·公雄は後桜町院評定．文政11. 3. 11 免蟄居
櫛笥隆起	羽林家	新	内	四条家	近衛	文化14. 3. 21 院御所開設～文政10. 7. 22 没	四位別当	
藤谷為脩	羽林家	新	外	御子左家	鷹司	文化14. 3. 21 院御所開設～文政10任評定	評定・院伝奏	後桜町院院参衆・判官代．父・為敦は後桜町院院参衆・評定．
富小路貞直	半家	旧	内	二条別流	近衛	文化14. 3. 21 院御所開設～小番御免	番頭	後桜町院院参衆．父・良直も同院参衆．女は中臈(小侍従)，天保2. 12. 24「小番御免」
庭田重能	羽林家	旧	内	宇多源氏	一条	文化14. 3. 21 院御所開設～(天保2. 12. 19 辞院別当)	番頭，院別当	後桜町四位別当(兼頭)・院別当．祖父・実熙は後桜町院評定
石山基逸	羽林家	新	内	中御門家	一条	文化14. 3. 21 院御所開設～天保3. 7. 19 本番所		後桜町院院参衆．曾祖父·基名は同評定·院伝奏．祖父・基陳女は中臈(新宰相，大宮女房より)に
裏松恭光	名家	新	外	日野家	近衛	文化14. 3. 21 院御所開設～天保3. 3. 23，依蔵人	判官代，年預	祖父・謙光は後桜町院年預．のち議奏

倉橋泰行	半家	新	外	安部氏	一条	文化 14. 3.21 院御所開設 ～天保 3. 8.13 評定	評定	後桜町院院参衆
堀河親実	羽林家	新	外	高倉家	?	文化 14. 3.21 院御所開設 ～天保 5. 6. 3 没		文政 2.11. 本番所，同 5. 2. 7 為伺候(近臣便覧)．祖父・康実は後桜町院評定・院伝奏
飛鳥井雅光	羽林家	旧	内	花山院家	一条	文化 14. 3.21 院御所開設 ～天保 7.11.28 小番御免	番頭	父・雅威は後桜町院四位別当.
外山光施	名家	新	外	日野家	近衛	文化 14. 3.21 院御所開設 ～天保 7.10.10 任評定	評定	父・光実は後桜町院院参衆・判官代．女は中﨟(藤式部)となる
大原重成	羽林家	新	内	宇多源氏	一条	文化 14. 3.21 院御所開設 ～天保 9. 8.28 没	北面奉行	富小路貞直の子．後桜町院院参衆・判官代
東久世通岑	羽林家	新	外	村上源氏	?	文化 14. 3.21 院御所開設 ～天保 10. 8.16 任評定	評定	
上冷泉為全	羽林家	旧	外	御子左家	鷹司	文化 14. 3.21 院御所開設 ～天保 12. 9.29 旧院退散	四位別当	為則の子.
大原重徳	羽林家	新	内	宇多源氏	一条	文化 14. 3.21 院御所開設 ～天保 12. 9.29 旧院退散	四位別当	重成の子．安政八十八廷臣
綾小路有長	羽林家	旧	内	宇多源氏	九条	文化 14. 3.21 院御所開設 ～天保 12. 9.29 旧院退散	番頭，北面奉行	父・俊資は後桜町院四位別当・評定
高野保右	羽林家	新	内	中御門家	近衛	文化 14. 3.21 院御所開設 ～天保 12. 9.29 旧院退散	四位別当	祖父・保香女(園基理猶子)は上﨟(新大納言)
六条有言	羽林家	旧	外	村上源氏	無	文化 14. 3.21 院御所開設 ～天保 12. 9.29 旧院退散	四位別当	曾祖父・有栄は後桜町院評定，祖父・有庸は同評定・院別当．父・有家は同院参衆.
豊岡治資	名家	新	外	日野家	近衛	文化 14. 3.21 院御所開設 ～天保 12. 9.29 旧院退散	四位別当	絵師？　祖父・尚資は後桜町院院参衆・評定
錦織久雄	半家	新	外	ト部氏	近衛	文化 14. 3.21 院御所開設 ～天保 12. 9.29 旧院退散	北面奉行	

名	官途	新旧	小番	一門	門流	加番～免番	院関係役職	備考
橋本実久	羽林家	旧	外	閑院家	一条	文化14．5．1～ 天保2．10．10任評定	番頭，四位別当，評定，院伝奏	後桜町院院参衆・判官代・四位別当
高松公祐	羽林家	新	外	閑院家	九条	文化15．1．11～ 文政10．5．13任評定	評定	
六角和通	羽林家	新	外	中御門家	一条	文化15．1．11～ 天保6．12．28小番御免	番頭	天保7．12．7「小番御免三卿」
梅渓通修(通師)	羽林家	新	内	村上源氏	鷹司	文政元12．28～ 天保3．7．19本番所		父・行通女は中﨟(中将)となる
今出川公久	清華	旧	内	閑院家	一条	文政3．4．15～ 天保7．8．17没	番頭	
武者小路公隆	羽林家	新	外	閑院家	?	文政3．4．15～ 天保12．9．29旧院退散		
裏辻実孚	羽林家	旧	外	閑院家	近衛	文政4．4．20～ 文政8．10．10没		曾祖父・公理は後桜町院院参衆・四位別当．文政6．1．4御幸供奉，文政6．10．9勤番
高倉永胤	半家	旧	内	高倉家	近衛	文政6．9．23～ 天保12．9．29旧院退散		永雅の子．文政12．6．8，3ヵ年不闕
押小路公連	羽林家	新	内	閑院家	?	文政10．9．13～ 文政11没		祖父・実富は後桜町院院参衆
広橋光成	名家	旧	内	日野家	近衛	文政10．9．13～ 天保2．2．7任評定	四位別当(兼頭)，番頭，院別当，評定	祖父・伊光は後桜町院評定，父・胤定は同年預・四位別当(兼頭)・院執権．文政12．6．8，3ヵ年不闕．のち内両役
久世通理	羽林家	新	外	村上源氏	?	文政10．9．14～ 天保6年任評定	評定	
花園実路	羽林家	新	外	閑院家	二条	文政10．9．13～ 天保8．3．25没		

西四辻公格	羽林家	新	内	閑院家	？	文政10．9．13～ 天保12．9．29旧院退散		文政12．6．9，3ヵ年不闕．安政八十八廷臣
藤谷為知	羽林家	新	外	御子左家	鷹司	文政7．7．25～ 天保12．9．29旧院退散	判官代	為脩の子
正親町実徳	羽林家	旧	内	閑院家	一条	文政11．3．21～ 天保12．9．29旧院退散	四位別当	祖父・公明は後桜町院別当，評定・院伝奏．父・実光は後桜町院別当．のち議奏に
橋本実麗	羽林家	旧	外	閑院家	一条	文政11．12．1～ 天保12．9．29旧院退散		実久の子．天保9．5．4，3ヵ年不闕
六条有容	羽林家	旧	外	村上源氏	無	文政12．12．23～ 天保12．9．29旧院退散	四位別当	有言の子．安政八十八廷臣，のち議奏．
倉橋泰聰	半家	新	外	安部氏	一条	文政12．12．15～ 天保12．9．29旧院退散	判官代	泰行の子．安政八十八廷臣
三条西季知	大臣家	旧	内	閑院家	？	天保3．7．10～ 天保8．12．14本番所		
高野保美	羽林家	新	内	中御門家	近衛	天保2．12．2～ 天保12．9．29旧院退散	判官代	保右の孫．曾祖父・保香女（園基理猶子）は新大納言（上臈）
高松保実	羽林家	新	外	閑院家	九条	天保3．7．10～ 天保12．9．29旧院退散	判官代	公祐の孫．安政八十八廷臣
唐橋在久	半家	旧	外	菅原氏	九条	天保3．7．10～ 天保12．9．29旧院退散		祖父・在熙は後桜町院院参衆・評定・院伝奏，父・在経は同院参衆．
梅溪通善	羽林家	新	内	村上源氏	鷹司	天保5．12．18～ 天保12．9．29旧院退散		通修の子，実六条有言の子．児より．祖父・行通女は中臈（中将）となる．安政八十八廷臣
三室戸雄光	名家	新	外	日野家	近衛	天保7（実堅公武天保6．12．18）～ 天保12．9．29旧院退散		童形御前近侍より．兄・縄光は後桜町院院参衆・判官代
風早実豊	羽林家	新	外	閑院家	九条	天保6．12．28～ 天保12．9．29旧院退散		公元の子

名	官途	新旧	小番	一門	門流	加番～免番	院関係役職	備考
清水谷公正	羽林家	旧	内	閑院家	一条	天保6.12.28～ 天保12.9.29旧院退散		安政八十八廷臣
長谷信篤	名家	新	外	平氏	近衛	天保7.12.23～ 天保12.9.29旧院退散		曽祖父・信昌は後桜町院院参衆．安政八十八廷臣，のち議奏
西洞院信堅	名家	旧	内	平氏	近衛	天保7.12.23～ 天保12.9.29旧院退散		祖父・信庸は後桜町院評定・院伝奏．安政八十八廷臣
花園公総	羽林家	新	外	閑院家	二条	天保7.12.23～ 天保12.9.29旧院退散		実路の子　天保8.1.27御幸供奉
千種有文	羽林家	新	内	村上源氏	一条	天保7.12.23～ 天保12.9.29旧院退散		安政八十八廷臣
園基万(基満)	羽林家	旧	内	中御門家	一条	天保9.1.4～ 天保12.8.25没		祖父・基理猶子(実高野保香女)は上臈(新大納言)
平松時言	名家	新	内	平氏	近衛	天保9.1.4～ 天保12.9.29旧院退散		時章の曽孫．天保8禁裏小番に(資愛2.1，方領)，安政八十八廷臣
萩原員光	半家	新	内	卜部氏	近衛	天保9.1.4～ 天保12.9.29旧院退散		曽祖父・員幹，祖父・従言は後桜町院院参衆

注1：顔ぶれ，加番・免番については，「近臣便覧」，公家鑑類，「実久卿記」，「実麗卿記」によった．
注2：小番については本田論文，門流については松澤論文によった．

と、元日の結改は行われないことも多かったようである。また規定日以外の結改も何度かあったが、これは番頭級の伺候衆の異動の後であった[14]。

2　伺候衆の構成と異動

近世の堂上公家は家ごとに内々小番か外様小番に属しており、上皇の側近である伺候衆は、天皇の側近の近習小番と同様に、そこから個人単位で選抜された。禁裏御所での扱いも伺候衆は近習小番と同等で、外様・内々より格が上であった（「実久卿記」文政二年五月一八日条など）。

光格が上皇となった際、新たに結成された伺候小番は二四名から成っていた(15)。人選の基準は、光格との個人的なつながり（近習小番から一七名、後宮の親族が四名）、および仙洞御所に関する経験（後桜町院の院参衆が五名、同院両役・院司・院参衆の子弟が一四名）であったとみられる。後から加わった三二名も、院両役・伺候衆の子弟（一二名）、後桜町院両役・院司・院参衆の子弟（九名）、後宮の親族（四名）などを含み、傾向は同じだった。家柄は羽林家が大部分で、また後に加わった者には新家が多かった。

摂家衆・大臣・武家伝奏・議奏が含まれなかった点は禁裏小番と同じであり、また禁裏の武家伝奏・議奏にあたる院伝奏・評定、および蔵人も含まれなかった。

伺候衆の異動について、いくつか例をみよう。

【史料2―①】

辰終刻参内　藤谷前宰相（院伝為脩）同参内、奉　院　仰参上所也、伺候輩依御無人、園少将（基万）・遠江権介（萩原員光）・安芸権守（平松時言）等、院中被付進候様被仰進、両人　去一日自殿下（関白政通）被仰伝　付大宮大夫（徳大寺実堅）議奏卿也　言上、須臾ニ被仰進、基万・員光朝臣・時言等被付進旨、同卿被仰伝、予（院伝実久）・前相公奉之

（「実久卿記」天保九年一月四日条）

【史料2―②】

三条西中将（季知）久々所労、院伺候勤番多不参恐懼、依之本番所勤番之被願旨、以一紙昨日武者小路三位（公隆　親族）、予（院伝実久）亭被願申、

依之今日殿下（関白政通）申入、予・藤谷前宰相（院伝為脩）等、付女房奏之処、被聞食、如願被返進于禁中之旨被仰下、依之武者小路三位召設、申示了

（「実久卿記」天保八年一二月一四日条）

【史料2―③】

飛鳥井前大納言（雅光）自今日被免小番、昨日自殿下（関白政通）被伝仰、今日申渡了

（「実久卿記」天保七年一一月二八日条、実久は院伝奏）

おのおの、伺候小番へ新たに加えられる場合、伺候小番から禁裏小番へ戻る場合、小番を御免になる場合であるが[16]、いずれも上皇の意を院伝奏が伝えており、また関白も関与していることがわかる。伺候衆の異動は院伝奏の管轄であったといえるが、「実久卿記」には、禁裏の神事に加わるため一時的に禁裏小番に付けられる旨を評定に申し渡されている例があり（「実久卿記」文政元年一一月一三日条）、異動が一時的である場合は評定が沙汰したとわかる。天保一一（一八四〇）年に上皇が没した後も、翌一二年九月二七日まで旧院御所に参番していた（「橋本実久日記」）。

3　伺候衆の職務

「実久卿記」「実麗卿記」をみると、禁裏小番と同様、伺候小番も各組が交互に参院し、一晩宿仕していたことがわかる。

職務について具体的な例をみてみると、賜盃の酌をする御手長、賜盃の陪膳、上皇との対面の申次、上皇が出御する際の剣持、禁裏御所での法事への代参、見舞いの院使など、上皇のさまざまな用事を果たしている[17]。こうした仕事は、禁裏小番のそれと同様である。また公卿は、評定の代理である加勢をつとめる場合があった（後述）。

禁裏御所では小番の不参が目立ち、三年ごとに参番状況の優秀な者を賞していたが、同じことが仙洞御所でも行わ

れている。文政一二（一八二九）年の該当者はわずか四人である（「実久卿記」同年六月八日条）など、参番の状況は禁裏御所と同様だったと思われる。

非常時に参仕する場所も、御前、御文庫、御韓櫃守護などと定められており、いずれも評定が申し渡していた[18]。

4　諸奉行

禁裏御所には、常設の奉行がおかれており、平井誠二よりその名鑑「禁中諸奉行補略」が紹介されている[19]。同じく宮内庁書陵部に、「洞中諸奉行補略」と題する史料があり[20]、仙洞御所にも同様の奉行が継続的におかれていたことが知られる。光格上皇の御所についての補任状況を表15に示した。個別の奉行について、詳しい検討を行うことはできないが、以下この表をみながら簡単に検討する。

まず奉行の種類であるが、御歌書幷御色紙・御会・御服幷御剣・御楽器幷御小道具・御献・御屛風・御殿・修理職・能・小番・北面非蔵人がある。これらは、上皇身辺の道具類に関するもの（御歌書幷御色紙・御服幷御剣・御楽器幷御小道具・御屛風）、仙洞御所の儀式・行事に関連するもの（御会・御献・能）[21]、仙洞御所の人員に関するもの（修理職・小番・北面非蔵人）、仙洞御所の殿舎に関するもの（御殿・修理職）などに分類することができよう。

なお、この種類は、後桜町上皇のそれと同様であり、禁裏の奉行（表13参照）より若干種類が少ない。禁裏御所では、御記、御字書の奉行がこれに加わるほか、御歌書幷御手本と御色紙、御服と御太刀、御楽器と御硯文台幷御小道具がおのおの独立の奉行であり、また御殿に相当するものは紫宸殿・小御所・御学問所と細かく分かれている。番衆の体制と同じく、基本的には禁裏御所と同じだが規模が小さいという特徴があるといえる。

続いて就任者をみてみると、ほとんど伺候衆と一致していることがわかる（表14参照）。院伝奏・評定を除き、小番をつとめる者は、奉行をもつとめたとみられる。禁裏御所の場合、議奏に就任する公家は小番と奉行をともに免じら

表15　光格上皇御所の諸奉行

<table>
<tr><th></th><th>文化14</th><th>文政元</th><th>〃2</th><th>〃3</th><th>〃4</th><th>〃5</th><th>〃6</th><th>〃7</th><th>〃8</th><th>〃9</th><th>〃10</th><th>〃11</th><th>〃12</th><th>天保元</th><th>〃2</th><th>〃3</th><th>〃4</th><th>〃5</th><th>〃6</th><th>〃7</th><th>〃8</th><th>〃9</th><th>〃10</th></tr>
<tr><td rowspan="5">御歌書幷御色紙</td><td colspan="16">庭田重能</td><td colspan="4"></td><td colspan="3">六条有言</td></tr>
<tr><td colspan="20">飛鳥井雅光</td><td colspan="3">藤谷為知</td></tr>
<tr><td colspan="11">藤谷為脩</td><td colspan="12"></td></tr>
<tr><td colspan="20">外山光施</td><td colspan="3"></td></tr>
<tr><td colspan="9"></td><td colspan="14">上冷泉為全</td></tr>
<tr><td rowspan="9">御会</td><td colspan="12">上冷泉為則</td><td>?</td><td colspan="10">葉室顕孝</td></tr>
<tr><td colspan="16">庭田重能</td><td colspan="7">柳原隆光</td></tr>
<tr><td colspan="4">鷲尾隆純</td><td colspan="16">坊城俊明</td><td colspan="3">藤谷為知</td></tr>
<tr><td colspan="15">万里小路建房</td><td colspan="8">園基茂</td></tr>
<tr><td colspan="23">飛鳥井雅光</td></tr>
<tr><td colspan="15">藤谷為脩</td><td colspan="8"></td></tr>
<tr><td colspan="23">飛鳥井雅久</td></tr>
<tr><td colspan="2"></td><td colspan="21">上冷泉為全</td></tr>
<tr><td colspan="9"></td><td colspan="10">広橋光成</td><td colspan="4">庭田重基</td></tr>
<tr><td rowspan="4">御服幷御剣</td><td colspan="3">堀河親実</td><td colspan="12">橋本実久</td><td colspan="8">高倉永胤</td></tr>
<tr><td colspan="22">大原重成</td><td>橋本実麗</td></tr>
<tr><td colspan="23">東久世通岑</td></tr>
<tr><td colspan="23"></td></tr>
<tr><td rowspan="6">御楽器幷御小道具</td><td colspan="3">四辻公説</td><td colspan="8">高松公佑</td><td colspan="12">東久世通岑</td></tr>
<tr><td colspan="3">堀河親実</td><td colspan="20">六条有言</td></tr>
<tr><td colspan="23">綾小路有長</td></tr>
<tr><td colspan="11">櫛笥隆起</td><td colspan="5"></td><td colspan="7">高野保右</td></tr>
<tr><td colspan="7"></td><td colspan="9">庭田重能</td><td colspan="7"></td></tr>
<tr><td colspan="23"></td></tr>
<tr><td rowspan="3">御献</td><td colspan="3">四辻公説</td><td colspan="4">庭田重能</td><td colspan="15">大原重成</td><td>高野保右</td></tr>
<tr><td colspan="16">飛鳥井雅光</td><td colspan="7">綾小路有長</td></tr>
<tr><td colspan="16">倉橋泰行</td><td colspan="7">六条有言</td></tr>
<tr><td rowspan="4">御屏風</td><td colspan="23">六条有言</td></tr>
<tr><td colspan="12">豊岡治資</td><td>?</td><td colspan="3">庭田重能</td><td colspan="4">飛鳥井雅光</td><td colspan="3">上冷泉為全</td></tr>
<tr><td colspan="7">風早公元</td><td colspan="4">藤谷為脩</td><td colspan="12">武者小路公隆</td></tr>
<tr><td colspan="23"></td></tr>
</table>

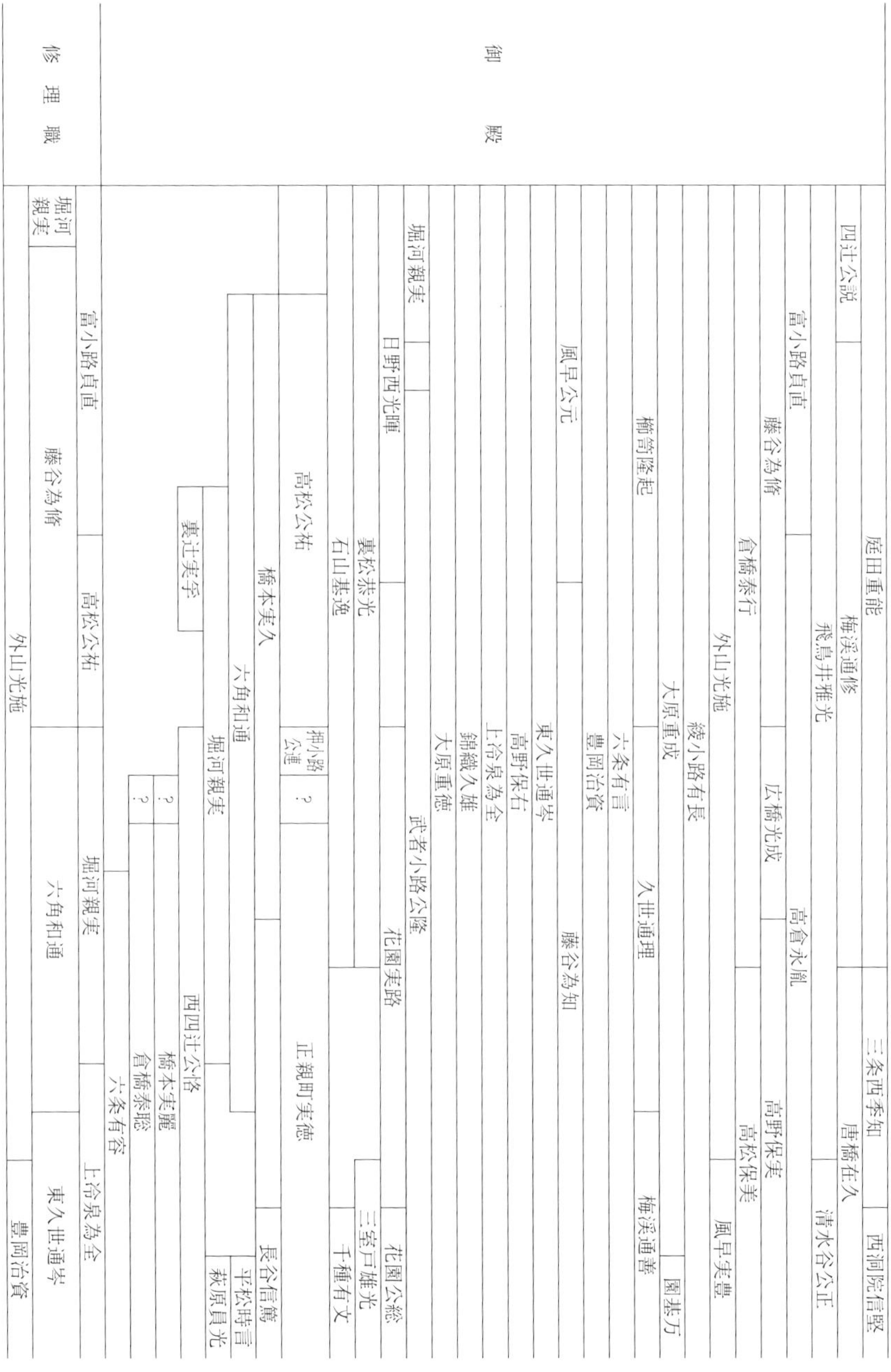
御殿
庭田重能
三条西季知
西洞院信堅
四辻公説
梅渓通修
唐橋在久
飛鳥井雅光
清水谷公正
富小路貞直
高倉永胤
藤谷為脩
広橋光成
高野保実
倉橋泰行
高松保美
外山光施
風早実豊
綾小路有長
大原重成
園基万
櫛笥隆起
久世通理
梅渓通善
六条有言
豊岡治資
風早公元
藤谷為知
東久世通岑
高野保右
上冷泉為全
錦織久雄
大原重徳
武者小路公隆
堀河親実
日野西光暉
花園実路
花園公総
裏松恭光
三室戸雄光
石山基逸
千種有文
高松公祐
押小路公連
?
正親町実徳
橋本実久
長谷信篤
六角和通
平松時言
堀河親実
萩原員光
裏辻実孚
西四辻公恪
?
橋本実麗
?
倉橋泰聡
六条有容
修理職
富小路貞直
高松公祐
堀河親実
上冷泉為全
堀河親実
藤谷為脩
六角和通
東久世通岑
外山光施
豊岡治資

<table>
<tr><th></th><th colspan="2">能</th><th colspan="3">小番</th><th colspan="2">北面非蔵人</th></tr>
<tr><td>文化14</td><td rowspan="2">庭田重能</td><td rowspan="16">倉橋泰行</td><td rowspan="20">飛鳥井雅光</td><td rowspan="7">富小路貞直</td><td rowspan="11">藤谷為脩</td><td rowspan="7">藤谷為脩</td><td rowspan="23">綾小路有長</td></tr>
<tr><td>文政元</td></tr>
<tr><td>〃2</td><td rowspan="5">富小路貞直</td></tr>
<tr><td>〃3</td></tr>
<tr><td>〃4</td></tr>
<tr><td>〃5</td></tr>
<tr><td>〃6</td></tr>
<tr><td>〃7</td><td rowspan="9">庭田重能</td><td rowspan="12">六角和通</td><td rowspan="9">倉橋泰行</td></tr>
<tr><td>〃8</td></tr>
<tr><td>〃9</td></tr>
<tr><td>〃10</td></tr>
<tr><td>〃11</td><td>庭田重能</td></tr>
<tr><td>〃12</td><td>？</td></tr>
<tr><td>天保元</td><td rowspan="10">豊岡治資</td></tr>
<tr><td>〃2</td></tr>
<tr><td>〃3</td></tr>
<tr><td>〃4</td><td rowspan="3">久世通理</td><td rowspan="7">東久世通岑</td><td rowspan="3">久世通理</td></tr>
<tr><td>〃5</td></tr>
<tr><td>〃6</td></tr>
<tr><td>〃7</td><td>豊岡治資</td><td>外山光施</td><td rowspan="3">大原重成</td></tr>
<tr><td>〃8</td><td rowspan="3">武者小路公隆</td><td rowspan="3">大原重徳</td><td rowspan="3">錦織久雄</td></tr>
<tr><td>〃9</td></tr>
<tr><td>〃10</td><td>錦織久雄</td></tr>
</table>

れるのが一般的であり、近世朝廷の公家の編成の基盤をなす小番制は、奉行制と一体であったのではないかと思われる。

仙洞御所では御殿奉行、禁裏御所ではこれに相当する紫宸殿・小御所・御学問所奉行の人数が多かった。これらには、他の奉行に選ばれない番衆が任命されたのではないか[22]。

さて、顔ぶれからみると、御会奉行のみは特殊であって、評定と重複しているほか、番編成上は仙洞御所に配属されていない公家がみえる。上冷泉・飛鳥井・藤谷・烏丸など、和歌にゆかりの深い家がみえ、後はすべて蔵人頭を経験している参議以上の公家である。またこの顔ぶれは、禁裏御所の御会奉行と同一であった。この意味を本書で深く掘り下げることはできないが、近世朝廷において、和歌の世界においては禁裏御所・仙洞御所の区別がなかったことを示し、上皇の位置や和歌のもつ意味を考える上で重要な示唆を与えているといえよう[23]。

二　光格上皇御所の「役人」——院伝奏・院評定

1　院伝奏

院伝奏と評定は合わせて「院両役」と呼ばれた[24]。仙洞御所を代表する役職であり、面会の順序や賜物などにおいては、官位に関わらず、院司・伺候衆はもとより摂家・大臣より上の扱いをうけるなど、仙洞御所の組織の最上位に位置づけられていた。

院両役の顔ぶれについては、今江廣道により霊元院以降について明らかにされている[25]。これをもとに就任者を表16・17に整理したが、これをみると院伝奏は定員二で、正三位以上の公卿が就任している。人選には家格は特に関係がなく、仙洞御所における経験が勘案されていたとみられる（後桜町院の院両役二、その子弟二、後桜町院の院参衆二）。はじめの三名は議奏から、あとの三名は評定からの転役で、光格がよく知る人物でもあった。また日野資愛は武家伝奏へ転役しており、格としては評定・議奏の上、武家伝奏の下であった（第2章参照）[26]。

橋本実久が院伝奏に任命された時の「実久卿記」をみると、

【史料3】

参院　兼日有召、今日両役参集、殿下（関白政通）令参給、須臾予（評定実久）殿下被召、右兵衛督（院伝藤谷為脩）被示、予参休息所之処　右兵衛督被候、今度
日野前大納言（院伝資愛）武家伝奏被仰出、予院伝奏被　仰出旨、殿下令　仰伝給、愚昧深雖恐懼、御請申上之旨申上

（天保七年一〇月一〇日条）

院伝奏同席のもと、関白から申し渡されていることがわかる。院関係の役職の中で、関白が直接任命を告げるのは院伝奏とその代役の院伝奏代（後述）だけで、この手続きには院伝奏の格の高さが表されているとみられる。退任に

表 16　光格上皇の院伝奏

名	官途	近習	院参衆	就任 官位	就任 年齢	その他の院関係役職	備考
日野資愛	名			従二・中	38		議奏から転役，武家伝奏へ
平松時章	名			正二・前大	64		議奏から転役．後桜町院評定・院伝奏．父・時行は後桜町院院伝奏
下冷泉為訓	羽			正二・前中	57		議奏から転役．後桜町院院参衆，同判官代・評定・院伝奏
高倉永雅	半			正二・中	44	評定	
藤谷為脩	羽	○	○	正三・参	48	評定	後桜町院院参衆・判官代．父・為敦は後桜町院院参衆・評定
橋本実久	羽	○	○	正三・参	47	番頭，四位別当，評定	後桜町院院参衆・判官代・四位別当

注 1：近習小番は，譲位の前年後半のもの（「実久卿記」文化 13 年 12 月 28 日条）．
注 2：院参衆・伺候衆は「公家鑑」類による．
注 3：就任者は，今江論文による．

ついては不明である。

役料は三〇石で、武家伝奏・議奏などと異なり、幕府からではなく仙洞御所の蔵から内分で給付された（第I部第2章、第II部第1章参照）。

院伝奏は前述したように伺候小番には属さず、在任中の「実久卿記」によれば、仙洞御所へ日参していた。院伝奏就任直後の「実久卿記」には、ほぼ一月にわたって一日置きに「詰也」とあり、交互に当番があったようである[27]。

院伝奏の職務の内容について、史料中にみえるのは、ほとんどが上皇に言葉を取り次ぎ、また上皇の言葉を伝える機能である。年頭挨拶の院使として毎年一方が武家伝奏両名とともに東下し、口頭で院宣を伝え、将軍らの返答をうけるのが代表的な例である。また宮家・高位の僧侶・所司代・高家などが参院した際に、院伝奏がその言葉を取り次いでいる例が多くみられる。

【史料4】

今日間部下総守（所司代詮勝）参候所、立太子御治定参賀申上、予（院伝実久）・藤谷前相公（同為脩）参向之間、堀田土佐守（正路）付武士也申置退出、予・前相公参院之上、土佐守申出、付評定卿言上了

（「実久卿記」天保一〇年一〇月七日条）

表17　光格上皇の院評定

名	官途	近習	伺候衆	就任		その他の院関係役職	備考
				官位	年齢		
高倉永雅	半			従二・参	34	院伝奏	
鷲尾隆純	羽	○		正三・中	43		後桜町院四位別当（兼頭中将）
上冷泉為則	羽	○		従二・中	41		
四辻公説	羽	○	○	従二・中	40	番頭，院別当	女は小上臈（細井）．祖父公亨は後桜町院院伝奏，父公万は同院御厩別当
万里小路建房	名	○		従二・中	41		後桜町院年預
藤谷為脩	羽	○	○	正三・非参	44	院伝奏	後桜町院々参衆・判官代．父・為敦は同院院参衆・評定
高松公祐	羽		○	正三・非参	54		
広橋光成	名	○	○	従二・中	35	頭弁四位別当，番頭，院別当	のち内両役．祖父伊光は後桜町院評定，父胤定は同年預・頭弁四位別当・執権
橋本実久	羽	○	○	正四下・参	42	番頭，四位別当，院伝奏	後桜町院院参衆・判官代・四位別当
倉橋泰行	半		○	正三・刑部卿	54		後桜町院院参衆
久世通理	羽		○	従二・前参	54		
外山光施	名	○	○	正三・非参	53		父・光実は後桜町院判官代（院参衆）．女は中臈（藤式部）となる
東久世通岑	羽	○	○	正三・非参	48		

注：典拠は表16に同じ．

院伝奏不在のおり参院した所司代は院付武家[28]に賀詞を伝言し、院伝奏の参院を待って伝えさせている。礼や挨拶程度は評定に付された例も多いが、正式な取次ぎはこのようにあくまで院伝奏によったとみられる。なお関白のみは上皇と直接対面するのが通例であった。

面会や使者など外部と関わる場合のほか、仙洞御所の役職の任命に際して上皇の言葉を伝える例も多い。前述した伺候衆の増員を禁裏に申請する場合に加え、評定の任免を告げ（後述）、地下の役職についても上皇の命を取り次いでいる（後述）。また諸行事の奉行に関する例も多く、年頭行事である院四方拝・吉書御覧[29]、修学院離宮御幸[30]、先帝後桃園院の法事[31]などについて当人へ申し渡している。なおこうした人事に関して、院伝奏が事前の諮問などの形で決定に関与した例はみられず、人事に関する院伝奏の職掌は、基本的には上皇・関白の決定を申し伝えることにとどまったとみられる。

取次ぎのほか、仙洞御所が禁裏御所など外部と関わる場合にも、院伝奏が登場する。

【史料5―①】

一、院伝両卿《(実久・為脩)》参上　両人参上以前、既被参居、　此度関東慶事ニ付　洞中御入用銀之儀（中略）何卒御備銀よりも御遣方ニ相成候様致度旨、勘定頭以書取両卿へ申出候、右ニ付、被内談之旨也

（「資愛日記」天保八年五月一五日条）

【史料5―②】

一、両伝被見、院中御内儀御不足金之内　十貫目　所司代返答書幷御所〳〵御省略書内談書被見、御不足金之方可付院伝、今一紙両卿可有勘弁、答了(32)

おのおの武家伝奏・関白の記録で、仙洞御所の口向および奥の財政に関する事例であるが、いずれも院伝奏が禁裏御所に対して窓口となっているとわかる。前述したように、禁裏との間で伺候衆を正規に異動する際も院伝奏が沙汰しており、また「資愛日記」をみると、武家伝奏と院伝奏との間でさまざまな連絡がなされていた(33)。また幕府との関係においても、院伝奏就任後には両名で所司代亭を訪れ、挨拶をしているし（「実久卿記」天保七年一〇月一三日条）、年頭の院使も院伝奏がつとめた。外部との関係においては、院伝奏は仙洞御所を代表する存在として機能したといえる。

なお年頭に使者として東下する間、両名で向かう武家伝奏は議奏が武家伝奏代をつとめたのに対し、一名が向かう院伝奏は「実久卿記」に「藤谷前相公《(院伝為脩)》藤谷前相公東行中、予《(同実久)》一身勤仕」（天保九年二月一六日条）とあるように、その間も本役の一名のみでつとめるのが原則であったが、残り一名にも故障が生じた場合には、「院伝奏代」が任命されている。

【史料6】

日野前大納言（院伝資愛）依所労自今日引籠　実故障、依之広橋中納言（評定光成）・予（同実久）等、院伝奏代可勤仕被　仰下旨、殿下（関白政通）被仰伝、謹奉了

（「実久卿記」天保六年三月一三日条）

評定二名が「院伝奏代」を命じられていることがわかる。上皇の命をうけた関白から申し渡される点では、本役の院伝奏と同様である。彼らは院伝奏の職務を代行し、本役の院伝奏が復帰するまでつとめ、復帰した院伝奏に職務の申し継ぎを行った（「実久卿記」天保六年三月二一日条）。

2　院評定

評定の顔ぶれについて表17をみると、定員は三、家柄によらず、正三位以上の公卿が就任していた。最初の三名以外は基本的に伺候衆から選ばれ、また院伝奏と同様、光格との個人的なつながり（光格在位中の近習衆が九、後宮の親族が二）、および仙洞御所に関する経験（後桜町院の関係者とその子弟が八）が人選に反映されていた。三人が議奏へ、三人が院伝奏へ転じており、これらの下に位置づけられていたとみられる。

評定を任命する手順についてみると、

【史料7―①】

巳終刻参院、殿下（関白政通）令参給、御前退給之後示給、評定闕、東久世三位（通岑）、予（院伝実久）・藤谷前宰相（同為脩）等於無存心、可被仰下伝　仰給、予・前相公等無存知旨申入、即彼三位江可伝　仰示給、即召設、被加評定衆之事、予・前相公等申示、御請被申上、直殿下申入了

（「実久卿記」天保一〇年八月一五日条）

【史料7—②】

日野前大納言(資愛)・右兵衛督(藤谷為脩) 已上院伝奏、広橋中納言(光成)・新宰相(高松公祐) 已上評定 等列座、予(実久)被招、日野前大納言(資愛)被仰伝曰、今度右兵衛督院伝奏被仰出、予評定被加列云々

（「実久卿記」天保一一年一〇月一〇日条）

両院伝奏ないし両役が列座する席で、院伝奏から申し渡されていることがわかる。また上皇の命は、関白によって院伝奏に伝えられている。退役の場合には、

【史料8】

巳刻参院申刻退出、修理権大夫(評定外山光施)、去六月以後所労之処、到今日甚不被勝、依之評定被辞之事、以中務少輔(豊岡随資、親類)被申願旨、彼朝臣予(院伝実久)亭被来、被示 有一紙、予諾、直参殿下(関白政通)御亭、申入之処、可院奏示給、仍参院 酉刻斗也、藤谷前宰相(院伝為脩)申達、被参院之上、以女房奏之、中務小輔召設、予・藤谷前宰相(院伝為脩)・刑部卿(倉橋泰行) 評定也 列座、匠作(外山光施)評定被辞之事被聞食之旨可被申、伝申示

（「実久卿記」天保一〇年八月六日条）

院伝奏が申し入れをうけ、上皇・関白に確認している。両役列座の席で院伝奏が申し渡すのは任命の際と同様であり、評定任免の定型的な手続きであったと考えられる。

役料は二〇石で、院伝奏と同様、幕府からではなく仙洞御所の蔵から内分で給付された（第I部第2章、第II部第1章参照）。

前述したように、評定も伺候小番には属さなかった。在任中の「実久卿記」をみると、二日おきに参院し、翌朝まで宿仕しており、三人交互の当番制をとっていたことがわかる。なお当番が一日おきの時期もみられ、実質二名でつとめることもあったらしい。

評定の職務について、もっとも多く例がみえるのは、伺候衆に関与する例である。まず、当番として参仕している伺候衆を使役する場合をみると、

【史料9】

一条（忠良）准后殿先日以来異例之処、不被勝之旨被　食聞、御尋可賜　御使、殿上人可勤仕、以女房被　仰出、即前源宰相（評定久世通理）申示、左衛門佐（伺候衆高野保実）当番也　直参向、小時帰参、大納言殿（忠香　忠良孫）面謁、御請被申上　院宣深畏被存、昨日ヨリ心身朦朧之由御尋、深畏被存旨言上之由、前源宰相被示、以女房申上了

（「実久卿記」天保八年五月二〇日条、実久は院伝奏）

院伝奏が上皇の命をいったんうけているが、伺候衆に命じ、またその報告をうけるには評定を介している。このように伺候衆を使役する場合に加え、前述したように伺候小番の結改、非常時のつとめの申し渡し、臨時の異動などはいずれも評定が行っていた。新たに伺候衆を禁裏から加える場合についても、たとえば実久が伺候衆となった際には評定から上皇との対面や所属する番組、また五日間の日参などを申し渡され（文化一四年五月一日条）、また実久が評定在任中には新たな伺候衆が加わる際に「雑事申沙汰」した例があり（天保三年七月一〇日条）、新たに伺候衆を加える申請は院伝奏が行ったが（前述）、その後の事務処理はやはり評定が行っていたことがわかる。伺候衆については、禁裏御所との間での正規の異動に関する沙汰を除き、評定の職掌であったといえる。

その他、評定在任中の「実久卿記」をみると、上皇の御幸、上皇との対面、賜物、和歌・管弦会、御殿の煤払、凶事などに際し頻繁に「雑事申沙汰」とあり、評定は仙洞御所における日常的な雑務を統括していたとみられる。

禁裏への使者をつとめ、あるいは人事の申し渡しを行うなど、院伝奏に近いはたらきをしている例もみられるが、評定が院使をつとめているのは有卦の賀、上皇が借りた本の返却、八朔祝儀などの軽い用事について[34]で、また申し渡している人事も恒例とみられる法事[35]や上皇の身辺に関する奉行[36]など、やはり日常的なものについてであった。

さて、伺候衆は非常時に参仕すべき先が定められていたが、評定も同様であった。「御留守」「御前」「付女房諸奉行」が確認でき、評定は院伝奏から、伺候衆から新たに評定となった者は先任の評定から申し渡されていた（「実久卿記」天保三年八月一三日条）。

さて、評定に病欠者などが出た際には、代役として「評定加勢」をおくことがあった(37)。

【史料10—①】

刑部卿（評定倉橋泰行）依所労不参　永理之旨被示、依之院伝奏卿申示之処、被及言上、評定加勢源宰相（綾小路有長）被　仰出旨、被示了

（「実久卿記」天保六年四月一一日条）

【史料10—②】

源宰相（綾小路有長）自両三日所労、出仕程難計、永理之旨被示、依之院伝奏卿申示之処、被及言上、修理権大夫（外山光施）評定加勢被　仰出之旨被示、彼卿参会、申渡之処、御請了

（同年八月二八日条）

当番を辞退した評定倉橋泰行に代わって綾小路有長が、四ヵ月後には有長も辞退したため外山光施が、評定加勢に任ぜられている。任命されているのはいずれも公卿の伺候衆で、関白の関与はなく、申し渡しているのは院伝奏から伝えられた当番評定である。

彼らは評定の当番制に従い参院・宿仕し、また待遇においても、上皇との対面・賜物などにおいては、賜物に差はあったものの（「実久卿記」天保六年一〇月二〇日条）、両役として扱われていた。

以上は常役の加勢とも呼ぶべきものであったが、これとは別に、ごく一時的に加勢がおかれる場合もあった。実久が評定在任中の「実久卿記」から例をあげると、

【史料11―①】

広橋中納言（評定光成）明三日為御代参両寺参向之処、俄依所労理、依之刑部卿（評定倉橋泰行）替参向、令宿之処、評定無人、伺候参宿之公卿加勢之事、附女房伺定

（天保五年一一月二日条）

【史料11―②】

今日禁中御物御茶口切、雖当番入加勢可参内、以女房蒙仰、謹畏申、加勢飛鳥井大納言（伺候衆雅光）勤仕之旨申入表使、申刻斗参内

（天保四年一〇月二一日条）

これらは、宿仕する評定が一時的に不在となる間、当番の伺候公卿が加勢をつとめるもので、当番評定の沙汰により伺候公卿がつとめる点では同じだが、これらの場合では院伝奏の関与はなく、手続きはより簡易であった。なお、当番評定が参内する間、「今日当番御用繁」を理由に別の評定が代わりに当番をつとめた例があり（「実久卿記」天保四年一月一三日条）、伺候している公卿が簡易に加勢をつとめるのは、職務がそれほど繁多でない場合に限られたと思われる。

評定加勢はかなり頻繁に登場するが、院伝奏の場合はこのように簡易に代理をおくことはなく、逆に一名が不在の時、もう一名が「院伝奏御用差支」えるとして春日祭参仕をとりやめた例さえある（「実久卿記」天保八年二月八日条）。公的・儀礼的な役職としての側面が、外部と関わる職掌をもつ院伝奏では強く、仙洞御所内を管掌する評定では弱かったといえる。

3 「院両役」と「内両役」

院伝奏・評定を院両役と呼ぶのは、武家伝奏・議奏を内両役と呼ぶのに対するもので、時に合わせて「両御所両役」と呼ばれた(38)。院伝奏・評定は、当時から内裏の武家伝奏・議奏に対応する役職と考えられていたといえる。光格上皇の没後、院伝奏の記録は武家伝奏に、評定の記録は議奏に引き渡されたことからも(39)、こうした対応関係が窺える。

さて、おのおのの職掌について、武家伝奏・議奏に関する先行研究に依拠して比較してみると、まず武家伝奏と院伝奏は、職掌において大きく異なっていた。武家伝奏が関白を補佐して朝廷全体を管理・統制したのに対し、院伝奏は、対外的には仙洞御所の代表として機能したものの、実質的な職掌は上皇の正規の取次ぎが職務のほとんどであった。ただし、仙洞御所内の統制および財政については、なお検討の余地が残る。

これに比べると、評定の職掌は議奏のそれに近い(40)。議奏がもつ禁裏御所内・小番を管掌する役割は、仙洞御所に関しては評定が担っているといえる。しかし、朝議に参画するような朝廷全体に関わる役割はやはりもっていなかった。第II部第2章でみた、皇嗣付「三卿」と同様の存在であったのではないかと思われる。

総体としては、院両役の職掌は仙洞御所に関するものにほぼ限定され、幕府から朝廷の統制を委ねられていた内両役と比すと大きな差があったといえる。また伺候衆にも武家伝奏の統制が及んでいたようで、院伝奏・評定の人事も関白の関与をうけており、仙洞御所の組織も、従来知られる禁裏の機構の統制のもとにあったと考えられる。

おわりに

以上、光格上皇の御所における堂上公家衆の機構について悉皆的にみてきた。

番衆は、機構や職務などをみると、小規模ながら禁裏小番によく似た仕組みをとっていたといえる。ほぼ全員が仙洞御所における奉行を兼ねた。顔ぶれをみると、光格上皇に近しい者と、仙洞御所に関して家か当人に経験がある者で構成されていた。

院伝奏・評定は、禁裏御所の武家伝奏・議奏と並び称された。後嵯峨院以降の中世院政において、院伝奏と評定衆は評定を行い、院政における中心的な機構として機能したとされるが(41)、光格上皇の「院政」における院伝奏と評定は、名称こそこれによるが、内実はまったく異なり、番衆制を中心とする御所を運営するためのものであった。

本章で積み残した最大の課題は、朝廷運営上における光格上皇の位置づけである。光格上皇が「院政」と呼びうるような朝廷全体への影響力を行使したとしても、本章でみた限りでは、仙洞御所の組織がそれを担うような役割を果たすことはなかったことは明らかにしたと考える。当該期の朝廷運営の実態を解明するには、上皇の意思伝達や統制の手段となる、仙洞御所の組織以外の要素を検討する必要がある。

その候補としては、関白があげられる。本章でみた中でも、関白鷹司政通は仙洞御所にたびたび関与している。まず人事面では、伺候衆・両役・院司、地下の役職の人事や任命の手続きに際して関白が上皇の命をうけ、院伝奏に伝えていた。また、仙洞御所による儀式についても、人選・日時などには関白が大きく関わっていた。たとえば霊元院以来の修学院御幸が行われた文政七年の「政通記」には、奉行や供奉の人選・日時について、上皇の命を院伝奏に伝えた記事がある（七月七日、同一〇日、閏八月二八日条など）。また実久が修学院御幸・後桃園院法事・院四方拝などの奉行をつとめた際は、参仕する顔ぶれや序列について上皇に執奏する前に関白に確認、また毎日のように関白亭へ報告に出向いており（「実久卿記」文政一〇年九月、文政一一年九月、文政一一年二月、文政一三年一二月）、関白の管掌下にいたことがわかる。

このように具体的な用件がわかる場合以外にも、院伝奏在任中の「実久卿記」には「殿下（関白政通）令参給、申承雑事」という記事が多くみられ、いっぽう「政通記」をみると、関白は参院するとほぼ必ず上皇に対面している。実際にはあまり上皇と対面しない院伝奏と上皇の間をつなぐ形で、関白が関与している様子が窺える。史料上は関白が上皇の命を伝えたとのみ書かれるが、実際には光格上皇と関白が相談して決めていたとみるべきであろう。こうした関白との関係を通じて、光格上皇の意思が朝廷全体に関わる事柄についても実現されていた可能性がある。(42) 関白、あるいは武家伝奏・摂家衆などに対する上皇の意思伝達や統制のあり方を解明することが、今後の課題となる。

なお、仙洞御所の組織についても、残された課題は多い。譲位・崩御に伴う組織の開設および解体について、あるいは奥・口向や地下の役職について、幕府との関係など、多角的に解明していくことが必要であろう。また、四方拝の出御状況などをみると、文政一〇年頃に変化を指摘できるが（第III部第2章で述べる）、こうした画期の存在なども検討課題である。

注

（1）宮内庁書陵部（以下「書陵部」）蔵「橋本実久日記」。本章では東京大学史料編纂所（以下「史料編纂所」）の写本「実久卿記」を利用し、写本のない天保一一（上皇没年）、翌一二年分は原本にあたった。橋本実久は寛政二年生。享和三年元服（一三歳）、安政四年没（六八歳）。官位は正二位権大納言にいたる。なお、小番の皆勤で四度賞せられている。

（2）実久は日次記にほとんど個人的な感想を記さないが、例外的に、光格上皇が没し、院伝奏として後の人事や書類などの処理をすべて済ませ、仙洞御所を最後に退出した日、わずかに「予御譲国以後勤仕、今居重役、今日退散、更悲歎無窮者也」と慨嘆を記している（天保一二年九月二七日条）。

（3）宮内庁書陵部編『皇室制度史料　太上天皇　三』（吉川弘文館、一九八〇）など。光格天皇は、閑院宮家から即位して在位三九年に及び、寛政度御所造営、尊号一件など、朝儀の復興を強く志向したことで知られる。詳しい事歴は、各種の日本史辞典のほか、藤田覚『幕末の天皇』（講談社、一九九四）を参照。

（4）該当期の朝幕関係の研究としては、小野将「近世後期の林家と朝幕関係」（『史学雑誌』一〇二―六、一九九三）、久保貴子「改元に見る朝幕関係」（『近世の朝廷運営』岩田書院、一九九八、初出一九九一）、藤田覚『近世の政治史と天皇』（吉川弘文館、一九九九)、同「天保期の朝廷と幕府——徳川家斉太政大臣昇進をめぐって」(『日本歴史』六一六、一九九九)などがある。いずれも光格の「院政」にはほとんど触れていない。

(5) 京都大学電子図書館HPにて、画像データが公開されている。

(6) 本田慧子「近世の禁裏小番」『書陵部紀要』四一、一九九〇。

(7) 「実久卿記」天保二年六月二七日条、文化一四年一二月二六日条、文政一一年六月二七日条、天保二年六月二七日条。以前は院参衆といい、のちに伺候衆と改称した(和田英松『官職要解』、二九四頁)。「雲上明鑑」「雲上明覧」(史料編纂所所蔵分を使用)をみると、後桜町院期のもの(—文化八)には院参衆、光格上皇期のもの(文化一四—)には伺候衆とあり、光格上皇の仙洞御所において初めて伺候衆と呼ばれるようになったと思われる。

(8) 実久の子で伺候衆の実麗の日記。史料編纂所所蔵の写本を使用(原本は書陵部)。

(9) 享保三(一七一八)年当時の院参衆は三番構成で二八名(平井誠二翻刻「雲上当時抄」一六三頁、『大倉山論集』二六、一九九〇)、霊元院政期にも三番構成で、最晩年の享保一七(一七三二)年には二一名であった(山口前掲一九九八)。こうした時期からすると、人数はそれほど変わらないが、番組数は増やされている。

(10) 禁裏小番では中納言・大納言がつとめた(『官職要解』二九九頁)。

(11) 命じられる場合(「実久卿記」文政二年一月二三日条)も免ぜられる場合(同年三月一四日条)も、ともに当番番頭が命じている。なお禁裏では、内々と外様の間で臨時に人数を補塡することを定加番と呼んだが(本田前掲論文六七頁)、小番が一つのみの仙洞御所では他の組から回したのだろう。なお、以降、禁裏小番について言及した時は、特に注記しない限り本田論文(六八頁—七六頁)による。

(12) 「実久卿記」文化一四年五月一日条、「実麗卿記」文政一一年一二月一日。

(13) 禁裏では小番奉行が小番の結改・勘定などにあたったとされている(母利前掲論文五九頁、本田前掲論文七五頁など)が、伺候小番では確認できない。なお、院政最末期の結改記事と番組表(「実麗卿記」天保一〇年六月二六日条、一一月二七日条)をみると、番頭が固定され、結改の回状が番頭の次の公卿から来ている。最末期には、番頭の役割が変わったものと思われる。

(14) 規定日以外の結改としては、文政元年四月二四日・一二月二日、文政二年五月一六日、天保二年二月一〇日、天保六年四月二日の五回が「実久卿記」に載るが、おのおの庭田重能の禁裏小番への臨時異動(大嘗会検校のため)、重能の伺候衆復帰、四辻公説・広橋光成・久世通理の評定就任（免番となる）とほぼ同時であった。なお禁裏でも、昇進や死亡により席順がかわる時にも結改が行われた。「番頭替」と称したというので、禁裏小番でも同様の原則によったものと思われる。

(15) 宮内庁書陵部蔵・山科言縄「近臣便覧」。一月後に実久も加えられた。

(16) 禁裏の小番は御免となる年齢が決まっていたが、光格の伺候小番は、加番・免番時の年齢をみると、一律に年齢で御免になってはいない。なお、三条西季知の禁裏小番への異動の際、武家伝奏・日野資愛は先例を鑑みて所司代へ届けており（日野資愛「公武御用日記」同日条。国立公文書館所蔵。以下、「資愛日記」と略称）、こうした異動については幕府への報告が必要であったことがわかる。

(17) おのおの、「実久卿記」天保二年八月一〇日条・文政元年一二月七日条・文政一二年一月五日条・天保八年二月二日条、「実麗卿記」天保八年六月八日条・天保八年五月二一日条。

(18) おのおの、「実久卿記」文化一四年五月一〇日条・文政一二年一二月二一日条・文政一〇年一〇月六日条。本格的には検討できないが、おそらくすべての番衆が非常時の参勤場所を決められており、次に述べる奉行と同じく番衆の役務のひとつであったと推測される。

(19) 延享四（一七四七）年—天保一二（一八四一）年まで、六八冊（一部闕あり）が書陵部に所蔵される。天皇でいえば桃園天皇から仁孝天皇にあたる。平井誠二「近世の大中臣祭主家」（藤波家文書研究会編『大中臣祭主藤波家の歴史』続群書類従完成会、一九九三）。竪冊で、奉行名ごとに奉書紙に公家の姓・官位を二段に大書して綴じてある。おそらく朝廷で公的に作成された名鑑と考えられるが、作成者などは明らかでない。

(20) 安永一〇（一七八一）年—天保一〇（一八三九）年、四八冊、後桜町院・光格上皇にあたる。形式などは「禁中諸奉行補略」に似る。

(21) 御会は公的な和歌会、能は年中行事の能御覧、御献は公家などに振る舞われる酒などの膳を担当したものとみられる。

(22) 禁裏の場合、小番は近習・内々・外様の三つあるが、三種の御殿の奉行がおのおのに相当するのではないか。第2章参照。

(23) 後桜町上皇・光格上皇は、和歌の師範として近世朝廷に君臨し続けていたということであろうか。

(24) 「資愛日記」天保八年一月三日条など。

(25) 「江戸時代における院伝奏と評定の補任」（『季刊ぐんしょ』一〇—四、一九九七）。

(26) 橋本実久は、院伝奏を退いた後に議奏となったが、これは光格上皇が没し仙洞御所組織が解体された後のことである。

(27) 貴人の参院・人事の申し渡しなどの際には、基本的に両名で臨んでいる。なお、霊元院政期には月番であり、また任命についても事前に幕府の内諾を得て武家伝奏が申し渡している（山口前掲一九九八、三二九頁）。一部変化がみられる。
(28) 仙洞御所に詰めた幕府の役人。禁裏の禁裏付武士に対応する。『大日本近世史料　柳営補任』（東京大学出版会、一九六五）をみると、定員二名で、旗本が任ぜられた（五巻、二五頁）。
(29) 「実久卿記」天保九年一二月二六日条など。なお吉書御覧とは、年始など定まった日に儀礼的な文面の吉書をみる儀式で、内裏・仙洞・東宮御所・摂家などで行われた。光格上皇の仙洞御所では、毎年一月三日に行われていた（第III部第1章参照）。
(30) 「実久卿記」文政一〇年九月八日条。修学院は後水尾天皇が開いた比叡山西南の離宮。光格は文政七（一八二四）年に霊元院以来となる御幸を行い、以後毎年のように御幸した（第III部第1章参照）。なお奉行には一人の重複もなく、回り持ちであったと推測できる。
(31) 「実久卿記」文政一一年九月二六日条。
(32) 「鷹司政通記草」文政七年一二月二八日条。関白鷹司政通の日記。書陵部所蔵。以降、「政通記」と略称。
(33) たとえば天保八（一八三七）年一月には、京都町奉行上京（一〇日）、正月の御礼参上の交名（一三日条）、東使上着日限（一九日）、伺候公卿を東照宮例幣使とした報告（一四日）、皇女降誕・献上品の日限伺い（二七日）などが、武家伝奏から院伝奏へ通知された。逆に院伝奏から武家伝奏へは、年頭に東下する院使（一月一五日）、御幸の日取（四月二六日）、幕府へ出す女房奉書の表現の伺い（七月一日）などが出されている。
(34) おのおの、「実久卿記」天保三年三月一〇日条・同年一一月二九日条・天保七年八月二日条。
(35) 前盛化門院（後桃園院后、関白准三宮・近衛内前の女）の般舟三昧院における法事のみ三例あるが、これらについてはいわゆる一三仏事などには該当せず、また実久が奉行か代参をつとめた場合のみ「実久卿記」に記載があることから、般舟三昧院で毎年行われていた法事ではないかと思われる。
(36) 御服幷御剣奉行（「実久卿記」文政二年一二月二八日条、天保九年九月一七日条）、御剣奉行加勢（同文政二年九月七日条）を確認。
(37) 禁裏において評定に対応する議奏にも、補佐として議奏加勢があった（武部前掲論文、五六三頁など）。
(38) 「実久卿記」天保八年一〇月二七日条、「資愛日記」天保八年一〇月二一日条など。
(39) 「橋本実久日記」天保一二年九月二七日条。移管された史料については、拙稿「近世朝廷における公日記について」（田島公編『禁裏・公家文庫研究　第四輯』思文閣出版、二〇一二）で検討した。

(40)　一〇〇年ほど前だが、「雲上当時抄」には「評定衆禁裏御所ノ議奏衆ト同ジ」とある（平井誠二翻刻、『大倉山論集』二六、一九八九、一六三頁）。禁裏御所の議奏、院御所の評定、皇嗣御所の三卿は同様の役職であると認識されていたようである（第II部第2章参照）。

(41)　橋本義彦『平安貴族社会の研究』（吉川弘文館、一九七六）・『平安貴族』（平凡社、一九八六）、美川圭「関東申次と院伝奏の成立と展開」（『院政の研究』臨川書店、一九九六）による。なお後嵯峨院政以前には、上皇の国政関与は太政官など従前の国政機関を動かすことでなされ、院庁組織は上皇の家政機関にすぎなかったとされる。

(42)　たとえば除目叙位について、天皇の命で光格上皇の意向を関白政通が伺った例（「政通記」文政七年六月二日条）があり、また文政一〇年、徳川家斉が異例の太政大臣昇進を遂げた際、関白政通は光格上皇の意向をもうけて活動していた（小野前掲論文五一頁、藤田前掲論文）。

第III部　擬古的職制の整備と朝廷儀式

第1章　近世朝廷の「院司」について

はじめに

第Ⅰ部・第Ⅱ部では、主として番衆制を基盤とするような近世朝廷の機構について検討してきた。第Ⅲ部ではかわって近世朝廷の形式的な制度や儀礼面に着目する。本章では、近世の仙洞御所における形式的な職制である「院司」の体系を事例に、近世朝廷において展開した儀礼の世界について検討したい。

院司は、中世には院庁を構成し、仙洞御所などの運営にあたった存在の総称で、執事や執権、別当などがあった。近世の仙洞御所においても、院司が存在した。本章では、補任や職務が詳しくたどれる光格上皇の時期を中心に、その他の上皇の御所についてもあわせて付記する形をとり、近世の院司のあり方について明らかにしてゆく。

やや結論を先取りしていえば、形式的な任命の儀式が行われるだけであったものが、やがてわずかながら儀礼上の職掌をもつものとして、継続的な補任が行われるようになる。

なお、『皇室制度史料』(1)などでは、「院司」の語を院御所に参仕する人員の意で用いる場合がみられるが、本書では後述するような執事・執権・別当など固有の名称をもつ役職の体系のみを院司と呼ぶこととし、前章までで触れたような番衆や役人については院司とは呼称しない。また、原則として堂上公家を対象とし、地下の院司については扱わない。

一　近世の「院司」の補任と種類

近世に上皇となったのは、後水尾院・明正院・後西院・霊元院・東山院・中御門院・桜町院・後桜町院・光格上皇の九名であるが、うち後西院を除く上皇については、院司をおいた記録がある。

堂上公家に関する同時代の基本的な名鑑として知られる『公卿補任』が、公卿の院司については在任者を年ごとに、殿上人の院司は新任公卿の職歴の欄に就任時の官位などを載せており、おのおのの補任状況を知ることができる。

しかし、継続的な補任状況を確認できるのは、後桜町院・光格上皇という最後の二上皇であり、それ以前については、譲位後に初めて補任した段階の一覧がほぼ知りうるすべてである。後水尾院から桜町院まで、譲位後に最初に任じられた六位蔵人以上の院司を表18①・②に示した。『公卿補任』を基本とし、信頼しうる同時代史料が得られる場合にはこれによって示した。この表をみると、明らかな官位相当の原則があり、史料によりやや異同もあるが、ほぼ同様の名称によりつつ任命がなされ、人数が増加する傾向がみてとれよう。

やや詳しくみると、四位以上は別当、五位・六位は判官代と総称される。さらに別当のうち公卿（参議ないし三位以上）は執事・執権・厩別当などの呼称が冠される。また判官代のうち六位のものは原則的に六位蔵人がつとめている。また四位の別当・五位の判官代のうち一名ずつは現任の蔵人があてられていることがわかる。東山院までは、四位の蔵人（蔵人頭）が「年預」との称号を帯びており、中御門院からはこの呼称が五位の蔵人に移っている。中御門院のとき、最初の一律の補任では蔵人が兼ねる四位別当はおかれず、少し遅れた享保二〇（一七三五）年三月閏三月七日、前蔵人（二月二四日辞）の柳原光綱が四位別当に補された。彼は約一ヵ月後の四月四日に蔵人頭となっている。この時に五位判官代の蔵人広橋兼胤が年預とされ、以後の例となったのであろう。遅れて院司となった柳原光綱は、官職

表 18①　桜町上皇までの譲位直後の院司―四位以上（別当）

	院執事	院執権	院御厩別当	院別当	別当（四位別当）		
後水尾	三条西実条（内大臣・武家伝奏）	中御門宣衡（権大納言）	西園寺公益（権大納言）	—	勧修寺経広（頭弁）「年預」	園基音（頭中将）	—
明正	勧修寺経広（前権大納言）	—	西園寺実晴（前権大納言）	今出川経季（前権大納言・武家伝奏）	坊城俊広（頭弁）「年預」	—	—
霊元	鷹司兼熙（右大臣）	葉室頼孝（前権大納言）	今出川伊季（権大納言）	正親町三条実久（参議）	坊城俊方（頭弁）「年預」	—	—
東山	二条綱平（右大臣）	中院通躬（前権大納言）	正親町三条公光（権中納言）	中山兼親（参議）※年預とあり	甘露寺尚長（頭弁）「年預」	押小路実岑	—
中御門	久我惟通（内大臣）	花山院常雅（右大将・議奏）	徳大寺実憲★（権大納言）	阿野実惟★（参議）	柳原光綱（従四位，のち頭弁）	芝山重豊★	八条隆英★
桜町	久我通兄（権大納言・武家伝奏）	広橋兼胤（権中納言・議奏）	正親町三条公積（権中納言）	烏丸光胤★（参議）	坊城俊逸（頭弁）	四辻実胤★	三条西実称★

に任じた場合に類似した拝賀を、院御所のみではあるが行っている（史料編纂所蔵「光綱卿記」閏三月七日条）。点も注目しておきたい。

以上は各御所における最初の院司の補任とみられ、同じ日にまとめて補任されているが、一七世紀の院司については、継続的な補任をあまり確認できない。

最初の一斉補任以降の例としては、霊元院の厩別当として、西園寺致季が宝永六（一七〇九）年に任ぜられ、正徳三（一七一三）年八月一三日に再補されている（『公卿補任』「諸家伝」）のが初見である。正徳三年の時は、三日後に院厩別当として、霊元上皇の出家に参仕し、またそれに伴う太上天皇号の辞表を運んでおり(2)、このような特定の儀式のため、一時的に院司がおかれたもので、院司は常置ではなかった可能性が高い。

中御門院・桜町院は、いずれも譲位後数年で没したが、その間に継続的な補任を行った形跡がある。中御門院の時は、享保二〇（一七三五）年一一月に蔵人兼の五位判官代広橋兼胤が蔵人頭に進むと、甘露寺規長が後任となった（宮内庁書陵部蔵「院中御日次」）。元文

表18②　桜町上皇までの譲位直後の院司―五位・六位（判官代）

	判官代						日付
	五位				六位		
後水尾	小川坊城俊完（蔵人左中弁）	—	—	—	土御門泰広（六位蔵人）	—	寛永6(1629).11.8（譲位日）
明正	—	—	—	—	小森頼季（六位蔵人）	—	慶安2(1649).7.28
霊元	烏丸宣定（五位蔵人）	—	—	—	伏原宣通（正六位上蔵人）	倉橋泰貞（六位蔵人）註1	貞享4(1687).3.21（譲位日）
東山	裏松益光（五位蔵人）	—	—	—	小森頼方（六位蔵人）	源仲学	宝永6(1709).6.21（譲位日）
中御門	広橋兼胤（五位蔵人）「年預」	錦小路尚秀★	伏原宣條★	—	慈光寺澄仲（六位蔵人）	丹波頼亮（六位蔵人）	享保20(1735).3.21（譲位日）※柳原光綱のみ閏3.7
桜町	日野西資興（五位蔵人）「年預」	勘解由小路資望	西洞院時名★	日野資枝	慈光寺澄仲	北小路俊民	延享4(1747).5.2（譲位日）

注1：倉橋については，故障で辞退したとの記録もある．
注2：（　）は官職など．★は院参衆であることを示す．
注3：出典は以下の通り．後水尾：『公卿補任』・「泰重卿記」，明正：『公卿補任』・「今出川家譜」，霊元：『公卿補任』・「勧慶日記」「俊広朝臣記」「伊季公記」，東山：『公卿補任』・「諸家伝」，中御門：『公卿補任』，桜町：『公卿補任』・「諸家伝」．

元（一七三六）年一月、花山院常雅が内大臣となるに伴い執権を辞し、御厩別当徳大寺実憲が執権に転じ、今出川誠季が新たに御厩別当に補されている。また、同年末に四位別当の芝山重豊が従三位に進むと、翌年東久世通積が新たに四位別当に補されている（『公卿補任』「東久世家譜」）。桜町院の時は、五位判官代西洞院時名が、寛延元（一七四八）年に従四位に叙されるとともに、この時従三位に進んだ三条西実称の後任として四位別当に転じている（「通兄公記」一月一三日条）。

確定はできないものの、当初の院司は、太上天皇となったことに付随して、院庁の職員としての院執事以下の院司を形式的に補任したもので、官位の上昇などに際しても特に後任をおくこともなく、いかなる実質もなかったのではないかと推測される。それが霊元院の時代に、儀礼的な職務などの実質が生じ、中御門院・桜町院の時には継続的な補任がみられるようになるのであろう。

最後の二上皇、後桜町院と光格上皇については、継続した補任を確認でき、就任に際しては院御所で拝賀を行うことが一般的にみられるようになる。おのおのの院司の補任状況を、公卿・殿上人に分けて表19・20に示した。桜町院の時期にみられた役職を基本的には踏襲する形で、院司がおかれていたことがわかる。四位別当の一名を蔵人頭から選ぶことが、後桜町院の初期にはみられないことがやや異なっている程度である。名称はいずれも中世以来のもので、執事・執権・厩別当が各一名、別当二名、四位別当三名、判官代五名（一名は年預）という構成であった（以降はこの分け方を用いる）。官職の累進に伴い、院司の中で昇進していく事例も、特に蔵人が兼ねる院司においてみられるようになっている。

また院司は、前章までで触れたような役人・番衆という番編成からみると、実際に勤番するのも仙洞御所である者と、実際は禁裏御所などに配属されている者に分けることもできる。表18をみると、中御門院・桜町院の段階で、一部の院司が院参衆であることが確認される。光格上皇の段階では、役職ごとに明瞭に分かれており、蔵人が兼ねない四位別当・五位判官代は伺候衆であった。すなわち、仙洞御所に通う者は執権・四位別当・五位判官代で計二〇名、その他は執事（摂家大臣）・御厩別当・四位別当（蔵人頭兼）・年預判官代（蔵人兼）・六位判官代（六位蔵人兼）で、計二二名が就任したが、重複は四名のみ、また就任者が双方にまたがる院司は別当のみで、基本的に両者は分かれていた。

ほぼすべての補任状況を明らかにできる光格上皇の院司について、その就任者のうちわけを一応検討しておく。光格上皇の院司に就任した公家についてまとめた表21〜25を参照して、まず全体の傾向についてみると、光格の伺候衆・両役、後桜町院の院参衆・両役・院司、およびこれらの子弟が大半であることがわかる。伺候衆や両役と同様、光格との個人的なつながり、あるいは仙洞御所における経験が、人事に反映されていたといえる。

また院司については家柄も重要な選出基準であった。まず公卿院司の顔ぶれをみると（表21）、執事は摂家大臣、

表19① 後桜町上皇の院司（公卿）

年号		役職（公卿）					
元号	西暦	院執事	院執権	院厩別当	院別当		
明和7	1770	東宮傅11.24-	11.24-	11.24-	11.24- 正親町三条実同		
〃 8	1771		広幡輔忠	四辻公亨	-7.27辞 7.28- 橋本実理		
安永元	1772	鷹司輔平			-2.14任権中納言 2.14院宣(洞裏儀)-		
〃 2	1773			-1.24辞			
〃 3	1774		-12.25辞 12.25院宣(洞裏儀)-	1.24-			
〃 4	1775		西園寺賞季 -後12.11任内大臣	徳大寺実祖	阿野実紐		
〃 5	1776		後12.11院宣(洞裏儀)-				
～	～						
天明6	1786		久我信通		-7.26辞・没 8.13-		
〃 7	1787	-3.1関白 3.2- 近衛経熙			姉小路公聴 -5.26任中納言 6.1-		
〃 8	1788						
寛政元	1789				六条有庸		
〃 2	1790					8.19-	
〃 3	1791	-11.28辞 12.4-	-11.28内大臣 12.4-			正親町公明	
～	～						
〃 10	1798	二条治孝	勧修寺経逸（権大納言）	-7.19内大臣 7.19-			
～	～						
享和3	1803		-10.13辞大納言 10.25任大納言-	四辻公万 -1.23辞		-10.22辞 10.27任中納言-	
～	～			2.2-			
文化5	1808			徳大寺公迪			-4.7還補院別当
～	～						
〃 8	1811		広橋胤定	-7.25辞 8.10-		正親町実光	庭田重能
〃 9	1812			久我通明			
〃 10	1813						

注：『公卿補任』により，裏松謙光・葉室頼熙「洞裏儀」等で補った．

表19②　光格上皇の院司（公卿）

年号		役職				
元号	西暦	院執事	院執権	院廐別当	院別当	
文化14	1817					
〜	〜	鷹司政通	花山院家厚	徳大寺実堅	庭田重能	四辻公説
文政6	1823	3.21				
〃　7	1824	二条斉信				-6.7 6.7-
〜	〜					
天保2	1831				-12.19	坊城俊明
〜	〜				12.19-	
〃　11	1840	（賜御服）	（賜御服）		広橋光成	

注：日付は『公卿補任』による．

執権・廐別当は清華家の大納言、別当は権中納言以上の内々衆であり、また全員が旧家の出であった。おおむね後桜町院の院司の子弟であるが、特に執事の鷹司政通・二条斉信、廐別当の徳大寺実堅は、祖父か父が同じ院司をつとめていた。摂家である執事以外は在位中の近習小番で、そこから家柄（家格および経験の蓄積）によって選んだとみられる。摂家大臣である執事は伺候小番には含まれず、逆に執権の花山院家厚は終始伺候衆の第一席であった。廐別当と別当については、伺候衆・内院両役など所属が変化しており、特に定まってはいなかったらしい。

頭弁四位別当は（表22）、内々・旧家・名家の頭弁が兼ねるのが原則で、また八名中四名が議奏・武家伝奏にいたっており、これも一部の上層公家がなる院司であったといえる。頭弁就任と同時に四位別当を兼ねる場合は従四位下で、先任の蔵人頭が新たに四位別当を兼ねる場合は正四位上で就任した。公卿（原則として正四位上参議）に上ると退任している。

内々衆・旧家が独占する頭弁四位別当に対し、伺候衆の四位別当（表23）はそれ以外の家の羽林家が主で、正四位下の近衛次将である伺候衆がつとめ、公卿になると退任している。

年預判官代（表24）は、内々・旧家・名家の蔵人が兼ね、正五位下蔵人で就任し、従四位下頭弁となって退任するのが原則であった。五名中、後桜町院年預の子弟が四名、光格の近習も四名おり、職務経験の蓄積・光格との結びつきがともに勘案されたとみられる。

表 20①　後桜町上皇の院司（殿上人）

年	院司（殿上人） 四位別当（蔵人頭）	四位別当（近衛府）		判官代 年預	判官代（五位）		
明和 7	（不置）	11.24-	11.24-	11.24- 烏丸光祖 -10. 3 従四位下	11.24- 東坊城益良 -3.24 従四位下	11.24-	
〃 8		芝山持豊		10. 3 -	3.24-	樋口宣康	
安永元			石山基陳			-1. 9 従四位下	
〃 2				裏松謙光	外山光実	1. 9 院宣(洞裏儀)- 岩倉家具	
〃 3		-1. 5 従三位					
〃 4		1. 5 -		-9.26 従四位下 9.26-			
〃 5			-1. 5 従三位			-1. 5 従四位下	
〃 6		綾小路俊資	1. 5 -		-1. 5 従四位下	1. 5 - 万里小路文房	
〃 7				葉室頼熙	1. 5 -	-1.10 蔵人	
〃 8		-1.19	飛鳥井雅威			1.10- 高辻福長	
〃 9		1.24 院宣(洞裏儀)-				-6.24 従四位下	
天明元				-12.14 従四位下頭	下冷泉為訓		
〃 2			-1. 5 従三位	12.14- 万里小路文房			
〃 3		岩倉家具	1.10-	-7.18 没 7.22-		?	
〃 4				坊城俊親	-1.14 従四位下		
〃 5				-8.17 従四位下頭 8.22-			

〃 6						9.30-	
〃 7		-1.5従三位		清閑寺昶定			
〃 8				（弁官補任）			
寛政元				-5.22従四位下頭 5.24-	?		
〃 2	8.19-	西四辻公碩		広橋胤定			
〃 3	勧修寺良顕		裏辻公理			日野西延光	
〃 4	-10.27参議 年預11.2-			-11.2四位別当 11.2-			
〃 5		-4.6没 5.3-					
〃 6	広橋胤定			柳原均光	1.8-		
〃 7		阿野公倫			梅小路定肖		
〃 8	-4.24参議 年預5.11-			-5.11四位別当 5.11-			
〃 9	柳原均光			葉室頼壽			
〃 10		-2.30従三位 3.2（家譜）-	-5.15参議 判官代5.27-	-5.13従四位下 5.16-（判官代如旧）	-5.27四位別当 5.27-	-5.15蔵人・近習，16年預	1.8（家譜）-
〃 11	-3.16参議 3.22-	姉小路公春			藤谷為脩 -1.5従四位下		
〃 12				日野西延光	1.13-		
享和元		-11.3辞・没（家譜）					
〃 2	烏丸資董	12.2-		-2.27従四位下 2.24-	大原重成		
〃 3		庭田重能	梅小路定肖				押小路実茂

年	院司（殿上人）四位別当（蔵人頭）	院司（殿上人）四位別当（近衛府）	院司（殿上人）四位別当（近衛府）	院司（殿上人）判官代 年預	院司（殿上人）判官代（五位）	院司（殿上人）判官代（五位）	院司（殿上人）判官代（五位）
文化元	-4.1参議 4.16(別当如旧)-	-4.16蔵人頭・近習 4.19-					
〃 2				万里小路建房	-1.26従四位下 2.7- 平松時門		
〃 3	庭田重能 (頭中将)				-1.18従四位下 1.22- 池尻定孝		-2.7叙従四位下 2.13-
〃 4		岩倉具集			-1.4従四位下 2.13- 交野時雍		橋本実久
〃 5	-3.10参議 4.7-				-1.17従四位下 4.7- 七條信元 -1.5従四位下		-1.17従四位下
〃 6	鷲尾隆純		-1.4従三位				
〃 7	(頭中将)	-12.21従三位	1.17院宣(定静)-	-2.5従四位下 2.15院宣(定静)-			
〃 8		12.22-					
〃 9					三室戸緝光		藪実嗣
〃 10	-5.11参議 6.8院宣？(定静)- 今城定成 (頭中将)	橋本実久	野宮定静	中御門経定			

注：『公卿補任』『地下家伝』『諸家伝』，各家の家譜・「定静卿記」による．退任はおおむね推定により，官位昇進の日付を入れた．

伺候衆の判官代（表25）は、主に羽林・外様・新家の、五位の伺候衆（官は多様）が兼ね[3]、従四位下に昇ると退役している。後桜町院年預の子で光格在位中の近習が二、残りは伺候衆の子弟で、やはり光格との結びつきと経験が反映されている。

六位判官代は、以上とは異なり地下の家の職で、六位蔵人がつとめていた。順に「極﨟」（最上席）になっており、常時四名いる六位蔵人のうち上席二人が兼ねたことがわかる。

院司が番衆としては仙洞御所に通う者と禁裏御所に通う者に分けられることは前述したが、禁裏御所に参番しながら院司を兼ねた堂上、および公卿院司は、すべて摂家か旧家の内々衆であった。それ以外の家の者、また蔵米取り新家のような下層の堂上がなったのは、伺候衆がつとめる殿上人の院司のみである。家格による差異がみられ、詳細は未検討ながら、院司をつとめることによる名誉や利益を、一部の上層公家が独占する仕組みであったと推測される。

二　近世の「院司」の職掌

1　蔵人が兼ねる院司と文書事務

蔵人が兼ねる院司は、院宣を執筆する場合があった。明星山三室戸寺の開帳の際である。享保二一（一七三六）年二月、三室戸寺で開帳を行いたい旨が聖護院宮から中御門上皇に言上され、幕府の了承を得て開帳が行われることになった。この一連のやりとりは、中御門上皇の院伝奏難波宗建の日記に記されているが、その中に次のような記事がある。

【史料1】

一、今日私宅へ　聖護院宮坊官招寄、内〻宮御願候三室戸寺開帳ニ付　院宣被出候事申上候処、其節可被出之由

表20②　光格上皇の院司（殿上人）

年	役職：四位別当（兼蔵人頭）	四位別当（伺候衆）	四位別当（伺候衆）	五位判官代：年預	五位判官代（伺候衆）	五位判官代（伺候衆）	五位判官代（伺候衆）
文化14	3.22- 坊城俊明		3.22- 豊岡治資	勧修寺経則	3.22-	3.22-	
文政元				-12.9従四位下			
〃2	-8.19参議 8.21-		-1.4従三位 1.18-	12.18-			
〃3	勧修寺経則					日野西光暉	
〃4	-3.21参議 3.27-	櫛笥隆起	上冷泉為全	葉室顕孝			
～	広橋光成						
〃7	-4.26参議 年預5.18-		-10.7従三位 10.15-	-5.18四位別当 5.18-		（7.5蔵人・近習，判官代如元院宣，家譜）	8.21-
～	葉室顕孝			柳原隆光		※この間禁裏参仕	
〃10	-5.27参議 年預6.19院宣-	-7.22没 7.25-	六条有言	-6.19四位別当 判官代6.19院宣-	裏松恭光	-6.19年預	藤谷為知
〃11		橋本実久					
〃12			-6.3従三位 6.19-				
天保元	柳原隆光		高野保右 -12.15従三位	日野西光暉			
〃2	-12.10参議	-3.18参議 6.4-	12.19- 大原重徳 -12.19従三位				

〃3	12.19- 庭田重基 -1.27 参議	正親町実徳	12.19- 六条有容	3.3 従四位下	（3.22 蔵人，23 近習）-7.15 年預		-1.11 従四位下
～	2.18- 万里小路正房 -12.3 従三位						1.15- 倉橋泰聰 -6.28 従四位下
〃6				判官代 7.15- 裏松恭光	7.15- 高松保実 -11.19 去		
～							
〃9							7.16 院宣- 高野保美 -11.19 去
〃10	12.19 院宣- 烏丸光政						
〃11							

御沙汰候旨申含候事、

此儀先日被　仰出了、尤従宮内〻依被願也、

（東京大学史料編纂所蔵「宗建卿記」田中本・享保一一年二月二一日条）

記主宗建が、三室戸家の本山にあたる聖護院宮の坊官を招き、三室戸寺開帳につき院宣を出すとの上皇の意思を伝えている。これは宮の内々の願いによるものであったという。四月一一日、院宣の日付・宛所などが評定に指示されたが、奉者は「院司柳原頭弁奉之由」すなわち蔵人頭・四位別当柳原光綱が執筆することになった。具体的な文面について、次のような記録がある。

【史料2】

宇治三室戸寺本尊依御願開帳事、（中御門）院宣書下之、去二日院宣也　去正徳四年四月二日院宣、頭左中将基香朝臣書下、案如此也、于

時宛伽耶院前大僧正了

表21　公卿院司の就任者

役職	名	官途	新旧	小番	近習	伺候	就任時官職	その他の院関係役職	備考
院執事	鷹司政通	摂	旧	×	×	×	右大臣		のち関白．祖父輔平は後桜町院執事
	二条斉信	摂	旧	×	×	×	右大臣		父治孝は後桜町院執事
院執権	花山院家厚	清	旧	内	○	○	権大納言・右大将	番頭	不動の一番番頭．「伺候第一」
院御厩別当	徳大寺実堅	清	旧	内	○	○	権大納言	番頭	はじめ伺候衆，文化14. 12. 21以降は内両役．祖父実祖，父公迪は後桜町院厩別当
院別当	四辻公説	羽	旧	内	○	○	権中納言	番頭，評定	女は小上臈（細井）．祖父公亨は後桜町院院伝奏，父公万は同厩別当
	庭田重能	羽	旧	内	○	○	権中納言	番頭	後桜町院院参衆・四位別当・院別当．祖父実煕は同評定
	広橋光成	名	旧	内	○	○	権中納言	四位別当（兼頭），番頭，評定	のち内両役．祖父伊光は後桜町院評定，父胤定は同年預・頭弁四位別当・執権
	坊城俊明	名	旧	内	○	×	権大納言	四位別当（兼頭）	のち内両役．父俊親は後桜町院年預

注：典拠は，表16に同じ．

宿紙
明星山三室戸寺本尊、依御願自来
十七日開帳之事、可令下知給者、
院宣如此、以此旨可令申入聖護院
宮給、
仍執啓如件、
四月二日
左中弁光 ――（傍注）「綱」
謹上住心院権僧正御房

（『憲台記』『皇室制度史料 太上天皇 三』一一八頁）

宛所の住心院は、聖護院の院家である。前段の説明によると、霊元上皇の時、正徳四（一七一四）年に蔵人頭園基香が同様の院宣を書いているという。このことは柳原紀光の『続史愚抄』にも載せられているが（四〇七頁）、園基香は特に院司であったわけではないようである。また『続史愚抄』によれば元禄には東山天皇の勅裁として開帳が行われた由であり、院宣が出される例は

表22　四位別当（頭弁）の就任者

名	家柄			近習	就任	退任	その他の院関係役職	備考
	官途	新旧	小番		官	官		
坊城俊明	名	旧	内	○	(正四上頭弁)	正四上参議	院別当	のち議奏・武家伝奏．父俊親は後桜町院年預
勧修寺経則	名	旧	内	○	正四上頭弁	正四上参議	判官代年預	祖父経逸は後桜町院執権，父良顕は同頭弁四位別当．経逸女は上臈(権中納言)
広橋光成	名	旧	内	○	正四上頭弁	正四上参議	番頭，院別当，評定	祖父伊光は後桜町院評定，父胤定は同年預・四位別当(兼頭)・院執権，のち内両役．院参衆を経験
葉室顕孝	名	旧	内	○	従四下頭弁	正四上参議	判官代年預	父頼壽は後桜町院年預．祖父顕煕女は典侍(督典侍，親王・皇子・皇女あり)
柳原隆光	名	旧	内		従四下頭弁	正四上参議	判官代年預	父均光は後桜町院年預・四位別当(兼頭)．その女は小上臈(常盤井)
庭田重基	羽	旧	内		正四上頭中将	正四上参議		重能の子
万里小路正房	名	旧	内		従四下頭弁	従三参議		建房の子．のち議奏・武家伝奏
烏丸光政	名	旧	内		正四下頭弁	(正四上頭弁)		のち議奏．父資董は後桜町院四位別当(兼頭)

注1：家格は，本田慧子「近世の禁裏小番について」(『書陵部紀要』41，1990）による．
注2：典拠は，表16に同じ．

霊元院から、蔵人を兼ねる院司が執筆する例は中御門院から始まったと推測される。次の桜町院の時には年預日野西資興が、後桜町院の時には年預裏松謙光が、ほぼ同様の文面の院宣を書いており、中御門院の例が定着したようである(4)。

このほか、院司の任免についても、蔵人が兼ねる院司が院宣を執筆している。光格上皇の厩別当徳大寺実堅の日記「実堅公記」(史料編纂所所蔵)に、次のような記事がある。

【史料3】

自花山院大納言(院執権家厚)預達切紙記左

文政二年八月廿一日

経則朝臣(勧修寺)

為別当

右院宣

顕孝(年預葉室)奉

達于権中納言(別当庭田重能)訖

表23　四位別当（伺候衆）の就任者

名	家柄			近習	就任	退任	その他の院関係役職	備考
	官途	新旧	小番		官	官		
豊岡治資	名	新	外		（正四下右兵衛佐）	従三非参議		絵師？　祖父尚資は後桜町院院参衆・評定
櫛笥隆起	羽	新	内	○	（正四下少将）	（正四下右中将）		退任は病没による
上冷泉為全	羽	旧	外	○	従四上侍従	従三非参議		為則の子
六条有言	羽	旧	外		正四下権中将	従三非参議		曽祖父有栄は後桜町院評定，祖父有庸は同評定・院別当，父有家は同院参衆
橋本実久	羽	旧	外	○	正四下権中将	正四下参議	番頭，評定,院伝奏	後桜町院院参衆・判官代・四位別当
高野保右	羽	新	内		正四下権少将	従三非参議		祖父保香女（園基理猶子）は上臈（新大納言）
大原重徳	羽	新	内	○	正四下権少将	従三非参議		重成の子
正親町実徳	羽	旧	内		正四下権中将	（正四下権中将）		のちに議奏．祖父公明は後桜町院別当，評定，院伝奏．父実光は同院別当
六条有容	羽	旧	外		正四下侍従	（正四下権少将）		有言の子．のち議奏

注：典拠は，表22に同じ

（文政二年八月二一日条）

頭弁四位別当の任命について、年預の奉じた院宣が出され、またその旨が公卿院司の間で廻達されたことがわかる。「実堅公記」にはほかにも大江俊常の六位判官代任命についてほぼ同形式の切紙が載せられており（文政二年一一月一〇日条）、また六位判官代大江俊矩による「公私雑日記」（文化七年一〇月二二日条、『古事類苑　官位部三』一二一三頁）には、六条有言の四位別当（伺候衆）任命について、ほぼ同形式の切紙をもう一人の六位判官代から廻達され、年預の柳原隆光に返却したという記事がある。年預判官代、五位判官代についてはこうした史料はないが、『公卿補任』をみると、日野西光暉の職歴（第五篇、四二九頁）に「為年預（院宣）」とあり、また高野保美の職歴（第

表24　判官代（年預）の就任者

名	家柄			近習	就任	退任	その他の院関係役職	備考
	官途	新旧	小番		官	官		
勧修寺経則	名	旧	内	○	正五上蔵人権右中弁	従四下頭弁	頭弁四位別当	祖父経逸は後桜町院執権，父良顕は同頭弁四位別当．経逸女は上臈（権中納言）
葉室顕孝	名	旧	内	○	正五上蔵人権右中弁	従四下頭弁	頭弁四位別当	父頼壽は後桜町院年預．祖父顕煕女は典侍（督典侍，親王・皇子・皇女あり）
柳原隆光	名	旧	内		正五上蔵人権右中弁	従四下頭弁	頭弁四位別当	父均光は後桜町院年預・四位別当（兼頭）．その女は小上臈（常盤井）
日野西光暉	羽	旧	外	○	正五上蔵人権右少弁	従四下頭弁	判官代	父延光は後桜町院判官代（院参衆）・年預
裏松恭光	名	新	外	○	正五上蔵人左兵衛権佐	（正五上左少弁）	判官代	のち議奏．祖父謙光は後桜町院年預

注：典拠は，表22に同じ．

五篇、五六六頁）に「為院判官代（院宣）」とあり、院司の任命については、いずれも院宣を出すという手続きによったことがわかる。また当人への通達をみると、

【史料4】

午刻斗、可為別当　院宣之旨、
年預自光暉（日野西）以消息被告、畏奉了、文躰続左

可為別当
院宣候、珍重存候、仍早ニ申入候也、恐〻謹言
七月二五日　光暉
〆　橋本中将殿　光暉

（「実久卿記」文政一〇年七月二五日条）

やはり「院宣」との文言が用いられるが、より通常の書状に近い形式で通達がなされたことがわかる。

こうした院宣を奉じているのは、管見の範囲ではすべて「年預」と呼ばれる、蔵人が兼ねた院司であった。年預を任ずる場合について、光格上皇の年預であった葉室顕孝の別記「光格上皇院中儀留」(5)をみると、頭弁兼の四位別当坊城俊明が執筆した院宣が渡されており（文政元年一二月一八日条）、蔵人が兼ねる院司がやはり執筆して

表25　五位判官代（伺候衆）の就任者

名	家柄 官途	家柄 新旧	家柄 小番	近習	就任官	就任官	その他の院関係役職	備考
日野西光暉	羽	旧	外	○	正五下勘解由次官	従四下頭弁	年預判官代	父延光は後桜町院判官代(院参衆)・年預
裏松恭光	名	新	外	○	従五上左兵衛権佐	(正五上左少弁)	年預判官代	のちに議奏．祖父謙光は後桜町院年預
藤谷為知	羽	新	外		従五上丹波権介	従四下右権少将		為脩の子
倉橋泰聰	半	新	外		従五上丹波権介	従四下右馬頭		泰行の子
高松保実	羽	新	外		従五下備中権守	(正五下備中権守)		公祐の孫
高野保美	羽	新	内		従五下左衛門佐	(正五下左衛門佐)		保右の孫．曾祖父保香女(園基理猶子)は新大納言(上臈)

注：典拠は，表22に同じ．

いたとわかる。葉室の「光格上皇院中儀留」や、後桜町上皇の年預であった裏松謙光・葉室頼熙が記録した、いずれも「洞裏儀」と題された史料が宮内庁書陵部に伝来しているが、いずれも公卿・殿上人・地下の院司の任免に関する院宣を発給した記事がいくつも載せられており、少なくとも後桜町上皇以降においては、蔵人が兼ねる年預が、院司を任免する院宣を執筆していたようである。中御門院・桜町院の事例では、こうした任免自体が少なく、明らかではない。

これらの院宣は、幕府の許可を踏まえた上で開帳を荘厳化するための形式的な発給や、仙洞御所の形式上に近い役職である院司の任免に関する発給であり、実際の上皇の意向を伝える文書ではないが、こうした儀礼的な文書について、蔵人が兼ねる院司が執筆する慣例が形成されたと思われる点に注目したい。

それ以外の職務としては、年預判官代が仙洞御所の人事に関わる役割を果たしているのが目立つ。

前述したように、年預は殿上人の院司の任命に際し、上皇の意思をうけて院宣を発行し、院司にその旨の廻状（院宣の形式）を回していた。院伝奏在任中の「実久卿記」をみると、烏丸光政が四位別当に任ぜられる前日に、

【史料5】

参殿下（関白政通）、令会給、申入有子細、此次示給、光政（烏丸）朝臣被補院別当旨、昨日　仰承給、明日可仰
年預（裏松恭光）示給、承了　昨日予（院伝実久）・藤谷前相公（同為脩）等退出、令参院給云々

（天保九年一二月一八日条）

とあり、上皇の言葉を年預が直接うけるのではなく、関白・院伝奏が伝えたことがわかる。

また、橋本実久が院伝奏をつとめた時期の「実久卿記」をみると、地下の院司の任命に際しても上皇の命は年預へと伝えられている。上北面（天保一〇年四月二六日条）、主典代（天保六年三月一六日条）、随身（天保九年九月二五日）、下臈随身代（天保一〇年一一月一日条）などの例がみられるが、いずれも上皇の命は関白から院伝奏へ、院伝奏から年預へと伝えられている。

また、院司の任免以外の例もみえる。

【史料6】

十三日
下北面三上尾張介(6)・松波兵庫助(7)等来、申文持参云々、記左
（申文・家例・勘例略）
予参　内中、家僕へ頼置了、但景文例書之躰不可然之間、後日右之通令書改了
十七日
右両人申文、武伝内見、次内覧(8)、職事付訖、及披露、但民部少丞競望、披露了

院伝不及内見、但上北面・下北面等ハ不及内見、自余者院伝内見之事、院御随身於有内見、皆以伺　御気色也、但上下北面等ハ兼而従彼奉行被伺　御気色、仍院伝不及内見也

（「光格上皇院中儀留」文政一一年正月項）

仙洞御所に参仕する地下役人である下北面の官位申文が、記主である年預葉室のもとに提出され、年預が文面を正し、さらに武家伝奏・関白（通常は院伝奏も）の内見を経てから、常御殿での披露を行う（位記が作成される）という手順である。

「実久卿記」をみると、光格上皇の伺候衆である橋本実久は申文を年預あるいは頭弁四位別当に提出し(9)、同じ蔵人から申し渡されており、地下役人も含め、禁裏御所から与えられる官位を申請する場合は、院司を兼ねる蔵人が受付となっていたことがわかる。

前述したように、年預は禁裏御所で人事事務を扱った蔵人の兼帯であり、仙洞御所の人事は、関白・蔵人という禁裏機構の関与を経なければならない仕組みであったと考えられる。

2　その他の院司の職掌

蔵人が兼ねない院司の場合、その活動の事例はそれほど多くはない。まず、その職掌を詳細に知ることができる、光格上皇の時期について述べる。

史料上にみられる院司の活動は、仙洞御所による儀式の運営・参加がその大半を占める。儀式に関わった院司をまとめた表26～28を参照しながら、おのおのについてみると、まず公卿院司については、摂家大臣が兼帯する院執事はまったくと言ってよいほど登場せず、それ以外の院執権・院厩別当・院別当はみな同様の役割をつとめている。主なものとしては年頭の吉書御覧における上卿、修学院離宮御幸における後騎など(10)があり、また院四方拝においても一名

が側に控えていた（「実久卿記」文政二・六・八・一〇・一二、天保元・二年で確認）。

頭弁兼帯の四位別当は、ほとんど院司として働いた例がなく、殿上人の院司が全員で回り持ちしたとみられる修学

表26　年頭行事の奉行

行事	院四方拝		吉書御覧			
役	奉行	奉行の役職	奉行	奉行の役職	上卿	上卿の役職
文政元	豊岡治資	四位別当	—	—	—	—
〃 2	櫛笥隆起	四位別当	—	—	—	—
〃 3	上冷泉為全	四位別当	櫛笥隆起	四位別当	庭田重能	院別当
〃 4	櫛笥隆起	四位別当	上冷泉為全	四位別当	四辻公説	院別当
〃 5	上冷泉為全	四位別当	—	—	—	—
〃 6	櫛笥隆起	四位別当	—	—	—	—
〃 7	上冷泉為全	四位別当	櫛笥隆起	四位別当	庭田重能	院別当
〃 8	六条有言	四位別当	—	—	—	—
〃 9	櫛笥隆起	四位別当	六条有言	四位別当	坊城俊明	院別当
〃 10	六条有言	四位別当	—	—	—	—
〃 11	?	—	?	—	?	—
〃 12	橋本実久	四位別当	—	—	—	—
天保元	高野保右	四位別当	橋本実久	四位別当	坊城俊明	院別当
〃 2	橋本実久	四位別当	大原重徳	四位別当	徳大寺実堅	院厩別当
〃 3	正親町実徳	四位別当	六条有容	四位別当	広橋光成	院別当
〃 4	六条有容	四位別当	正親町実徳	四位別当	花山院家厚	院執権
〃 5	正親町実徳	四位別当	六条有容	四位別当	徳大寺実堅	院厩別当
〃 6	六条有容	四位別当	六条有容	四位別当	坊城俊明	院別当
〃 7	六条有容	四位別当	六条有容	四位別当	花山院家厚	院執権
〃 8	六条有容	四位別当	六条有容	四位別当	広橋光成	院別当
〃 9	六条有容	四位別当	正親町実徳	四位別当	徳大寺実堅	院厩別当
〃 10	正親町実徳	四位別当	六条有容	四位別当	花山院家厚	院執権
〃 11	六条有容	四位別当	正親町実徳	四位別当	広橋光成	院別当

注：「実久卿記」による.

表27　修学院離宮御幸の奉行・後騎

年　月　日	奉　　行	奉行の役職	後　　騎	後騎の役職
文政7. 9. 21	葉室顕孝	年預判官代	徳大寺実堅	院厩別当
〃　8. 10. 22	櫛笥隆起	四位別当	花山院家厚	院執権
〃　9. 3. 23	六条有言	四位別当	庭田重能	院別当
〃　9. 10. 17	柳原隆光	年預判官代	坊城俊明	院別当
〃　10. 9. 21	橋本実久	四位別当	徳大寺実堅	院厩別当
〃　11. 3. 23	日野西光暉	年預判官代	徳大寺実堅	院厩別当
〃　12. 3. 26	裏松恭光	判官代	坊城俊明	院別当
〃　12. 9. 14	高野保右	四位別当	徳大寺実堅	院厩別当
〃　13. 後3. 16	藤谷為知	判官代	花山院家厚	院執権
天保2. 10. 17	大原重徳	四位別当	徳大寺実堅	院厩別当
〃　3. 3. 23	万里小路正房	頭弁四位別当	広橋光成	院別当
〃　4. 3. 10	正親町実徳	四位別当	花山院家厚	院執権
〃　6. 4. 7	倉橋泰聰	判官代	花山院家厚	院執権
〃　7. 4. 7	六条有容	四位別当	徳大寺実堅	院厩別当

注：「実久卿記」による.

表28　仙洞御所による法事の奉行

年　月　日	対　　象	回	場　　所	奉　　行	奉行の役職
文政2. 10. 2-3		7回忌	洞中	葉室顕孝	年預判官代
〃　8. 10. 2-3		13回忌	洞中	?	?
〃　12. 10. 2-3	後桜町院	17回忌	洞中	日野西光暉	年預判官代
天保2. 12. 3		?	般舟三昧院	大原重徳	四位別当
〃　8. 10. 2-3		25回忌	洞中	六条有容	四位別当
文政11. 10. 2-3			泉涌寺	六条有言	四位別当
〃　5	後桃園院	50回忌	般舟三昧院	橋本実久	四位別当
〃　7-8			洞中	日野西光暉	年預判官代
〃　13. 11. 9		?	般舟三昧院	橋本実久	四位別当
文政10. 10. 12		?	般舟三昧院	橋本実久	四位別当
〃　11. 10. 12		?	般舟三昧院	橋本実久	四位別当
〃　13. 10. 12	盛化門院（後桃園后）	?	般舟三昧院	橋本実久	四位別当
天保3. 10. 8		50回忌	泉涌寺	六条有容	四位別当
〃　10-11			洞中	裏松恭光	年預判官代
〃　5. 10. 12		?	般舟三昧院	正親町実徳	四位別当

注：「実久卿記」による.

院御幸の奉行（表27）が一例、その供奉が一例（「実久卿記」文政一〇年九月二一日条など）あるのみである。これに対し伺候衆がつとめる四位別当は、年頭の院四方拝・吉書御覧のすべて（表26）、修学院御幸は最多の七回（表27）、法事は大半の一〇回（表28）奉行をつとめており、仙洞御所による諸行事の奉行の主な担い手であったといえる。さらに伺候衆の四位別当は、堂上公家の奏慶の際には開門・警衛・申次などの手配を六位判官代・院蔵人に命じ（例多し）、所司代・高家などの武家が参院する際には申次をつとめる（文政一二年二月一二日、天保七年二月二日など）など、やや日常的なものまで含め、仙洞御所の行事や儀式を運営する主体であった。

判官代についてみると、修学院離宮御幸については、禁裏へ通う判官代、伺候衆の五位判官代がともに三例ずつ奉行をつとめているが、年預がその他に法事、特に仙洞御所で行われた法事を奉行しているのに対し、五位判官代は他にさしたる職務の例がみられない。六位蔵人が兼帯する六位判官代は、こうした奉行を担った例はなく、奏慶における手配、対面における披露など、儀式に関わる雑務を担っていたようである。

以上のような儀式に関わるものが院司のつとめの大半であったとみられる。

これ以前の上皇の院司については、詳しく検討することができないのであるが、院四方拝（第III部第2章で述べる）、仙洞鎮守への参拝供奉や代拝（第3章で述べる）、院奏といった、仙洞御所における儀式に名がみえることが多い。そうした中で、院司の位置づけを示すと思われる一例をあげておく。本章第一節で掲げた、後桜町上皇の院司一覧（表19・20）をみると、寛政二（一七九〇）年八月一九日、院伝奏正親町公明が新たに院別当に、蔵人頭勧修寺良顕が四位別当に、いずれも増員の形で補されている。この両名は、こののち寛政度造営で成った仙洞御所への移徙の際に奉行をつとめており（史料編纂所蔵・正親町公明「院御所事」）、院司への補任はこれを見越しての処置とみて間違いないだろう。ここから、上皇に関する大規模な儀礼を管掌する奉行は、院司であるべきとの発想をみてとることができよう。

おわりに

以上、光格上皇の時代を中心に、近世における「院司」について述べてきた。これらは近世朝廷の人的な編成上、固有の位置を占めたわけではなく、両役・小番などの近世朝廷機構のもとに編成された公家が兼ねるものであった。当初はおそらく上皇となるのに際して院司を補すという形式のみがとられ、役職としての継続性や実質はなかったものが、おそらく霊元院の時代にある程度儀礼との関わりが生まれ、これをうけて次代の中御門院以降では継続的な補任が志向されたのであろう。実際には中御門・桜町と短命の上皇が続いたが、後桜町院・光格上皇の御所においては継続的な補任を確認することができる。

その職掌は、基本的に仙洞御所に関わる、儀礼的なものに限られた。特に注目すべきものとしては、蔵人が兼ねる院司が形式的な院宣を執筆し、また仙洞御所の人員の官位叙任手続きにも関与していたことを示した。

以下、論点と課題をまとめて本章のむすびとしたい。

論点の一つ目は、近世朝廷の秩序の中での院司の位置である。院司の任免には、官位相当の原則が明らかにみられ、拝賀を行い、『公卿補任』に記載されるなど、律令官職・令外官などの体系とよく似た性格がみてとれる。これと対照すべき体系として、近世朝廷には本書が特に着目してきた番衆制とそれに付随する役人・奉行の制度があるが、これとは一応原理的に異なる体系を形成していた。むろん、光格上皇の時代について詳しくみたように、家格の階層性や、関白・蔵人の関与するところは大きく、また最終的に番衆制とも対応した補任原則が確立したように、近世朝廷の機構にあくまで沿っていた。

二つ目は、「再興」という概念との関係である。院司について、直接に「再興」との文言が用いられる例は未見であるが、本来はほぼ間違いなく、上皇にまつわる旧例の再興であったであろう。しかし、上述したような番衆制とも連同した「院司」の厳密な体系は、近世朝廷において形成された部分が大きいと思われる。当初は中世以前の例を意識して補任がなされたが、次第に先例が蓄積されていき、実質的な意味をそれほどもたないために、非常に固定的な秩序を形成するにいたったと思われる。一般的な問題としていえば、近世朝廷においては「再興」は大きな説得力をもつ大目標であったが、その内実はかつての朝廷の再現とは限らず、近世的な特質をもった、鍵括弧つきの「再興」である点に、あらためて注意する必要があろう。

課題としては、中世の院司に対する近世の公家の理解、院が関わる儀礼の事例を追い切れていないなど、実証上の積み残しは多々あるが、具体的には二点のみあげておきたい。

一つ目は、中和門院に付けられた「女院司」と、その後の上皇の院司との関係である。これは、本書第Ⅰ部で論じた、一七世紀初頭の朝幕関係と朝廷機構という点に関係する問題である。後水尾院の母中和門院には、近世の女院として唯一、女院司が付けられた。元和六（一六二〇）年六月一日に決められたのは、別当に阿野実顕・中院通村・烏丸光広、四位別当に冷泉為頼、判官代に五条為適・土御門泰重という顔ぶれである[11]。以降の女院には院司はおかれなかったから、これはかなり特殊な事例である。この直後の徳川和子の輿入れとの関連はどのようなものであったか。また、のちに後水尾院が譲位、和子が女院東福門院となった際、和子には女院司が付されず、後水尾院の院司がおかれたのはなぜであろうか。

二つ目は、明正上皇の院司が設置された時期の問題である。これは本書第Ⅱ部および次章と関連するが、天皇・院の「政務」の時期区分と関連する問題である。他の上皇は、譲位に際して院司をおいたが、明正上皇のみは、『公卿補任』によれば[12]譲位後六年が経過した慶安二（一六四九）年であった。ただちに院司がおかれなかったことは、近世で院司を確認できない唯一の上皇である後西院が、明正院と同じく中継ぎの天皇であったことと合わせ考えると理解できるように思われるが、では慶安二年には明正上皇の地位にどのような変化があったのか。これは院司をおくことが、単に太上天皇となることのみを象徴するものでないことを示す問題であろう。

注

（1）宮内庁『皇室制度史料　太上天皇』一―三、吉川弘文館、一九七八―八〇。
（2）「院中番衆所日記」「光栄卿記」正徳三年八月一六日条、『皇室制度史料　太上天皇一』一三九・一四〇頁。出家に際しては、他にも判官代・主典代の名がみえる。
（3）例外的に日野西光暉は、蔵人となり禁裏小番へ付けられた（宮内庁書陵部蔵「鷹司政通記草」文政七年七月五日条）後も判官代であったが（『公卿補任』第五篇、四二九頁、「実久卿記」文政七年九月四日条、同九年三月二三日条）、一ヵ月後には伺候衆の藤谷為知が新たに判官代に任ぜられた（図4参照）。こののち、光暉が年預となるまでの間、五位判官代が一時的に三名に増えており、あくまで例外的な処置とみるべきだろう。
（4）「日野西資興日記」（『桜町天皇実録』五巻、九五三頁）、裏松謙光「洞裏儀」。裏松は、先例として日野西が書いた文面を入手しており、先例が踏襲される様が窺える。
（5）宮内庁書陵部所蔵。原表題は「院中儀　判官代年預顕孝」。葉室顕孝による拝賀記事を中心とした御用留。横半帳一冊。
（6）秦景文。正六位下右衛門大尉兼尾張介。
（7）藤原光邑。正六位下兵庫助。
（8）蔵人が勅使として五摂家を廻り、「勅問人数」と呼ばれる現任大臣たちの了解を得る。
（9）天保二年一二月一日、申従三位、年預日野西光暉。同三年五月二〇日、申兼但馬権守、頭弁万里小路正房。なお、中文の記載がなく口宣のみの場合は、他の蔵人からも来ている。
（10）表26・27参照。吉書御覧の「上卿」は、奉行が奏じた吉書を一覧して上皇に渡す役。修学院御幸の「後騎」は、行列にあって上皇の輿の後を固める役（他の堂上院司・伺候衆は輿に先行する）。
（11）「泰重卿記」『皇室制度史料　后妃五』三二六頁。なお阿野・烏丸・土御門らは後水尾天皇の「御伽衆」とされる近臣であった（母利美和「禁裏小番内内衆の再編――後水尾天皇側近衆の動向」『日本史研究』二七七、一九八五）。
（12）当該期の『公卿補任』について史料批判を行う必要があるが、『公卿補任』上にそのように表現されたこと自体が重要である。

第2章　天皇・上皇の四方拝と「政務」

はじめに

第1章では、近世朝廷における儀礼的な役職の体系である院司について論じたが、本章および次章では、具体的な儀式・年中行事をとりあげて検討する。

本章で扱うのは、四方拝である。[1] 四方拝は恒例年中行事の冒頭に位置する行事で、古代以来近世まであまり断絶せず続けられていた。[2] 近世では、特に貞享五（一六八八）年の霊元上皇の院四方拝再興が、上皇による「政務」、すなわち「院政」[3]を象徴するものとして当時の公家に言及されていることが指摘されており、[4] 近世朝廷における実質的な編成・秩序と関連づけながら朝儀を検討する格好の題材である。「院政」との関わりの他では、高埜利彦が近世朝廷の祭祀が整理した中での言及などがあるが、[5] 近世における実態や意義についてはいまだ詳細な分析はなされていない。

また、仙洞御所の年中行事については従来あまり知見がないが、[6] 当時の年中行事の記録をみると、[7] 四方拝は数少ない天皇・上皇がともに行う儀式である。[8] 従来ほとんど検討されていない上皇の儀礼上の位置、近世朝廷における「院政」の実態解明の上でも有効な素材である。[9] 以下、第一節で次第や挙行状況など基礎的な事実を明らかにし、第二節で近世朝廷において四方拝のもった意味を検討する。

一　近世における四方拝の概要

1　近世における拝礼の特色

本章では近世朝廷における禁裏・院四方拝のあり方を整理する。まずは四方拝の基本的な儀式次第を、近世にも権威をもった儀式書「内裏儀式」[10]「江家次第」[11]など（以下、「古儀式書」と呼ぶ）から確認しておこう。

元旦の寅刻、庭上に三座を設けて周囲に屏風を立て廻らせ、「出御」[12]した天皇が、

①[13]「嘱星御拝御座」に着座して属星の名を七回唱え、北辰を再拝して呪文を唱え、

②「四方御拝御座」に着座して天（北）・地（北西）・四方（東南西北）を再拝し、

③（父母が没している場合）「山陵御拝御座」に着座して山陵（二陵）を両段再拝、還御する。[14]

中国の皇帝祭祀の影響が明らかである一方、日本独自とされる所作も混在する複雑な儀式で、成立過程と儀式次第の分析をめぐっては主に古代史の立場からさまざまな論考がある。[15]本書は近世を対象時期とするのでこの議論には深く立ち入らず、①の拝礼は天皇個人、②の拝礼が天子として、③の拝礼が父母のための拝礼とされていることを紹介[16]するにとどめておく。

これをもとに、近世における四方拝の式次第を検討してみよう。各年の四方拝の準備・挙行を担った奉行たちによる別記類[17]が多数残っているが、これらから近世も天皇・上皇ともに御所の庭上に同様の三座を設けていること、[18]出御・遷御に伴う所役には、蔵人所衆の再興などに伴い若干の異同があるが、古儀式書の類と比して大きな変化はみられないこと、などが確認できる。

次に儀礼としての四方拝の本来の中核部分である、天皇・上皇自身による拝礼についてみよう。拝礼の次第につい

ては、天皇・上皇間で相伝される例のほか、関白が有職の公家に諮問して次第を作進したケースがある（後述）[19]が、所作自体は屏風内で行われるため、量的に豊富である奉行の別記を含め公家たちの日記には基本的に記載されず、わずかな事例から検討するしかない。以下にいくつかの例を掲げる。

【史料１】

笏之図細字之間爰ニ記

①先端笏北向、拝属星南無貞文子　七返

次再拝、咒曰、賊寇之《ソクコウシ》中《チユウ》　過度《クワド》我《ガ》身《シン》、毒魔之中ゝゝ《クワド》ゝ《ガ》ゝ《シン》、毒《ドク》気之中ゝゝゝゝ、毀厄《キヤク》之中ゝゝゝゝ、五《ゴ》鬼《キ》六害《ロクガイ》之中ゝゝゝゝ、五兵口《ゴビヤク》舌《ゼツ》之中ゝゝゝゝ、魔《マ》魅　呪咀《シヤクシユソ》之中ゝゝゝゝ、万病《マンビヨウ》　除愈《ジヨユ》所欲随心《シヨヨクズイシン》、急《キウ》ゝ如律令《ニヨリツリヤウ》、

②次北向拝天　再拝、西向再拝、北向再拝、

③次於南座向山陵、毎段再度拝

山階・後山階陵・崇徳・後鳥羽・吉野宮・先朝（正親町）

此分笏紙之写也

（「後陽成院宸記」[20]慶長七年元日条）

慶長七（一六〇二）年の四方拝の際、後陽成天皇が笏に貼った覚書（笏紙）を自ら控えたものである。②の部分に座を移り四方を拝むという記載がなく、また③の拝礼の後に、山階陵（天智天皇）・後山階陵（醍醐天皇）などの山陵や南朝を拝む、皇統を強く意識した所作が加わっている。古儀式書の次第とは大きな差違が認められる。

続いて、一九世紀における同様の笏紙をみよう。

【史料２】

御呪文

①属星文曲星　七反、次再拝、咒曰、賊寇之中過度我身、毒魔之中過度我身、毒気之中過度我身、毀厄之中過度我

身、五鬼六害之中過度我身、五兵口舌之中過度我身、厭魅呪咀之中過度我身、万病除、愈所欲随心、急々如律令、次向巽 太神宮 幷向乾 内侍所、各両段再拝、②次東座、天 北・地 乾・東南西北 各再拝、③次南座 南面、山階 天智・田原 光仁・柏原 桓武・深草 仁明・後山階 醍醐・大原 後鳥羽・先帝（後桃園）・先后（盛化門院） 各両段再拝

右　光格天皇御譲位後御笏紙也、近世御在位中御咒文不分明、暫闕如

（「恒例公事録[21]」「四方拝」項所引）

光格上皇が院四方拝の際用いた覚書の写しであるという。②の拝礼は古儀式書通りになっているが、①の北斗の属星を拝む次第の後に、伊勢神宮・内侍所を両段再拝するという所作が加わり、また③ではやはり天智天皇以下の山陵多数を拝んでいる。

続いては、史料2とほぼ同時期の、天皇の式次第をみる。

【史料3】

四方拝事

中殿東庭敷御座 三所、雨儀弓場

刻限着御〻束帯 黄櫨染

次入　御于御屏風之内、蔵人献御笏

①先着御西御座端御笏北向

称御属星名 七遍

次再拝

次呪文

次伊勢 巽

次内侍所
　各両段再拝
次②移御東御座 有御茵
次天 北
次地 乾
次四方 東南西北
　各再拝
次③移御南御座
次向御山陵 南
　両段再拝
（挿入）「御父母御現存之時不可有御拝、或不設御座」
事終、（抹消）「開御屏風」還御

（宮内庁書陵部所蔵「四方拝之事並勘物」）

文政九（一八二六）年の仁孝天皇の初度出御に備え、勘案・作成された式次第である。[22] ①には史料2と同様に伊勢神宮・内侍所を拝む所作が入っている。一方③の所作は両段再拝一度のみで、歴代の山陵を含んでいない。③については挿入行にあるように、父母が現存の場合に挙行すべきか否かは議論があり、光格上皇は簡単な拝礼は行うべきとの見解を述べたが、[23] 結局③は座のみ設けて拝礼はなされなかった。[24]

以上三例の次第をみたが、古儀式書にみえる次第に付け加わった部分として、二点を指摘できる。一つ目は③の部分で父母に加えて歴代の山陵に拝礼する点（史料1・2）、二つ目は①の部分で伊勢神宮および内侍所に拝礼する点（史料2・3）、である。

一つ目については、本来父母の山陵に拝礼する部分である③において、近世では桓武朝以来の伝統である天智系を重視する皇統意識[25]が強調されている場合があったといえる。ただし史料1・2の間に位置づけられる東山天皇の四方拝では、古儀式書に従い父母の健在を理由に③の座を設けておらず[26]、また史料3においても同じ理由で拝礼は行われず、史料1・2における拝礼対象は一致せず、近世を通じ一貫していたとはいえない。

二つ目の新たな拝礼のうち伊勢神宮への拝礼に関しては、はやく一四世紀の花園上皇の日記に、文永六（一二六九）年深草上皇以来の院四方拝の作法としてみえている[27]。中世の段階で、天皇と上皇で①の所作に差違が生じており、史料2に関してはこれを踏襲し、さらに内侍所を加えている。更に史料3においては天皇の四方拝にもこの挙作が含まれており、近世のいずれかの時点で、院四方拝の所作が天皇の四方拝へも加えられるようになったと考えられる。

以上あげた具体例はごくわずかなもので、中世・近世を通じた大きな変化や、天皇・上皇個人の個性をここから論ずることは困難であり、より多くの事例を集め検討することが必要である。ただしわずか三例の次第の間でもかなりの異同があることから、近世の四方拝における拝礼は、時代状況や天皇・上皇個人の嗜好により比較的柔軟に変化しえたこと[28]、また改変の内容からみて、本章の対象となる時期の天皇・上皇にとって、四方拝は皇統を意識・再確認する場であったことが指摘できる。一条兼良「公事根源」は天地四方拝を年災を祓い宝祚長久を祈願するものとみるが[29]、近世の拝礼も、こうした位置づけを強化する内容をもっていた。

なお、摂家以下の公家も四方拝を行うことがあったが、その次第はかなり異なるものであった。一例をあげる。

【史料4】

早旦寅一点、浴湯、着衣冠（衣装略）、次着庭上座其催如例於寝殿南階下拝之

①先向北、跪唱属星名七遍（星名略）、再拝、次向同方、称咒文、再拝見次第、②次拝天乾、次拝地坤、次拝四方東南

西北、③次拝大将軍東、次拝王相東、次拝天一、次拝太白東、次拝竈神北、已上再拝、次拝伊勢両宮・内侍所・石清水・賀茂上下社、次拝稲荷（霊元院）・春日加若宮・大原野・日吉・梅宮加若宮・吉田・祇園・北野・多武峰加若宮・上御霊・猿田彦・太田・天中柱皇神・天道別皇神等、次拝惣神南、已上両段再拝也

（「兼香公記」[30]元文三年元日条）

天皇・上皇の四方拝のような三座を設けず、天地に続いて③で山陵ではなく陰陽道系の諸神・諸社に拝礼するなど、儀式次第に大きな差異がある。「江家次第」には別個の項目として「関白四方拝」「庶臣儀」があげられており、その次第とここにみえる次第は大まかにはほぼ同じ構成であり、他の近世の堂上公家の四方拝もこの次第をほぼ踏襲している[31]。天皇・上皇の四方拝は、近世においても、中世以前と同様、摂家以下のそれとは一線を画していた。

2　代拝の不可

他の天皇自らが行う拝礼（「毎朝御拝」「臨時御拝」など）では、神祇伯白川家か、白川家から伝授をうけた摂関[32]が事情により代拝することがあった。これらに対し、四方拝は代拝が行われないことが知られている[33]。この点について、摂家と白川家の見解をみてみよう。

【史料5】

参御前（中御門）、内〻仰云、四方拝無出御之時御代拝如何之由御不審有之、此事申関白（近衛家久）之処、仰云、四方拝無出御之時不及御代拝、其故者天地四方并山陵等御拝也、依之伯職不勤之歟之由也、以此旨翌三十日参御前言上之了

（「難波宗建卿記」[34]享保一五年一二月二九日条）

記主である議奏難波宗建を介した中御門天皇の諮問に対し、関白近衛家久[35]は四方拝の代拝は不要とし、関白自身が代拝しないことについては特に説明もしていない。「天地四方ならびに山陵等の御拝である」という理由は趣旨が明

瞭でないが、「そのため神祇伯が勤めないのだろう」と述べていることから、要するに白川家が担うような神祇祭祀ではないためと説明していると理解できよう。その白川家は四方拝をどうみていたか。

【史料6】

一、当家不四方拝事、四方拝之事、自天子至諸臣家〻有此事、於当家者、古来記録等無所見、凡此拝者、非神祭、年星・属星・祖廟等拝之、仍元旦・早旦不勤之、只早旦始遥拝者乎
忠富王者、十八神道・四方拝等被行之、子孫不為例云々
（雅喬王「家説略記」[36]）

近世初期に白川家の神道説を整理した白川雅喬によれば、白川家は忠富王を例外として、そもそも伝統的に四方拝を行わないという。守護星や祖廟を拝むもので「神祭」ではないという四方拝の理解は、史料5に通じるものがある。四方拝は宗教的儀礼ではあるが、白川家・吉田家を主軸とする神祇祭祀とは一線を画すとする理解は、武家伝奏・院伝奏らの日記にもみえ[37]、近世朝廷で共有された理解であったとみられる[38]。

3　近世における挙行状況

近世における挙行状況を表29に示した。注目すべき点としては、女帝であった明正院・後桜町院は在位中・譲位後とも一度も出御していないこと[39]、また不出御が増大する傾向があることがみてとれよう。

享保一六（一七三一）年の段階では、一度出御を行わないだけで関白に代拝の可否を糺す（史料5）ほど、出御・不出御は重要な問題とみなされていたが、後桃園天皇は、摂政近衛内前の復辟後、初めて出御するまでに六年を要している[40]。光格天皇は精勤ぶりをみせるものの、仁孝・孝明天皇は初度の出御が遅れ、また出御しない年が増える。この意味するところはまったく不明であり、その他の天皇による行事の状況などと合わせて考える必要があろう[41]。

小　括

座などの構成は古儀式書にみえるものが踏襲されたが、拝礼部分においては古儀式書と異なる所作が散見される。事例が少なく本格的な検討はできないが、天皇・上皇の独自性が比較的柔軟に発揮できた可能性がある。屛風で閉ざされた空間内での所作であり、廷臣らに視覚的効果を及ぼしたとはいえないが、伊勢神宮・内侍所・歴代山陵などを拝しており、天皇・上皇の意識の上では皇統への意識を確認する場であったと推定される。

近世朝廷内で広く認知される部分についてみれば、摂関・神祇伯も代拝を行わず、天皇自らが行う拝礼の中でも特殊な位置にあった。また次第における臣下との差異が維持され、天皇・上皇が相伝する例がある(42)など、近世においても四方拝は天皇・上皇の地位を特徴づける儀式であったと考えられる。

二　近世の四方拝が表象するもの

1　近世「院政」の時期区分と「続史愚抄」

既述のように院四方拝は近世朝廷の秩序との関係について近世の公家により言及がなされていることが知られる。具体的には、貞享五（一六八八）年に院四方拝を再興した霊元上皇の時代に東園基量（霊元上皇院伝奏）・近衛基熙（左大臣）が、院四方拝と「政務」の所在について残した一連の記述である。

【史料7―A】

寅一点於仙洞（霊元）有四方拝、御治世之院先例如此、然而　後陽成院・　後水尾院等無御沙汰、　後小松以来御再興也、
珍重〻〻（後略）

（「基量卿記」(43)貞享五年元日条）

【史料7—B】
仙洞（霊元）有四方拝云々、御束帯出御云々、此事尋摂政（一条冬経）之処、後小松院以来無之云々、但当時無益之儀歟、可非可問有職人、惣而之事今般如有二主、勿言〻
（「基熈公記」(44) 貞享五年元日条）

【史料7—C】
政務事、向後主上（東山）可為沙汰由、院（霊元）被仰進、御成人之故也、誠珍重、諸臣之大慶也、向後関白（一条冬経）以下摂家中相談・言上、其上可有聖断由也
（「基量卿記」元禄六年一一月二六日）

【史料7—D】
仙洞（霊元）四方拝自今年被略、自旧臘主上（東山）御成長、政務以下被聞召、於仙院者諸事一向御安楽之御沙汰之間如此、珍重〻〻
（「基量卿記」元禄七年元日条）

霊元院の側近東園基量による記述によれば、院四方拝は政務を執る院が行うべき儀式であり（A）、東山天皇への政務委譲（C）に伴い、霊元院は院四方拝を行わなくなった（D）という。これはおそらく霊元院の認識であり、院

四方拝	
天皇	上皇
○	×
○	×
▲	○
○	○
○	×（非政務）
○	×
×（諒闇触穢）	×
×	×
○	×
▲	×
○	×
○	
○	
○	
○	○
▲（有御悩）	▲（不予）
▲（諒闇）	
○	
○	
▲	○
▲	▲（臨期）
▲（諒闇）	
○（初度）	
▲	
○	

表29　禁裏・院四方拝の挙行状況

年号	朝廷		四方拝	
和暦	天皇	上皇	天皇	上皇
慶長5・6			×(不予)	
〃 7～9			○	
〃 10	後陽成		×(不例)	
〃 11			○(雨儀)	
〃 12			×(不予)	
〃 13～15			○	
〃 16	3.21譲位 3.27受禅		×	
〃 17			○(仮殿庭上)	×
〃 18 ～元和3	後水尾	後陽成	○	×
〃 4			×(諒闇)	
〃 5 ～寛永5			○	
〃 6	11.8譲位 11.8受禅		×(御悩歟)	
〃 7 ～正保4	明正		×	×
〃 20	10.3譲位 10.3受禅		×	×
正保元～4			×	×
慶安元 ～承応2	後光明		○	×
〃 3	9.20没		○	×
明暦元 ～寛文2	後西		○	×
〃 3	1.26譲位 1.26受禅		○	×
〃 4～8		後水尾	×	×
〃 9 ～延宝6	霊元		○	×
〃 7			▲(諒闇)	×
〃 8		8.19没	○(雨儀)	×
天和元		霊元	▲(諒闇)	×

年号	朝廷	
和暦	天皇	上皇
〃 2 ～貞享3		
〃 4	3.21譲位 3.21受禅	3.21
元禄元～3		
〃 4～6	東山	
〃 7 ～宝永5		
〃 6	6.21譲位 6.21受禅	霊元
〃 7		
正徳元 ～享保元		
〃 2 ～享保15	中御門	
〃 16		
〃 17		8.6没
〃 18		
〃 19		
〃 20	3.21譲位 3.21受禅	3.21
元文元		中御門
〃 2		4.11没
〃 3	桜町	
〃 4 ～延享3		
〃 4	5.2譲位 5.2受禅	5.2
寛延元・2		桜町
〃 3		4.23没
宝暦元	桃園	
〃 2		
〃 3・4		
〃 5～11		

四方拝が再興された意図であったであろう。霊元院の政敵ともいうべき近衛基熙は院四方拝再興を評価しないが、その挙行が上皇による政務を意味するという認識は同様であるといえる（B）。

近世朝廷史に関する最も先駆的な研究のひとつに位置づけられる柳原紀光「続史愚抄」[45]の記述をみてみよう。

【史料8―A】

今暁有新院（霊元）四方拝、御政務上皇如斯、而後小松院後中絶云、後陽成院・後水尾院等無此儀者奉行院司葉室前大納言 頼孝、執権「〇長暦、公卿補任（中略）基量卿記（後略）」

（「続史愚抄」元禄元年元日条、二六八頁）

【史料8―B】

自今日主上（東山）御年十九聞食政務、是新院（霊元）被譲申故也「〇基量卿記（院伝奏東園）」

（「続史愚抄」元禄六年一一月二六日条、二九三頁）

【史料8―C】

無本院（明正）・新院（霊元）等拝礼 新院去冬被譲申政務之故被略也（中略）新院自今年被罷四方拝 依非御政務也、令参御鎮守社御云「〇長暦、公卿補任（中略）基量卿記（中略）尚房卿記」

四方拝	
天皇	上皇
○	▲
○	○
▲	○
▲	▲
○	▲
▲	▲
▲	▲
×カ	
▲	
○	
○	
▲	
○	
▲	
○	
▲	
○	
▲	
▲	
×カ	
▲	

表29　(つづき)

年号	朝廷		四方拝	
和暦	天皇	上皇	天皇	上皇
〃 12	7.12没 7.27践祚		○	
〃 13 〜明和6	後桜町		▲	
〃 7	11.24譲位 11.24受禅	11.24	▲	
〃 8 〜安永6	後桃園		▲	▲
〃 7			○(初度)	▲
〃 8	10.29没 11.25践祚		○	▲
〃 9		後桜町	▲(触穢)	×
天明元〜5			▲	▲
〃 6			▲(日食)	▲
〃 7 〜寛政5	光格		○	▲
〃 6〜8			▲	▲
〃 9 〜文化9			○	▲
〃 10		閏11.2没	▲	▲
〃 11			▲	
〃 12·13			○	
文化14	3.22譲位 3.22受禅	3.22	○	
文政元〜4			▲	○
〃 5	仁孝	仁孝	▲	▲
〃 6〜8			▲	○

年号	朝廷	
和暦	天皇	上皇
〃 9		
〃 10		
〃 11		
〃 12 〜天保4		
〃 5		
〃 6〜10	仁孝	光格
〃 11		11.19没
〃 12		
〃 13		
〃 14 〜弘化2		
〃 3	1.26没 2.13践祚	
〃 4 〜嘉永4		
〃 5		
〃 6	孝明	
安政元·2		
〃 3		
〃 4 〜元治元		
慶応元		
〃 2	12.25没	
〃 3	1.9践祚	
明治元	明治	

注1：主に『天皇皇族実録』「公卿補任」「続史愚抄」により，一部公家日記で補った．
注2：▒は上皇不在，○は出御，▲は座のみ設け不出御，×は座も設けないことを示す．

（『続史愚抄』元禄七年元日条、二九四頁）

院四方拝および政務委譲について、史料7の東園の記事を記述の典拠として採用していることがわかる。また「続史愚抄」は各巻の冒頭に天皇・院を列記するが、そこにはこの政務委譲の日付が付記されている[46]。

さて、「続史愚抄」はその他の院についても政務委譲の時期を示しており、これは現行の概説書や辞書などにみられる「院政」一覧表[47]にほぼそのまま踏襲されている。

この対応関係をまとめたのが表30であるが、これをみると、後水尾上皇から後光明天皇、後水尾法皇から霊元天皇、霊元法皇から中御門天皇への政務委譲は根拠が明示されず、日付も特定されていないことに気づく。おのおの「慶安元・二年の間か」「寛文九年ごろか」「享保二年ごろか」という大まかな時期比定がなされているが、「続史愚抄」本文の慶安元・寛文九・享保二年部分をみてみると、いずれの年も元日条に「有四方拝。『当代初度。』」とあり、天皇が政務を執るようになったと、「歟」と留保をつけながらも解釈されている年は、天皇が四方拝に初めて出御した年であるといえる。柳原紀光は「続史愚抄」を編むに際し、院四方拝や明瞭な政務委譲の記録がない時期については、明確な典拠がある霊元上皇の院四方拝と政務の関係を禁裏四方拝に援用し、禁裏四方拝の初度出御をもって天皇が政務を委譲された時期を推測したと考えられる。

しかし、史料7のような典拠をもつ院四方拝の場合はさておき、禁裏四方拝にも同様の意味をみてとることには問題はないだろうか。表29で元禄期をみると、院四方拝が院による政務を示していると考えられる霊元上皇の第一次「院政」期に、東山天皇もまた禁裏四方拝に出御していることがわかる。つまり禁裏四方拝と院四方拝は択一的な関係にはなく、禁裏四方拝への出御は必ずしも天皇が「政務」を執っていることを示すものではないとみられる。柳原紀光はこうした問題点を理解していたため、近世初期の政務委譲の時期については断定を避けた表現を用いたのであろう[48]。

柳原紀光の仕事に依拠した一覧は、必ずしも多くの研究の前提となっているわけではないが、簡便であるため辞書

表30 通説的近世「院政」一覧と続史愚抄

「院 政」 一 覧					続 史 愚 抄
上 皇	天 皇（年齢）	時 期 区 分		終了契機	
後水尾（第一期）	明正（7～21）	（始）	寛永6（1629）.11.8	後水尾院譲位	「御政務」院「後水尾院」(「明正天皇上」・同「下」 冒頭)／・「御政務 慶安元・二年間被譲申主上歟」本院「後水尾院，或称院」(「後光明天皇上」冒頭)
	後光明（11～16）	（終）	慶安元（1648）.ごろ		
後水尾（第二期）	霊元（10～16）	（始）	寛文3（1663）.1.26	後西院（中継）譲位	「御政務 自寛文九年比被譲申歟」法皇「後水尾院」(「霊元天皇上」冒頭)
		（終）	寛文9（1669）.		
霊元（第一期）	東山（13～19）	（始）	貞享4（1687）.3.21	霊元院譲位	「御政務 元禄六年十一月被譲申于主上」新院「霊元院，後称院」(「東山天皇中之上」冒頭)／・自今日主上「御年十九」聞食政務，是新院被譲申故也(元禄6.11.26条)
		（終）	元禄6（1693）.11.26	政務委譲	
東山	中御門（9）	（始）	宝永6（1709）.6.21	東山院譲位	「御政務」新院「東山院」宝永六年十二月十七日崩／「新院崩御後為御政務」院「霊元院，後称法皇」(「中御門天皇上」冒頭)
		（終）	宝永6（1709）.12.17	東山院没	
霊元（第二期）	〃（9～17）	（始）	〃	〃	
		（終）	享保2（1717）.		「御政務 享保二年比被譲申于主上歟」法皇「霊元院」(「中御門天皇中之上」冒頭)
中御門	桜町（16～18）	（始）	享保20（1735）.3.21	中御門院譲位	「御政務」院「中御門院」元文二年四月十一日崩(「桜町天皇上」冒頭)
		（終）	元文2（1737）.4.11	中御門院没	
桜町	桃園（7～10）	（始）	延享4（1747）.5.2	桜町院譲位	「御政務」院「桜町院」寛延三年四月廿三日崩(「桃園天皇上」冒頭)
		（終）	寛延3（1750）.4.23	桜町院没	
光格	仁孝（18～41）	（始）	文化14（1817）.3.22	光格院譲位	—
		（終）	天保11（1840）.11.29	光格院没	—

注：橋本「院政一覧」，『続史愚抄』による．

表31　禁裏四方拝の初度出御

天皇	即位		摂政復辟		四方拝初度出御		
	年	年齢	年	年齢	年	年齢	備考
後陽成	天正14	16	(摂政不置)	—	天正15	17	受禅の翌年
後水尾	慶長16	16	(摂政不置)	—	慶長17	17	受禅の翌年
明正	寛永6	7	(復辟せず)	—	(出御なし)	—	
後光明	寛永20	11	正保4	15	慶安元	16	復辟の翌年
後西	承応3	17	(摂政不置)	—	明暦元	18	践祚の翌年
霊元	寛文3	10	寛文8	15	寛文9	16	復辟の翌年
東山	貞享4	13	元禄2	15	元禄4	17	復辟の翌々年(元禄3は風気)
中御門	宝永6	9	享保元	16	享保2	17	復辟の翌年
桜町	享保20	16	(摂政不置)	—	元文元	17	受禅の翌年
桃園	延享4	7	宝暦5	15	宝暦2	12	
後桜町	宝暦12	23	(復辟せず)	—	(出御なし)	—	
後桃園	明和7	13	安永元	15	安永7	21	
光格	安永8	9	天明5	15	天明7	17	復辟の翌々年(天明6は日食)
仁孝	文化14	18	(摂政不置)	—	文政9	27	
孝明	弘化3	16	(摂政不置)	—	嘉永5	22	

注：表29による.

や通説書では好まれている。利用に際しては注意が必要である。

2　禁裏四方拝と天皇

では、天皇が四方拝に出御する年はどのような基準で決められていたのか。表31は、近世の天皇が四方拝に初めて出御した年を整理したものである。これをみると、桜町天皇までは摂政の存在[49]と明らかな対応関係にあることがわかる。摂政が存在する年は不出御、摂政が存在しなければ出御という関係にあるといえる。近世における摂政は、天皇が男性であれば一五歳に達するとその職を辞すのが通例[50]であるから、少なくとも桜町天皇までは、初めて四方拝に出御する年は、個別の事情によらず、事実上は天皇の年齢という機械的な基準によって決まっていたといえる。

禁裏四方拝の挙行は、摂政が代行はしないが摂政の存在と表裏の関係にあったのであり、実際の資質・能力はさておき年齢の上では成長したとみなされる（史料上の表現でいえば「幼主」ではない）天皇が行うべき公的・儀礼的な職務であったといえる。こうした職務と、史料7でいうような「政務」がズレをみせている点が注目される。

なお表31をみると、一五歳未満で出御しているのは桃園天皇の一例（宝暦二年、一二歳）の一例のみであるが、当該期は上皇不在・天皇幼少、五摂家も若年という特殊な時代状況にあったことが指摘されており[51]、前年の段階で摂政復辟を早め、天皇を職務に慣らそうとする動きが確認できる[52]。この前倒しの出御は、天皇に慣例より早い儀礼的職務の執行が求められた特異な時代状況を反映しているといえよう。

3　院四方拝と近世の「院政」

霊元院は上皇として朝廷運営を主宰する意欲をもち、他方で上皇ではなく摂関・武家伝奏らによる主導が幕府により強調された[53]。院は禁裏・仙洞の機構の整備を進めるが[54]、院政を制度的に確立しようとした意図は挫折する（第II部第1章）。こうした時代状況のもと、自身が朝廷運営を主導することを内外に象徴的に示すものとして、院四方拝が再興・挙行された[55]。

東山院の没後、霊元院は幕府との協調路線をとって再び朝廷運営を主導し、第二次院政期と呼ぶにふさわしい状況が続くが[56]、表29にあるように、この時期霊元院は四方拝の座すら準備していないことが注目される。上皇による「政務」の象徴としての院四方拝の位置は、早くもこの段階で揺らぎをみせているといえる[57]。

霊元院以降の上皇と政務のあり方については実証研究の蓄積が乏しいが、第II部第3章で桜町院を事例に、上皇が「院政」を行うとは、公的には主張できないという状況を紹介した。院が実質的に朝廷を主導することが簡単には実現しない一方、仙洞御所の機構の再興・整備は進展をみせ、院伝奏・評定（第II部第1章参照）や院司（前章）などの整備も進む。

表32　院四方拝の奉行（桜町上皇まで）

年	上皇	出	奉行	
元禄元	霊元	○	葉室頼重	頭弁
〃 2		○	今城定経	頭中将
〃 3		○	坊城俊清	蔵人
〃 4		○	坊城俊清	蔵人
〃 5		○	中御門宣顕	蔵人，※父諷諫
〃 6		○	坊城俊清	蔵人
元文元	中御門	○	柳原光綱	頭弁・四位別当
〃 2		▲	甘露寺規長	蔵人・判官代
寛延元	桜町	○	日野西資興	蔵人・年預判官代
〃 2		○	日野西資興	蔵人・年預判官代
〃 3		▲	四辻実胤	院参衆・四位別当

注：典拠は表29と同じ.

これらはいずれも、上皇が朝廷を主導した時代の機構・制度を、実態はさておき形式上「再興」したものであるといえ、やや大げさにいえば「形式的院政」ともいうべきものである。これに対し、上皇が朝廷運営を実質的に主導し、最終的な意志決定を行うようなあり方（史料7・8でいう「治世」「政務」）は、近世朝廷における「実質的院政」とでも呼びうるものであろう（もちろん範囲は朝廷にとどまるが）。

さて、院四方拝のその後の挙行のされ方をみると、特に院司が深く関わるようになることがわかる。表32は、霊元院から桜町院までの院四方拝の奉行の一覧であるが、以下のような変化がみられる。

a　院司・院参衆でない蔵人(58)……霊元院

b　院司の称号を帯びている蔵人……中御門院・桜町院の初め二回

c　院司の称号を帯びている院参衆（蔵人ではない）……桜町院の三回目

禁裏四方拝の奉行は幕末まで一貫して蔵人がつとめるが、aでは院四方拝も彼らが奉行していた。bにいたって院司の称号が条件となる。cにいたると蔵人でない、つまり禁裏四方拝を奉行する可能性がなく、番編成上も仙洞御所に配属された公家が奉行をつとめるようになる。後桜町院・光格上皇の場合では、基本的にすべて院参衆の四位別当がつとめており（光格上皇については表26参照）、cが以降の規範として定着したことがわかる。

また、儀式で直接所作を行わず院の周囲に候する者として、元禄二年元日には議奏の富小路永貞・三条実教が参院している（『基量卿記』）が、以降の時期にこうした例はない。

院四方拝は、当初は上皇による朝廷運営（「実質的院政」）を象徴するものとして再興されたが、次第に禁裏との関わりを薄くし、形式上整備・再興された機構が担う行事（「形式的院政」）へと、その性格を変化させ、仙洞御所内で完結するものとなったといえるのではないか。

小括

霊元上皇による再興当初、院四方拝は明らかに「院政」の象徴であった。柳原紀光「続史愚抄」はここから四方拝を政務の所在の標識とみなし、院四方拝が存在しない時期の政務の所在を、禁裏四方拝の挙行から類推した。しかし禁裏四方拝は（院による政務と択一的であるような）天皇による政務の象徴とはいえず、柳原の見解を基盤とする院政一覧の近世部分の利用には注意が必要である。近世の天皇は一五歳になると機械的に摂政が復辟し禁裏四方拝に出御した。禁裏四方拝は、近世の天皇の公的・儀礼的職務であったが、朝廷の運営実態を直ちに示すものではない。

いっぽう院四方拝は、院政期のものを形式上再興した仙洞御所機構が担う儀式へと性格を変化させていったとみられる。

おわりに

以上、近世朝廷における禁裏・院の四方拝を題材に、その実態・特色と、近世朝廷におけるその意味を検討した。内容については各章の小括でまとめたのでここでは繰り返さず、論点と課題を整理してむすびとしたい。

まず、近世朝廷の朝儀研究について。四方拝の全体的な構成は古代・中世からみて大きく変化はしないが、天皇・上皇による所作に踏み込むと大きな差異を見出すことができた。また性格づけや挙行状況の点からも変化がみられることを指摘した。本章ではわずかな事例しか扱えず差異の意味を十分に論じることはできなかったが、膨大かつ一見瑣末な近世の朝儀の分析からも、再興・復古や簡略化にとどまらない、近世朝廷の実態と変容を明らかにする手がかりが得られるという可能性は示せたのではないか。

次に、形式と実態の関係について。再興の際の院四方拝の性格づけの継承と変容が、本章で明らかにしたかった点の一つである。霊元院により実質的な朝廷運営と象徴的に結びつけられることで、単に形式的・形骸といって説明できない性格をもたされていた。本章ではその性格の変化を、仮に「形式的院政」「実質的院政」という作業概念を用いて把握しようと試みた。むろんはなはだ大雑把な整理であるが、おのおの固有の歴史的背景をもつ制度や儀式、自己規定が幾重にも重なって錯綜している近世朝廷の一局面を垣間みることができた。

次に、近世朝廷の時期区分について。本章では既存の一覧にかわるものを提示することはできなかった。ごく当たり前の方法であるが、既存の実証研究の成果を含め、後桜町上皇・光格上皇の位置の検討[59]、史料用語である「政務」の指す具体的内実の検討など、個別の分析を近世を通じて蓄積していった先に、より的確な時期区分が可能になるであろう[60]。上皇の朝廷運営への影響力は漸次的に縮小するもので、一括した委譲は原則的ではなく、「院政」と「親政」とは明瞭に区分はできない可能性もあるであろう[61]。近世における摂政の形式上・実質上の職務も実証的に検討しなければならない。

事例の更なる発掘・分析の蓄積は当然として、他にも課題は数多い。たとえば四方拝は古代に始まり、現代にいたるまで行われている儀式であり、通史的な観点からの比較・分析が必要であろう。近代に入ると拝礼の次第は抜本的に改められたことが知られる[62]。皇統に対する意識の強化、および神社を拝礼対象とする点では、傾向の萌芽を近世にみることができるかもしれない。

また本章の検討の範囲では幕府の四方拝観については触れることができなかった。江戸幕府の四方拝理解を示す史料を見出すことが現時点ではできておらず、財源の上では四方拝の下行米[63]はその他の恒例年中行事と同様、幕府から朝廷に供与された恒常財源のうちから支出され[64]、朝廷が遂行すべき基本的な儀式・行事のひとつに位置づけられていたといえる程度である。

注

（1）一部の先行研究では、毎朝御拝を「毎朝四方拝」と呼び、それに対するものとして「元旦四方拝」との呼称を用いているものがみられるが、近世史料上の呼称は前者は「御拝」、後者は「四方拝」で一貫しており、本章でもこれに倣う。
（2）三鬼清一郎「戦国・近世初期の天皇・朝廷をめぐって」（『歴史評論』四九二、一九九一）。
（3）「政務」「院政」などの語が指す内容は、近世においてはあくまで一社会集団である朝廷内部に留まる。本書では原義との紛らわしさを避けるため適宜「　」を付けて用いている。
（4）久保貴子「元禄期の朝廷」（『日本歴史』五二〇、一九九一、のち『近世の朝廷運営』岩田書院、一九九八）、山口和夫「霊元院政について」（今谷明・高埜利彦編『中近世の宗教と国家』岩田書院、一九九八、以下一九九八ａ）。
（5）高埜利彦「江戸時代の神社制度」（同編『日本の時代史一三　元禄の社会と文化』吉川弘文館、二〇〇三）。
（6）奥野高広『皇室御経済史の研究　後篇』（畝傍書房、一九四四）に簡単な紹介がある程度。
（7）松尾相尹「後桜町院仙洞年中行事」・「仙洞年中行事」（東京大学史料編纂所蔵写真帳、松尾家文書のうち）。松尾家は寛永期以来、相尹を含む非蔵人・上北面を輩出した家。文化一〇（一八一三）年および文政二（一八一九）年に、おのおの後桜町・光格上皇の仙洞御所における年中行事について記し、子の相将に与えたと奥書にある。
（8）「嘉永年中行事」（『増訂　故実叢書』第六回、吉川弘文館、一九二八）などと比較すると、共通する行事としては元日・端午・八朔など、季節に関連して対面・賜物などがある行事を除くと元旦の四方拝と拝礼程度しかない（次章参照）。
（9）山口前掲一九九五が提起。
（10）平安初期選。従来「内裏式」の補遺とされたが、西本昌弘「『内裏式』逸文の批判的検討」（『日本史研究』三七六、一九九三）で「内裏式」に先行するとの見解が示された。「江家次第」「公事録」などによれば、四方拝挙行の際には「式筥」に入れ座の傍らに備えられた。
（11）大江匡房撰。近世公家の座右の書のひとつ。

(12) 本来は「御」など敬意表現を含む語をそのまま用いることは避けるべきであるが、一部の史料用語については、煩雑さを避け、そのまま用いた。以下、「　」を付さない。
(13) 設けられる三つの座ごとに便宜上番号を付す。以下、この番号を論述に用いる。
(14) 藤原公任「北山抄」は、天地四方への「再拝」を「唐土風」、山陵への「両段再拝」を「本朝例」とする説を紹介する。
(15) 古代国家の形成過程とからめて成立時期を論じるものが主。有馬敏四郎「四方拝に就いて」「再び四方拝の起源を論ず」(『国学院雑誌』三一、一九二五)、所功「元旦四方拝の成立」(『名古屋大学日本史論集』上、吉川弘文館、一九七五、のち『平安朝儀式書成立史の研究』国書刊行会、一九八五)、井上亘「元旦四方拝成立考」(『日本歴史』五六六、一九九五)、清水潔「『元旦四方拝』成立考」(『神道史研究』四六、一九九八)など。
(16) 井上前掲一九九五。
(17) 烏丸光栄「四方拝申沙汰記」(享保二)・庭田重能「四方拝申沙汰雑誌」(文化二)・野宮定静「四方拝並吉書御覧奉行留」(文化八)・庭田重基「四方拝・元日節会申沙汰留」(天保三、以上宮内庁書陵部蔵)・「光綱卿記別記」享保廿一年院四方拝申沙汰記(史料編纂所蔵謄写本)先例部分など。
(18) 禁裏御所では清涼殿東庭、仙洞御所では弘御所南庭で行われた。
(19) 霊元上皇から中御門天皇、中御門上皇から桜町天皇へと伝授が行われた(蜂須賀家本「宗建卿記」享保二〇年一二月七日条)。
(20) 史料編纂所蔵謄写本。近衛家原蔵。
(21) 岩倉具視が発議、明治一〇—二〇年に中山忠能らが編纂した儀式書。朝儀の次第や関連文書の雛形、絵図を載せる。宮内庁公文書館所蔵。
(22) 外題には「文政八年十二月廿八日」「明元旦代始、仍御吟味次第注進案」とあり、竹屋光棣が鷹司家諸大夫(政通は時の関白)に宛てた披露状・勘文を含む。
(23) 史料3に先立つ文政八(一八二五)年一〇月、光格上皇は関白鷹司政通に対し「主上御父母御現存、自神武以来陵合御一拝可然」と、神武に連なる皇統を意識した見解を述べている(宮内庁書陵部蔵・鷹司政通「主上四方拝之事」)。
(24) 宮内庁書陵部蔵「鷹司政通記草」文政九年元日条。
(25) 服藤早苗「山陵祭祀より見た家の成立過程——天皇家の成立をめぐって」『日本史研究』三〇二、一九八七。

(26) 宮内庁書陵部蔵・烏丸光栄「四方拝申沙汰記」享保元年一二月二八日条。

(27) 「花園院宸記」元応二（一三二〇）年元日条。たとえば桜町院は、四方拝の先例としてこの宸記を参照している（「通兄公記」延享四年一二月二七日条）。

(28) はなはだしくは、幕末には両段再拝に伴い拍手があったとの談話も紹介されている（出雲路通次郎「四方拝の古儀に就いて」『大禮と朝儀　付 有職故実に関する講話』復刻版、臨川書店、一九八八〈成稿一九〇七、初版一九四二〉）。

(29) 井上前掲論文。

(30) 寛保・延享年間には関白をつとめた一条兼香の日次記。史料編纂所蔵謄写本。

(31) 関白の四方拝の例として「鷹司政通記草」、摂家大臣の例として「兼輝公記」「忠良公記」、それ以外の公家の例として「基量卿記」「柳原紀光日記」「国長卿記」などにみえる。最後に両段再拝する対象は公家により異なっており、本章の射程からは外れるが、近世公家の精神世界を検討する好素材となるであろう。

(32) 今江廣道校註『神道大系 論説編　伯家神道』（神道大系編纂会、一九八九）所収「摂関江御伝授之事」に詳しい。なお『伯家神道』は、一八世紀に吉田家と諸国の神社支配をめぐり争った神祇伯雅富王が、白川家の記録を整理させた「伯家部類」を翻刻したもの。以下『伯家神道』。

(33) 橋本政宣「天皇の毎朝御拝と臨時御拝」（『古文書研究』五四、二〇〇一、のち『近世公家社会の研究』吉川弘文館、二〇〇二）、高埜前掲二〇〇三。

(34) 中御門上皇の院伝奏難波宗建の日次記。草稿の抄出本（押小路家本、蜂須賀家旧蔵本）と清書本（田中勘兵衛旧蔵）の二系統の写本が史料編纂所に所蔵される。引用は前者によった。

(35) 近衛家は五摂家中で最多の旧記を蔵し、また祖父基熙・父家熙・家久と三代続けて摂関を歴任、摂関の職掌については精通していると考えられ、その意見は傾聴に値する。

(36) 白川雅喬が家に伝わる神道説をまとめたもので、のちの「伯家部類」の基礎となった。『伯家神道』四五六頁。

(37) 「基量卿記」貞享五年元日条、「通兄公記」延享四年一二月二七日条（史料纂集、八巻、二六〇頁）など。後者は、腫れ物が治らない桜町上皇の諮問に答えたもので、四方拝は挙行されたが、仙洞御所の鎮守への参拝（第III部第3章参照）は行われなかった。

(38) 本来は、古代日本に入ってきた道教と、それを踏まえて成立した陰陽道に属する宗教儀式であったのだろうが、近世では土御門家の介在は確認されない。近世の公家から「神事」「神祭」ではないと述べられ、白川家や吉田家も関与しなかった。四方拝の古代以来の式次第のもつ意味は、現在の研究者にとっても不明な点が多いが、式次第にまったく新たな所作を追加などしている点からみても、近世では既に理解できなくなっていたのではないか。

(39)　後桜町院の日記をみると、元旦に内々に「御拝」を行っていることが確認されるが、これは四方拝の代わりの拝礼ではなく、毎朝御拝にあたるもののようである（後桜町女帝宸記研究会「後桜町天皇宸記　宝暦一四年正月・二月条」『京都産業大学日本文化研究所紀要』一四、二〇〇九）。

(40)　これについて「続史愚抄」安永四年元日条には、

四方拝。設御座。不御。「当代毎年如斯。是関白『内前』計申云。尤不審。」

とあり、関白近衛内前の沙汰によるとしている。紀光にとっては同時代のことであり、興味深いが、詳細は不明である。

(41)　前提としては、厳冬期の早朝に挙行されることによる身体的過酷さがあるが、それのみでは不挙行が増えていくことを説明するには不十分であり、他にも何らかの変化を要因として想定すべきであると考える。儀式の挙行に耐えねばならない天皇の身体的資格という論点については洞富雄の提起がある（「譲位と灸治」『日本歴史』三六〇、一九七八）が、近世後期には四方拝を挙行せずとも天皇たりえたということになる。

(42)　これが一般原則なのかはなお不分明。霊元院らの四方拝重視の姿勢を示す特殊な事例である可能性もある。

(43)　書陵部所蔵。史料編纂所の謄写本を利用。東園基量は霊元院の側近で当時議奏、譲位に伴い院伝奏となった。

(44)　史料編纂所蔵謄写本。原本は陽明文庫蔵。記主近衛基熙は当時左大臣。

(45)　柳原紀光が父光綱の志を継ぎ、安永七（一七七八）年出仕を止められたのを契機として諸家の記録を探訪・書写・整理して編んだ編年体の史書。寛政五（一七九三）年に清書本が成立。記事の下限は後桃園天皇が没する安永八（一七七九）年（武部敏夫「続史愚抄」『国史大系書目解題　上』吉川弘文館、一九七一）。出典史料名が註記されており、現代からみてもなお重要・有用な業績である。以下の引用は黒板勝美編輯・新訂増補国史大系『続史愚抄　後編』（吉川弘文館、一九六六）による。

(46)　「御政務　元禄六年十一月被譲申于主上」新院「霊元院、後称院」（「東山天皇中之上」冒頭／二八九頁）。

(47)　橋本義彦「院政一覧」（児玉幸多他監修『日本史総覧　考古・古代一』新人物往来社、一九八三）、宮内庁書陵部編『皇室制度史料　太上天皇』、高埜利彦『江戸幕府と朝廷』（山川出版社、二〇〇一）など。

(48)　先行研究としてみると、柳原紀光は現存しないものも含め膨大な文献にあたった（是澤恭三「柳原紀光の諸家記録探求に就て」『国史学』四五、一九四二）が、摂家の記録に接することができないなど、今日に比して史料的な制約をうけていた面があることは付言されるべきだろう。
(49)　摂政は辞書的には天皇の代行者であるが、近世朝廷における実態や変化は詳しくわかっていない。
(50)　女性天皇の場合、摂政は復辟しないが、これは明正天皇が一五歳に達した際に、摂政復辟・四方拝挙行を朝廷では考えたが、幕府の同意が得られず沙汰止みとなり、それが先例化したとされる（高埜前掲一九八九、藤田覚「江戸期女性天皇に見る皇位継承の論理」『中央公論』一二〇〇五―四）。四方拝の初例が女帝の時代に求められる（前掲注（15）参照）にも関わらず、近世の女性天皇が四方拝に出御しないのはこの点から説明できるだろう。
(51)　橋本政宣「寛延三年の『官位御定』をめぐって」（『東京大学史料編纂所研究紀要』二、一九九二、のち『近世公家社会の研究』吉川弘文館、二〇〇二）、渡辺雄俊「青綺門院と宝暦事件――江戸時代における女院研究に寄せて」（『書陵部紀要』四九、一九九七）、久保前掲著。
(52)　「広橋兼胤公武御用日記」宝暦元年九月二六・二七日条、「例幣事」（『伯家神道』）など。
(53)　久保貴子「天和・貞享期の朝廷と幕府」（『早稲田大学大学院文学研究科紀要　別冊』一四、一九八八、のち『近世の朝廷運営』岩田書院、一九九八）、同前掲一九九一。
(54)　田中暁龍「江戸時代近習公家衆について――霊元天皇近習衆を中心に」（『東京学芸大学附属高等学校大泉校舎研究紀要』一五、一九九〇）、山口和夫「天皇・院と公家集団――編成の進展と近世朝廷の自律化、階層制について」（『歴史学研究』七一六、一九九八、以下一九九八ｂ）・「近世の朝廷・幕府体制と天皇・院・摂家」（大津透編『史学会シンポジウム叢書　王権を考える――前近代日本の天皇と権力』、山川出版社、二〇〇六）など。
(55)　こうした性格づけそのものが、この時期独特の理解である可能性も考えられよう。
(56)　山口前掲一九九八ａ。一方、摂関近衛家に対する敵意を晩年にもみせる（山口前掲二〇〇六）。
(57)　法皇（霊元院は正徳三年八月一六日に出家）が院四方拝を行わないことは先例があるが、宝永七（一七一〇）年―正徳三（一七一三）年の四年はやはり問題となる。
(58)　現任の蔵人が院伝奏・評定・院参衆となった例は、管見の限り近世を通じてなく、また現任か否かによらず頭弁に昇る日野・勧修寺流の旧家の者はほとんどない。またこの期間奉行をつとめた蔵人は院司ではない。

(59)「続史愚抄」以降、後桜町院は「院政」は行わなかったとされているが、女性であるが故に四方拝に出御せず、そのため「続史愚抄」が政務を執ったと認識しなかったと考えられる。光格上皇は天保期には出御しなくなり、仁孝天皇の出御は、光格天皇の没後に集中している（表29）。次章で述べる、仙洞御所鎮守への参拝も、光格上皇は文政期までしか行っておらず（藤井讓治・吉岡眞之監修・解説『光格天皇実録』七・八、ゆまに書房、二〇〇六）、何らかの変化・画期が想定される。

(60)「政務」全体の委譲が同時代史料上表明されているのは、霊元院の時期のみであるが、その霊元でさえ、たとえば橋本政宣「幼少女帝明正天皇の誕生」（『女帝明正天皇と将軍家光』、一九九七、のち『近世公家社会の研究』吉川弘文館、二〇〇二）によれば、政務委譲を表明して三年後、明正院が没した際に、霊元院が院号選定を主導、勅問衆に諮問、決定を下したという。

(61)藤田覚が紹介した、天和二（一六八二）年の伊勢公卿勅使が持参した霊元天皇宸筆宣命では、「治天剰二十年に及へる」とある（藤田覚「近世王権論と天皇」大津透編『史学会シンポジウム叢書　王権を考える――前近代日本の天皇と権力』山川出版社、二〇〇六、一八一頁）。これは即位した寛文三（一六六三）年からの計算であり、父後水尾上皇から治天の地位を譲られたという理解にはなっていない。伊勢神宮への宣命の表記の先例に注意しなければならないが、上皇による主導という政治的な実態はまた別に、近世朝廷が中世の院政体制を制度・理念上どのように受け止めたか、という点で興味深い表現である。

(62)明治五（一八七二）年元旦四方拝（明治天皇の二度目の出御）からは、維新後の国家祭祀体制の再構築に伴い、式次第が改められた（安丸良夫『神々の明治維新』岩波書店、一九七九）。比較のために具体的な次第を掲げておく。

　御拝順

先皇太神宮　西方
次豊受太神宮　西方
天神地祇　四方
　先東方　次南方　次西方　次北方
次神武天皇陵　西方
次孝明天皇陵　西方
次氷川神社　北方

次賀茂上下神社　西方
次男山八幡宮　西方
次熱田神宮　西方
次鹿島神宮　東方
次香取神宮　東方
（式部寮「儀式録」明治五年／宮内庁公文書館所蔵）
属星拝・天地拝・護身呪文がなくなり、諸大社が主たる対象となるなど、抜本的な改変が加えられている。

(63)　およそ一〇石。「歳中下行」（貞享四）・「年中下行」（享保一二）・「四方拝・石清水賀茂臨時祭・内侍所臨時御神楽下行並日光例幣使道中雑用請取帳」（天保二）・「四方拝・東照宮例幣・石清水放生会・伊勢両宮例幣下行帳」（天保一〇）、いずれも宮内庁書陵部蔵。

(64)　奥野前掲著、三六七頁。

第3章　仙洞御所の施設と行事
――「田植御覧」と鎮守

はじめに

本章では、具体的な儀式・行事の二例目として、近世後期の仙洞御所[1]における年中行事であった「田植御覧」について検討する。近世朝廷の年中行事に関する研究は多いが、制度研究などと同様禁裏御所に関するものが多く、この行事もそれほど知られていないが、若干の言及・紹介はなされている。

奥野高廣[2]は、近世朝廷の財政を検討する前提として、その機構・行事を略述する中で、仙洞御所の年中行事のひとつとして、小野郷・松ヶ崎の村民が田植を行い、上皇がこれを観るという「田植御覧」行事の概要を紹介し、農事奨励との位置づけを行っている。

嗣永芳照[3]は、仙洞御所の庭における「行事・遊び」を概説する中で、後桜町上皇の御所における「お遊び」として、一般向けの概説を行っている。仙洞御所に田があり、小野郷・松ヶ崎村の領民が隔年で参仕して田植・稲刈りを行い、上皇や公家がこれを観覧したことが、公家の日記や御所の公日記を用いつつ示されている。

一方、高木博志[4]は、御所における行事ではなく仙洞料所の領民の勤役に注目、朝廷の年中行事の畿内における基盤・結合が明治維新により変化すると論ずる中で、仙洞領民の史料を用いて彼らが勤役として田植を行い対価を要求していたことを示し、維新後の領民が別の役に対し積極的であったことと対比させている。なお高木は「御田植神事」という語を用いており、行事の性格づけについても嗣永と異なった理解を示している。稲作は、いうまでもなく神道と深い関係をもち、「田植御覧」に神事との印象をもつことは不可解ではない。御所における稲作・田植といえば、昭和天皇以来、皇居にある田で天皇自ら稲作を行っていることも想起される。

農事奨励、伝統につながる娯楽、稲作にまつわる神事と、行事の性格に対する評価は定まっていない。本章では、「田植御覧」について、時期による変化や、関わりをもつ存在に留意しながら、その性格を明らかにする。

また先行研究においては触れられていないが、この行事は多くの民衆が御所に入って参観する行事のひとつでもあった。近世朝廷におけるこうした慣例については、戦前の桜井秀以来多くの研究があるが[5]、「田植御覧」について触れたものはないようである。前章で検討した四方拝は、参加者もごく限られ、中心的な式次第については参加した公家であっても知りえないような、きわめて閉ざされた性格をもつ儀式であった。これと対照的に、多くの人間が参加・参観した行事である「田植御覧」をとりあげることで、近世朝廷における儀式・行事としての特質を考えるとともに、前章では触れられなかった、朝廷内部の組織・儀式と朝廷外部の関係についても考察してみたい。

一　近世の仙洞御所の年中行事

まず、近世の仙洞御所で行われた行事を概観し、「田植御覧」行事の位置づけを確認してみよう。

近世の仙洞御所における年中行事について網羅的に記した史料として、松尾相尹が記した「後桜町院仙洞年中行事」および「仙洞年中行事」なる史料が残っている。

松尾家は松尾社の宮司家の分家のひとつで、寛永以来代々禁裏・仙洞御所に参仕する非蔵人[6]・上北面[7]を輩出した家で[8]、著者相尹も上北面として後桜町・光格上皇の仙洞御所に参仕していた[9]。これらの史料は、文化一〇（一八一三）

年および文政二（一八一九）年に、おのおの後桜町・光格上皇の仙洞御所における年中行事について記し、子の相将に与えたと奥書にある。

仙洞御所に関する年中行事書として貴重なもので[10]、また代々仙洞御所に参仕している人物の手になるため、信頼性の高いものであるといえる。

その内容の悉皆的な分析も重要であろうが、ひとまず本書では、仙洞御所を特徴づける行事を抽出するために用いる。まずこれらが記す年中行事の全体を、幕末における禁裏御所の年中行事を悉皆的に記して名高い勢多章甫「嘉永

表33　仙洞御所のみの年中行事

後桜町	光　格	行　　　事
1.1	1.1	鎮守に神饌供進
1.1		鎮守に奉幣
1.1	1.1	院両役・祇候衆御礼
1.2	1.2	鎮守に神饌供進，昨日の如し
1.3	1.3	鎮守に神饌供進
1.3	1.3	吉書御覧
1.4		天度運数抜，鎮守本社に奉幣
1.4	1.4	鎮守本社・末社にて立楽
1.5	1.5	御礼
	1.7	朝の物・御祝
1.11	1.11	非蔵人初参御礼
1.13	1.13	医師御礼
	1.11	仁和寺宮御礼
1.17	1.17	東本願寺御礼
	1.18	柿本社へ神饌供進
1.30	1.15，30	鎮守掃除
1.30		台盤所掃除
1月 or 2月庚申	22(初庚申)	院参等にくじを給う
	1.28	禁裏小番衆後日の御礼面会
	1.28	知恩院僧正御礼面会
2.1	2.1	式日御礼
2.1	2.1	月毎，鎮守本社に神饌供進
2.1	2.1	月毎，鎮守本社にて立楽
2.1	2.1	小番結改
	2.14	一条宮年始御礼
2.15	2.15	月毎鎮守掃除，神酒奉る
2.15		庚申，くじを給う
	2.18	鎮守柿本社へ神饌供進
3.18	3.18	神影供，柿本人麻呂忌日，御詠進
	3.30	御鎮守大掃除
5.4	5.15	天度運数祓
この月	この月	田植御覧
	7.10	鎮守へ神饌供進
	9.15	天度運数祓
	御田刈の日	御田刈御覧
臨時	臨時	拝賀
臨時	臨時	御使

注：松尾相尹「後桜町院仙洞年中行事」「仙洞年中行事」，勢多章甫「嘉永年中行事」から作成.

年中行事(11)」と比較して(12)、仙洞御所のみで行われる行事を抽出すると、表33の一覧に示したような行事が残る。一月の年始の礼などの対面儀礼にあたるものを除くと、田植御覧・田刈御覧、および仙洞御所の鎮守に関連する行事がほとんどであることがわかる。これらは近世における仙洞御所独自の行事として特徴的な存在であったといえる。

二　「田植御覧」行事の概要

前述したように、「田植御覧」なる行事について詳しい検討はこれまでなされていないので、嗣永・高木が用いた史料をも参照しつつ、まず行事の概要を明らかにする。

この行事に参加したものの記録のなかで、比較的行事の全体像をよく伝える記事を残しているのが、嗣永も利用している仙洞御所の「詰所日記」である。これは仙洞御所を構成する表・奥・口向の三機構のうち、財務を担う口向にあって仙洞付武士に次ぐ地位にある執次(13)が記した公日記である(14)。

【史料1】

一、御庭御田植　御覧所清和院口ニ御設有之、止ゝ斎跡穴御門より御道筋幕囲出来、未半刻　出御、寿山御茶屋
跡堂上御出座、　御本社北西江(ママ)より御付衆以下修理職迄出座、　辰刻比小野郷百姓例之通人数参り、午刻過稲
荷御穴門より牛牽入、　御田植掛り・拝見之雑人相廻ル、　百姓幷掛り之者江御菓子被下候旨、つる(女嬬カ)より受取、
仕丁頭江申渡、　時刻従　奥被　仰出、　於御庭百姓中御菓子御酒頂戴、　於御台所赤飯認被下　御酒・赤飯者賄より
仕丁頭直ニ請取　申半刻植仕舞、　御付衆始百姓雑人迄不残御庭出切候
鳥目　壱貫文　種代　　同壱貫文　庄屋江被下
同　　五貫文　百姓中江被下

右自勘定請取、仕丁頭江相渡、相済　奥・表江御付衆恐悦被申上、執次・勘定頭　奥江同断申上
一、両御所御付衆迄御所執次・賄頭拝見参上御酒恐悦已下執次賄頭御礼、従当番奥江申上ル、
一、大庭迄道筋所〻番人例之通人数相廻ル
一、雑人拝見切手青・黄弐百枚ツ、早朝御茶〻ヲ以　奥江上ル、口向同断、白札百五拾枚設置、夫〻承届相渡、
尤御庭西之方幷御茶屋・　御社等江雑人除ケ縄張等申付置

（「仙洞後桜町上皇御所詰所日記」寛政四年五月八日条）

仙洞御所の庭に「御覧所」を設けて後桜町上皇が出御、堂上、付武家以下口向役人らが出座している。田植えを行っているのは、幕府が仙洞料所に設定した小野郷の百姓たちである。嗣永が紹介した同様の記事には登場しないが、さらに「雑人拝見切手」が奥・口向（・表）から三色合わせて三五〇枚出され、これをもつ「雑人」がみて回っていることがわかる。彼らを上皇らのいる辺りに近づけぬよう、幕や縄が張り巡らされている。

紀州の国学者の長沢伴雄が、天保一〇（一八三九）年に御所の木具屋蔵を番する下男として行事を参観した記録には、「此日は御園中に女と雅男とを入らしめて田植見物をさしめ給ふ、男はその役に当れる者の外は禁したまふ」とあって[15]、「雑人」は本来女性に限られていたようである[16]。

耕作を担った仙洞料所の領民の史料も、高木が利用した京都市歴史資料館所蔵の史料群から、一点だけみておこう。

【史料2】

乍恐奉願口上書

城州葛野郡小野郷村々

一、苗代作り人足五人　牛壱疋　村役壱人
一、御田植ニ付御定日

草乙女拾六人　　村役四人
立男　拾六人　牛弐疋
一、水見舞人足壱人　　村役壱人
一、壱番草取人足拾弐人　村役弐人
一、弐番草取人足拾弐人　村役弐人
一、三番草取人足拾弐人　村役弐人
一、稲刈人足拾弐人　　村役弐人
一、御籾すり人足弐拾九人　村役四人
一、麦蒔種植人足九人　牛壱疋　村役弐人
外六人
右者村役人時〻御窺ニ罷出候事
〆　人数合百五拾人
右者小野郷四ヶ村分ニ御座候
（中略）
右者此度
仙洞御所様大御庭御田植ニ付、人足書面之通相掛り申候ニ付、尤先例ニハ右人足料として御銀六拾匁宛御下ケ被成下、難有頂戴仕罷有候、然ル処右人足夥敷相掛り候ニ付、何卒御憐憫御勘弁被為成下候上、増銀として九拾匁、都合百五拾匁御下ケ被為成候様御願奉申上候、右願之通御聞済被為　成下候ハヽ、一同難有仕合可奉存候、以上
文化十四丑年二月十七日

小野郷杉坂村　　庄屋　忠郎右衛門
真弓村　　庄屋　由之助
上村　　庄屋　大助
下村　　庄屋　作右衛門
愛宕郡松ヶ崎村　　庄屋　新治郎
庄屋　清左衛門

小堀中務様
御役所

前書之願書者右御請所ニ相納り候事
小野郷村〻前書之儀者同断
松ヶ崎村右同断

（「日下部大助家文書」[17]　ＦⅠ―六）

光格天皇の譲位を目前にした文化一四（一八一七）年二月に、仙洞料領民が小堀代官役所に提出した請書であるが、先例によれば年に一〇回ほど、村役人に率いられて出向き、二毛作の耕作を行っている[18]。先例では「人足料」を銀六〇匁ずつ受け取っており、文化一四（一八一七）年の段階で一五〇匁への増額を願っている。高木博志が述べたように、朝廷料の領民であっても、勤役に対して対価を要求している点は留意されるべきであろう。また内容としては耕作全体について記されているが、本文では「大御庭御田植に付」とあって、役務の中心は田植にあると認識されている。

田植に際して実際に村民が行う所作の内容については多くの史料には単に「田植」としかない。わずかに「於北園有田植興、早乙女十四五人歌田歌採苗[19]」・「但早乙女おどり有之[20]」などの記述が記録にみえ、田植に際して早乙女による歌舞が行われていたらしいことがわかる。前述の国学者長沢伴雄の記録によると、「男は鍬とりてまつ田におり立て、田面を平□(虫損)すなり、女は苗とりて植るなり、ミな田「植」(抹消)歌うたひてうへる□(虫損)、田舎通の田植に異なる事なし」とあって、基本的には農村で行われる田植と同じであると認識されている。特殊な芸能が催されているという認識ではない点に注しておきたい(21)。

続いて、仙洞御所に参仕していた堂上公家の記録をみよう。

【史料3】

午刻過参　院、今日庭御田植之事有　御覧、其儀如例、武家伝奏両卿・議奏四卿参上、日野(院伝資愛)・広橋(評定光成)・藤谷(院伝為脩)・予(評定橋本実久)・倉橋(評定加勢泰行)等御庭候御座辺、伺候公卿・殿上人同候事了、於候所賜菓酒、申終刻退出

（史料編纂所蔵「実久卿記(22)」天保三年六月四日条）

仙洞御所庭上に御座が設けられ、記主の院評定実久ほか、院伝奏・評定・伺候衆ら仙洞御所に参仕する堂上公家、および招かれた武家伝奏・議奏が周囲に伺候していることがわかる。橋本実久が伺候衆であった時期の記事をみると、小番の当番でない日でも参院しているので、伺候衆はほぼ全員が列席したものと推定される。なおこの史料では堂上公家らは上皇の座の周囲に居並んでいるようであるが、場合によっては柔軟な対応がなされていたことが知られる。

【史料4】

一、今日　仙洞御田植推参被　仰下候、御用無之候者ゝ早出之儀、付三条(議奏実万)伺之、少時可早出被　仰出（中略）

一、未刻許参　洞、同役(武伝徳大寺)先達而被参居、御田植被始、出御之後也、勝手可拝見評定当番久世(通世)被示、久世同道御外庭へ相廻拝見、同役・勘解由小路(議奏資善)先是被廻居、須臾万里小路(議奏建房)参入、被廻　三条当番、坊城(議奏俊明)少ゝ所労、広橋(議奏光成)自頃日所労、右三卿不参也、事訖帰了、評定役所同役以下付久世推参・拝見之御礼申入、以表使申入、於院伝役所両御所両役賜菓酒　有吸物、　切飯等相済、以表使御礼申入、退散于時申半刻

（内閣文庫・日野資愛「公武御用日記」天保八年五月二八日条）

遅参した武家伝奏日野資愛は、上皇の出御のあとなので勝手に観るようにと指示され、評定久世らと庭に回り、参観している。行事としては、式次第はかなり緩やかであるといえよう。

参観する者には、堂上公家以外の近世朝廷の人員も含まれていた。

【史料5】

一、後十七日御田植被　仰出候ニ付、為拝見被　召候輩奥江相伺置候処、両　御所御付衆（禁裏御所執次）・上同役・御賄頭被
召候旨被　仰出、大宮御所執次・常伺之御医等者不被　召、推参・拝見之儀者　御聞済之旨申出
但上　御所御付衆江達之儀、此御所御付衆江申入、上同役江書面を以申達、大宮御所執次江も申達、
勘定同様申達候、賄頭被　召幷勘使推参・拝見之儀上同役江申達、（下略）

（「仙洞光格上皇御所詰所日記」文政一一年五月一五日条）

禁裏御所・仙洞御所の付武家[23]、三御所の執次、禁裏の賄頭[24]ら口向の役人に加え、出入りの医師も参観していることがわかる。仙洞御所の勘定が記した「洞中御勘定日記」には、田植の日に「惣詰」とあり（文化一〇年六月四日条など）、口向の役人もかなりの数が参観していると思われる。

庭園内に田畠を配する構想じたいは、近世の庭園においてはそれほど珍しいものではない。庭園史研究の明らかにしてきたところによれば、陶淵明「帰去来」の影響などによる田園趣味、また民衆の労苦を理解する君主という理念を背景として、田園や田舎屋を庭園内におく趣向が、近世の大名の大庭園にしばしばみられるという。近世朝廷の庭園でも、仙洞御所・修学院の庭園では田が見所とされていた[25]。岡山池田家の御後園、水戸徳川家の小石川後楽園、広島浅野家、尾張徳川家の戸山荘、広島城内・縮景園などには稲田があったという[26]。中でも岡山池田家では、元禄二（一六八九）年から庭園内の稲田で領内の百姓による田植行事が行われ、田植に続いて早乙女による踊りがあり、藩主が

参観したという。清朝の頤和園でも、規模ははるかに巨大であるが、江南の水郷風景を模した空間があり、乾隆帝は秋の収穫を眺めながら宴をもよおしたという[27]。これらは本章で検討する仙洞御所の田植行事に非常によく似た事例であり、一八世紀の領主階級の問題として一般化できる可能性があろう。

またこの儀礼においては、古代・中世に由来を持つ儀式とは異なり、官位や院司の体系がまったく現れていない。行事に関連して現れるのは、役人—番衆以下の表の機構の体系、付武士以下の口向の機構の体系である。

三　「田植御覧」行事の歴史的変遷と性格

続いてこの行事に関わる諸要素について、時代をおってみてみよう。

御所の造営・修復に携わった幕府大工頭中井家の残した図面類[28]をみると、「享保一八（一七三三）癸丑年霊元院旧殿御庭絵図」との外題をもつ「宝永度霊元院御所指図[29]」の段階で、二つの池を中心とした回遊式庭園の北に、庭園の北側三分の一ほどを占める扇形の田を確認できる。これに先立つ貞享四（一六八七）年作成の「延宝度霊元院御所・新上西門院御所指図[30]」の段階では、池の北側には御所の敷地の北限を示す塀があり、田はみえない。宝永五（一七〇八）年の火災で焼失した後の、いわゆる宝永度の造営で、仙洞御所の敷地が北側に拡張されているのであり、その拡張部分が田となっていることがわかる。宝永度造営以前の仙洞御所の北隣は、「元禄一四年実測大絵図[31]」をみると九条家の邸宅となっている。当時の九条殿の庭園については不明であるが、田は宝永の大火後、仙洞御所の敷地となってのちに新たに開かれたものとみるのが自然であろう。宝永大火の後の造営の際、幕府により行われた仙洞御所の拡張に伴って、新たに田が造成されたと考えられる。

なお昭和三一（一九五六）年における仙洞御所庭園の実測図[32]では、庭園の北部に「御田跡」と書かれており、田は現存していないことがわかる[33]。

時代は下るが、その景観について描写された近世の史料をみよう。

【史料6】

（前略）田舎と云ふ水田三反計、苗田もみ壱斗四五升、（次にかさゝきのはし此所より）萠若苗生立、畑にはなす・さゝけ・大根有、なたねをかり取りてこなしから引ちらして、田家にも田畑にも有、苗田には白糸を引はへて鳥おとし有、五月十三日御田植御覧の高殿も人すまねは按内者ひらきて一見、田家にはふたわら等引ちらして有、中に京町中の御庭とは更に見えず、次に塀を越て紫しん殿ふきかへにて内は見えず、（下略）

（内山真龍「仙洞御所御庭拝観記」[34]文化九年五月一一日条）

遠江の国学者内山眞龍が、つてをたどって仙洞御所に入り込むことを得、庭園を案内されて記録したものである。三反ほどの水田のほかに、茄子・豆・大根・菜種を植えた畑があり、田園のような景観が展開していたことがわかる。前掲史料2にも麦まきのことがみえ、仙洞御所の勘定が記した公日記「洞中御勘定日記」にも麦・芋・茄子・瓜などの種代を支出する記事などがみえる（文化八年五月一〇日条、同九年一〇月一〇日条など）。畠も併設され、米以外の農作物も栽培されていたことに留意したい。

続いて、仙洞御所で田植が行われた、またこれを上皇がみたという最も古い事例は、享保七（一七二二）年、霊元上皇の上北面であった松尾相国の日次記にみえる、

【史料7】

今日　院中御庭御田植御覧、依　召松雲院参　院、逗留、

（「松尾相国日記」享保七年六月四日条）

との簡略な記事である。柳原紀光「続史愚抄」も、霊元上皇の院伝奏東園基長の日次記を出典として、同じ日付で「有

御田興」とする。(35) 前後の年に例がなく、また「院中番衆所日記」にみえないなど、小規模かつ臨時のものにとどまったとみられる。元禄期から確認される岡山池田家の行事に比べると新しい。続く中御門上皇の時（享保二〇―元文二）には田植は確認されず、桜町上皇の仙洞御所（延享四―寛延三）では二度の田植を確認することができる。

【史料8】

一、今日　洞中御庭田植也　丹波御領百姓男女参畢

（「松尾相堅日記」延享五年五月三〇日条）

【史料9】

一、御庭田植也、輪王寺宮御参、被為見之

（同寛延二年五月一四日条）

仙洞御所の上北面の日次記である。史料8は、朝廷領民が耕作を行った初見記事である。(36) 史料9では輪王寺宮がみているが、桜町上皇がこれをみているかは不分明である。

次の後桜町上皇の時代（明和七〈一七七〇〉―文化一〇〈一八一三〉年）になると、『後桜町天皇実録』に毎年のように田植や田刈の「御覧」が立項されており、行事として定着したことがわかる。(37) 続く光格上皇の時代でも完全に年中行事として定着している。

以上、仙洞御所の田はおそらく宝永大火の後の御所造営で造成されたこと、田植御覧の初見は霊元院の時、享保期であるが、恒例行事として定着するのは後桜町上皇以降であること、領民による参仕は桜町上皇の寛延期に確認できること、をみてきた。田のみでなく畠も併設されており、造営時には近世の造園における田園趣味の一例であったとみなすべきであると思われる。

四　仙洞御所の鎮守と上皇の拝礼

さて他方、仙洞御所の田が、神事と結びつけられる場面も若干存在していた。これは前述の池田家の事例と異なる点で、仙洞御所の行事の特徴といえる。本節ではこれについて検討しよう。まず、後桜町上皇が仙洞御所に入った翌年、初めて行われた田植を参観した武家伝奏広橋兼胤の公務日記をみると、

【史料10】

一、仙洞御庭之神供田〻植被　仰付ニ付、参　洞可見物御沙汰之旨摂政殿（近衛内前）被命ニ付、未半刻参　洞、見物、於止〻斎御茶屋賜菓酒夜饗等、亥刻許退出

（史料編纂所蔵「広橋兼胤公武御用日記」[38] 明和八年五月二四日条）

兼胤自身の認識か、摂政近衛内前の言葉かはわからないが、仙洞御所の田が「神供田」と表現されていることがわかる。米を「神供」として用いるための田であるという理解である。何のための「神供」であるか。前掲「後桜町院仙洞年中行事」をみると、

【史料11】

此月御鎮守の神饌に用ひらるる御田植あり、小野村と松ヶ崎村とかく年に植たる也、御酒・強飯・菓子なと賤女に給ひて　御覧あり、寿山といふ御茶屋に　出御あり、役人・祇候衆・上北面・蔵人・非蔵人及ひ下北面までも着座、付武家・取次その外御台所の役人各詰居る也

（「後桜町院仙洞年中行事」五月の項）

上北面として仙洞御所に参仕していた著者相尹の述べるところによると、仙洞御所の田で取れた米は「御鎮守」の

神饌に用いられるという。後桜町上皇の時代には、朝廷でこうした認識が共有されていたことがわかる。

鎮守とは、仙洞御所の庭園におかれた鎮守のことであろう。近世の仙洞御所では、はやくも後水尾院の時、正保三（一六四六）年に鎮守が造営されたことが知られている。[39]仙洞御所の鎮守については、神道を家職とする吉田家がさまざまな面で関わっており、天理大学付属天理図書館の吉田文庫（以下吉田文庫）に関連した記録が残されている。そのうちの「仙洞御鎮守遷宮奉仕記録」にまとめられたところでは、前年一一月に遷宮と神宝を吉田家で沙汰するよう仙洞御所から指示があり、翌年六月に灌頂・遷宮があった。毎月一日・五節句、そのほか式日には神供を吉田家から調進した。毎夜吉田家の役人が灯りを献じ、下行米五石が仙洞御所の蔵から給された。承応二（一六五三）年八月二六日には末社を勧請するよう指示があった。その後、万治四（一六六一）年に火災で焼亡し、神体を吉田家宗源殿に安置。寛文二（一六六二）年に、再建はしないので吉田山中に適当な場所を見立てるようにと後水尾法皇の院宣があり、翌年九月に吉田山中に「御社」を造立して正遷宮を執り行った、という。霊元上皇が仙洞御所に入った二年後には鎮守が改めて造営され、勧請が執り行われて[40]、以後はこの鎮守が存続したようである。寛延三（一七五〇）年に桜町上皇が没した後の武家伝奏の職掌日記に記された処遇をみてみよう。

【史料12】

巳刻参　内、

八条前中納言（院伝隆英）参上、今日堂上・非蔵人等悉　旧院退散候由言上、[41]且御鎮守六社鍵幷悠然台下新造御社稲荷鍵以上七ツ納一筥吉田大蔵卿（兼雄）封付云々、堂上一通、上北面・院蔵人・非蔵人一通、下北面一通、已上三通小番勘定被指出之、附当番議奏葉室中納言（頼要）を以退散之事言上、鍵・勘定書付等附同卿献了、頃之摂政殿（一条道香）被仰、御鎮守如元文度吉田大蔵卿へ御預可被遊候、但悠然台之下新社ハ不被預候、鍵可相渡賜之、吉田召儲之間、件旨申渡、御請也、如元文度修清祓申度由被申、勝手次第日ヲ撰言上可有清祓候間、自吉田日時等可申上之由申含、御鎮守鍵筥相渡

了、其中悠然台下新社之鍵ハ可被上之由申渡、則取出被付之、以周防御内儀へ上之訖

（「広橋兼胤公武御用日記」寛延三年八月二〇日条）

この史料によれば、仙洞御所の鎮守は七社あり、「悠然台之下新社」を除く六社は、元文の先例すなわち中御門上皇没時の例に基づいて、吉田家に預けられたという。

屋敷の敷地内に稲荷社などをおくことは広くみられるし、大名庭園内にも観音堂や弁財天などが設けられていることが多いという(42)。仙洞御所の鎮守で、特に注目しておきたいのは、元旦などには上皇自らが神事として鎮守に参拝している記録が多くみえ、上皇による祭祀のための空間であったとみられる点である。上皇による鎮守への拝礼の次第を詳しくみてみよう。後水尾院の御所では、吉田家の日記に、

【史料13】

卯刻院参、兼従同道、御奉幣辰刻、早旦御鎮守御供祝羽倉伯耆信成供之、神人但馬友好参勤、朝餮被下、御奉幣次第見于左

御陪膳　正親町三条中将藤原実昭朝臣
役送　葛岡修理権大夫源宣慶朝臣
御沓　風早左京大夫藤原実種朝臣
御沓持　北小路主税大江俊福
御幣　吉田刑部少輔卜部兼起
御神供　羽倉伯耆介荷田信成

巳ノ刻退出

（吉田文庫「吉田兼起日記」承応三年一月三日条）

とあり、上皇が出御して奉幣が行われたことがわかる。供奉しているのは院参衆と吉田家の人間である。中御門上皇の仙洞御所では、院参衆で院別当の阿野実惟の日次記にみえる。

【史料14】

今日御鎮守御拝、仍各着衣冠、卯半刻参仕 当番之輩斗也、辰半刻於止ゝ斎御茶屋着御於御服夏御袴（衣装略）御衣紋右衛門督(山科尭言)、御前予、御服了、御手水供進、御陪膳徳大寺大納言(院参・院厩別当実憲)、御手長盛仲朝臣(院参五辻)、役送公広了、有御掃除、御陪膳櫛笥中納言(評定隆兼)了、出御、ゝ剣通積朝臣(院参東久世) 衣冠単 御沓有輔(千種) 衣冠単、於本社拝殿有御奉幣、兼成朝臣(吉田) 浄衣 持参幣、授櫛笥中納言、ゝゝゝ取之、昇拝殿、奉之、御奉幣了、櫛笥中納言又昇拝殿、取之、下殿、給兼成朝臣、ゝゝ奉神前、於便宜所申返祝 拍手二、櫛笥中納言応之、仙院又令応之給了、渡御末社拝殿、御拝 不及御奉幣 了、入御、止ゝ斎各退了、帰家、

（「実惟卿記」享保二〇年四月一日条）

院司や院参衆、吉田家が参仕して、上皇による拝礼・奉幣が行われている。女性である後桜町上皇の御所では、

【史料15】

卯刻　御代奉幣にて、院司の別当大納言・中納言・参議の人是を勤らる、、

（「後桜町院仙洞年中行事」元旦条）

【史料16】

一、院四方拝、無出御、設御座如例、奉行重能朝臣(院参衆・四位別当庭田)、御鎮守御奉幣代官新大納言 胤定(広橋)、執権(43) 奉仕之 初度也

（「公明卿記」享和四年元旦条）

院司が代拝することで、儀式としては継続していた。

次に、鎮守に祀られた神々をみておこう。吉田家の複数の記録から整理すると、初めに後水尾上皇が勧請した神々

と、後に霊元上皇が勧請した神々では相違していたようである。
後水尾上皇御所の鎮守については、「御鎮守本社末社神名扣」(吉田文庫)によると、次のようである。
〔本社〕　宇気皇太神宮(外宮)・天照皇太神宮(内宮)・高皇産霊尊・八幡宮・春日大明神。正保三(一六四六)年六月一一日勧請。
〔末社五座〕　別雷皇太神宮(上賀茂)・御祖皇太神宮(下賀茂)・稲荷大明神・住吉大明神・玉津嶋明神。正保四(一六四七)年四月二〇日勧請。
〔末社三座〕　日吉大明神・祇園三所天王・天満大自在天神。勧請日不明(右に同じか)。
さらに承応二(一六五三)年九月八日に「御霊神三社」を、同年一一月一九日には稲荷を勧請・遷宮している。(44)
霊元上皇以降の鎮守の祭神については、次のように整理できる。(45)
〔本社〕　イザナギ・イザナミ・八幡・賀茂下上・春日・稲荷。元禄二(一六八九)年六月一一日勧請。松尾・平野。正徳四(一七一四)年一一月二日勧請。
〔末社・東〕　玉津島大明神・住吉大明神(・天満宮)。元禄二(一六八九)年六月一一日勧請。
〔末社・北〕　日吉大明神・祇園牛頭天王・八所御霊・福大明神(紀貫之)(・天満宮)。元禄二(一六八九)年六月一一日勧請。
〔柿本社〕　享保九(一七二四)年一二月六日勧請。
〔新社〕　八幡・稲荷。延享四(一七四七)年五月一二日勧請。
〔山神〕　大山祇命。勧請日不明。宝永五(一七〇八)年三月以前。(46)
〔稲荷社〕　勧請日不明。
霊元上皇の時代に二度、桜町上皇の譲位後まもなくに一度、新たな勧請が行われている。また、後者の時期にあたる「桜町殿御鎮守御神体一封献上之覚」（吉田文庫）に収める一紙によれば、桜町上皇が仙洞御所に入ってまもない延享四（一七四七）年四月、天神を北の末社から東の末社へ移したという。

最も上位の祭神についてみると、霊元上皇が勧請した際には伊勢両宮・タカミムスビが外れ、イザナギ・イザナミに置き換えられていることがわかる。この理由を実証的に解明することはできないが、一つの手がかりとして、「九社の次第」として知られる、毎朝御拝以下の天皇の御拝で拝まれる諸神と比較してみると、伊勢両宮・内侍所が天皇の御拝の対象となる神にのみ、イザナギ・イザナミは仙洞の鎮守にのみ入っている。また仙洞の鎮守には、いわゆる二十二社の上位「上七社」すべてが入っており、天皇が拝する九社とは同一ではなく、むしろこれを補完するような関係にあるとみておく(47)。後水尾上皇の時代もそれ以降も、玉津島・福大明神・柿本社など、和歌の神が入っている点も興味深い(48)。

次に、鎮守における上皇の拝礼じたいについてもみよう。これについては、霊元上皇の時代に代拝を行った白川家の記録と、光格上皇に奉幣次第を伝授した吉田家の記録があり、双方で大きく異なっている。

まず、仙洞御所の鎮守によりかかわりの深い吉田家の記録からみてみよう。「奉授仙洞切紙集」と題した包紙に収められた「御奉幣次第」とある一紙で、文化一四（一八一七）年四月二日付、「神祇道管領」吉田良長の署名がある。包紙によれば、他に「御参詣次第」の次第も伝授されたようであるが、こちらは残っていない。本来細かく改行されているが、行を送って示す。

【史料17】

先御一揖、次御着座、御一揖、次役人持参御幣授御陪膳、次献御幣、次執御幣御二拝、御祈念御呪文　一天太平《イッテンタイヘイ》社頭康栄《シャトウコウエイ》　宮中　繁昌《キュウチュウハンシヤウ》　常磐堅磐《トキワカキハニ》　守護幸賜《マモリサイハヒタマヘ》、次御二拝、次下賜御幣於御陪膳、次御陪膳左図御幣御役人、次役人奉御幣於御宝前、向御陪膳一揖二拍手、次御陪膳拍手二、次御拍手二、次読御三種大祓　三十六反或十二反、次

御座揖、次御一揖、次退御

当時の院伝奏平松時章の日次記をみると、この日に仙洞御所で伝授と実演が行われ、「御伝書類」が光格上皇に供され、質疑も行われている(49)。その控えにあたる史料であろう。

続いて、享保期の白川家の記録をみてみよう。享保一三（一七二八）年一月二五日、霊元法皇の命で鎮守御拝の代拝を行った神祇伯雅富王の記録である。

【史料18】

御鎮守御拝御代官次第

先向神前、次着座、次二拝、次三種大祓、次祝詞、法皇詔命、以従四位下神祇伯英方王為御鎮守御拝御代官所令勤仕也、弥ゝ天下泰平　海内静謐　朝廷再興　洞中安全　御子孫繁栄　御願円満仁、夜守昼守仁守幸給江止、恐美恐美毛申弓申佐久、次拍手、次二拝、次退座

右、英方王（雅富）筆跡アリ

（「院御所御拝幷御手替之事」『伯家神道』二九六頁(50)）

文化期の吉田家のものとは、諸神への二拝・三種大祓・祝詞から成っている点は共通しているものの、祝詞の文言などは相当に異なっていることがみてとれる。

この相違をどのように考えるべきであろうか。白川家の代拝次第には奉幣が含まれていないから、吉田家の史料でいう「御参詣次第」に相当し、「御奉幣次第」と両立していた、とするのが一つの理解である。また、家の説の相違という可能性もあろう。これを思わせる史料として、両者の中間にあたる中御門上皇の時、院伝奏の日次記に、次のような記事がある。

【史料19】

早朝召伯中将雅冨於院中、被聞食奉幣作法了、去三月召吉田被聞食此作法之処、又今日召件朝臣被聞食如何、依之今日之儀厳密儀也、御譲位以後、聞以吉田説雖御奉幣、彼説全臣下之作法也、仍被聞召白川家説者也、七月廿八日記之了

（「宗建卿記」蜂須賀本、史料編纂所蔵、享保二〇年九月七日条）

鎮守の奉幣作法について、吉田家の説を聞いたが、「全く臣下の作法」であったため、内密に白川雅冨（史料18を記した人物）を招いて作法を聞いた、とある。両家の作法は相違したものであったと推測される(51)。すでにみたように、最後の光格上皇も、吉田家から作法の伝授を受けているから、白川家の作法に置き換えられたわけではない(52)。歴代の上皇がいずれの作法で実際の参拝・奉幣を行ったかは残念ながら明らかでないが、いずれの祝詞からみても、仙洞御所の鎮守は、上皇が天下の平和や朝廷の繁栄を祈るための空間であったことはいえるであろう。

なお、白川家の次第については、白川家が天皇に伝授する、毎朝の御拝との類似を指摘することができる。

【史料20】

一、貞享四年九月一日、院(霊元上皇)御所御尋ニ付、言上、

言上、或ハ厳儀ニト被思召候時ハ、御浄衣ニ単衣ヲ御襲被遊候事も候由申入之、惣而御浄衣之袴ト申物ハ、高倉江可有御尋候哉、御指貫尤例之事ニ候由、申之

一、御在位之内、御拝御相伝之分ニテ無別義哉之由、御尋申云、御拝御作法無差別候、院御拝之事別ニ申置候旨無之候、御祝詞之内、宝祚長久ノ四字ヲ或洞中安全ナド被遊替候分ニ候由、承置候、後西院御尋之時も如此之趣ニ候(ママ)、言上之由申入候了、退出以後、思出後水尾(ママ)右御同前之由、故二位(雅陳王)物語之事、其上前〻院御伝授各別ニ御相伝之事、不覚悟也

已上、右雅喬王真跡一紙アリ[53]

（「院御所御拝并御手替之事」『伯家神道』二九五頁）

譲位後まもない霊元上皇からの諮問に答え、前神祇伯白川雅喬は、院の御拝は天皇の御拝とあまり変わらない、祝詞の「宝祚長久」を「洞中安全」と改める程度、後西院・後水尾院も同様、と回答している[54]。天皇の毎朝御拝は、白川家によっては「主上ハ毎朝之御拝専要也」と認識される[55]、天皇が行うべき祭祀の中で最も肝要なものであった[56]。橋本政宜の整理[57]によれば、天皇による毎朝御拝の次第は、清涼殿石灰壇において、①九社に二拝（伊勢・内侍所には両度）、②着座、③三種大祓、④二拍手、⑤祝詞、⑥二拍手、⑦退座、というものである。前掲史料17・18の次第と比べると同一とはいえないが、やはり諸神への二拝・三種大祓・祝詞から成っているという構成は同じである。また毎朝御拝の祝詞は「弥〻天下泰平、海内静謐、朝廷再興、宝祚長久、子孫繁栄、御願円満仁、夜守昼守仁守幸比給江戸、恐美恐美毛申弖申佐久」というもので、前掲史料18にみえる祝詞とは、まさしく前掲史料20にいうように「宝祚長久」と「洞中安全」が違うだけのものであり、白川家の理解では、毎朝御拝に准じて行われるものであったといえよう。おそらく、史料19で雅富王が中御門上皇に説明した奉幣作法も、天皇に伝授する作法に准じたものだったのではないか。すなわち、仙洞御所の鎮守とは、内侍所をもたない仙洞御所における主要な祭祀施設であり、イザナギ・イザナミ・上七社などに、上皇が天皇同様に天下の平和、朝廷の繁栄を祈る場であった、と整理することができる[58]。

さて、こうした性格をもつ鎮守の「神供」として、御所の田の米を用いる具体的な局面について、仙洞御所の公日記から稲こきの記録をみよう。

【史料21】

一、大御庭御田稲こきニ付、小野郷百姓役人男女共三十三人参ル、於御庭菓酒被下之、饅頭蒸籠五組　三百五十
お末より請取、仕丁頭江相渡、粽五十把賄より直ニ頭受取、於台所認被下之、当年も局方・真命（神女）・下女拝見

之儀お茶〻より承、切手黄・青五十枚ツ、相調、奥江上ル、修理職・仕丁頭江為心得申渡、中門番人御庭江罷出、切手相改指通ス　但御付衆詰合ニ付、噂いたし、御台所御門・庭門当番与力江為心得下番を以申遣

一、上米　三斗五升　　中米　三升
　　下米　弐升五合　　粉米　弐升斗(ママ)

右書付、仕丁頭より差出ニ付、お茶〻江達置
但上米神供被用、其余山のものへ被下候間、即刻お茶〻申聞有之、御賄水谷・頭文蔵江其段申達

（「仙洞後桜町上皇御所詰所日記」文化五年九月二〇条）

仙洞領民が御所へ来て脱穀を行い、やはり参観のための切手が出されている。取れた米のうち、上米を「神供」に用いたことが確認される。

こうした例はいつごろからみられるか。霊元上皇の時の鎮守の神供をみると、「御鎮守社御神拝、本社白銀十両・小社二ヶ所黄金百疋宛被供之」（「院中番衆所日記」享保一二年元旦条）とあって、白銀・黄金であり、鎮守に米は供されていない。後桜町上皇の時代には、「神供田」との表現がみえている（前掲史料10）。光格上皇の時代の神供をみると、「御社参、本社・小社方先被供神饌、被備本社白銀十両・小社方金百匹」とあり、同額の金銀に加えて神饌が供されている。[59]

桜町上皇没後の記録をみると、

【史料22】

後院御鎮守　本社・末社・柿本社・山神・新社　正・五・九月十八日神供備進事　元文度ハ、本社・末社・山神等、正・五・九月十五日備進、柿本社、正・五・九月十八日備進、今度吉田より悉十八日ニ備度由依示来也、　年中両三度吉田大蔵卿(兼雄)致参詣由之事、摂政殿江申入、其通可申渡被命了、

右御鎮守神供料　本社・末社・山神拾五石・新御社　四石・柿本社　四石　自吉田家注進、以小佐治石見守（検非違使光枝）御附へ右之通申達　委在御用帳
右御鎮守神供備進之調度　目録在御用帳　吉田家より注進、元文度ハ御在世之間被用御道具被残置ニ付、其具を吉田江渡了、此度ハ悉分配相済ニ付、悉新調申付、吉田家江可渡、飯室越前守（滝口義矩）江申渡　尤来月より可被備之間、夫迄ニ調進候様ニ申含了

（「広橋兼胤公武御用日記」寛延三年八月二四日条）

この史料では吉田に本社・末社・柿本社・山神・新社が預けられ、吉田家当主兼雄により一月・五月・九月に神供が献じられることになっているが、神供料は一五石から四石とある[60]。吉田家において白銀・黄金ではない神供、おそらくは米や魚などによる膳部を準備するための費用と理解できる。これは院の在世中と大きく変わることはないと思われるが、御所の田から取れる上米数斗は、神供のごく一部という以上のものではなかったと推測できる。「神供」を御所の田から出すことは、次の後桜町上皇の時から明確に確認できるが（前掲史料21）、多分に象徴的な手続きであったのだろう。

おわりに

仙洞御所における田は、当初は庭園の景観の一部に田園を築く趣向であり、のちにその耕作を上皇以下が観覧するという行事が恒例化した。先行する岡山池田家の事例にさまざまな点でよく似ており、朝廷固有の行事ではなく、ほぼ完全に都市生活者となった近世の領主階級の一部でみられた田園趣味・君主意識の発露として把握することができよう。

こうした近世大名の行事との類似性の他に、近世朝廷における行事としての特色を考えると、官位や院司の体系は現れず、役人や院参衆、幕府の武士や口向の役人など、近世朝廷の構成に従って人々が登場する。これは、「田植御覧」がおそらく戦国時代以前の先例を意識したものではなく、近世独自の行事であったことを反映しているのであろう。また近世の上皇は、天皇と同様に国家の安寧・朝廷の再興を願う儀式を行っていたが、そのための場であった鎮守と田が結びつけられ、田から収穫された米が鎮守の神供として用いられるようになる。しかしこれは後発の事態であって、当初は鎮守の付属施設というよりは、あくまで畠を含めて庭園内の田園風景として整備されたものとみるべきである[61]。田植をはじめ御所の田の耕作に際して、関連する神事が御所の鎮守で執り行われた様子はまったくないなど、実際に遂行される行事の次第をみる限りでは、神事との関連はみられないことは注意されるべきである。また朝廷祭祀全体の枠組みで考えれば、仙洞御所の田で作られた米を神饌と理解することは定着したが、供進されるのはおそらく仙洞御所の鎮守に対してのみで、内侍所御神楽・伊勢例幣・新嘗祭・大嘗祭といった、禁裏御所で行われる朝廷祭祀の中核部分との関連は管見の限りではみられない。あくまで仙洞御所における慣例であったと評価するべきであろう。

最後に、本章で論じきれなかった点を含め、論点を整理してむすびとしたい。

一点目は、朝廷の儀式・行事と「民衆」の関係について。天皇・朝廷権威と「民衆」の関係を論じるとした場合、「民衆」の具体的な中身が問題であろう。「田植御覧」においては、上皇の料所に居住し領主に対する役をつとめる農民、朝廷の御用をつとめる商人、それとの関係でもぐりこむ国学者[62]、そして札を入手して行事を観覧する人々が登場する。先行研究でもしばしば言及される切手が、どのような存在に対して配布されたかが問題である。高木博志が紹介している天明五（一七八五）年に禁裏御所の能御覧の切手を配布された商家と思しい五七名の中に、「木具屋七右衛門」の名があって[63]、これを考え合わせると、たとえば切手を配布されるのは、本来の原則では朝廷と日常的な関係をもつ商人たちだった可能性がある。札がどのようなルートで配布され、どのような人々の手に入ったのか、今後の課題としたい。

二点目は、仙洞領の民衆と上皇以下の公家の直接の接点が、幕府の容認と援助のもとで新たに設けられたと思われることである。明和八年に頂戴し「杉坂村・下村・上村・真弓村者御田御用幷非常之節、其外諸御用筋ニ相用申候」として菊紋付の高提灯・箱提灯・弓張提灯・幟各一つずつを書き上げた史料[64]があり、百姓たちはこれらを掲げて仙洞御所へ通ったものと思われる。毎年のべ百数十人が紋付幟・提灯を押し立てて御所に通うような行事が新たに始められたことは、その時期の朝幕関係を考える上で、またこの行事の性格をとらえる上で重要である。

三点目は、仙洞御所鎮守と吉田家・白川家の関係についてである。本章で挙げた史料にもしばしば現れたが、鎮守の勧請、奉幣、上皇不在期の管理などは吉田家がこれを担っていた。神祇大副の吉田家が、神祇伯を世襲する白川家と神社・神職の支配権をめぐり争いを繰り広げたこと、また白川家が内侍所での神事に深く関わったことは周知に属する。朝廷内での祭祀の分掌関係としては、吉田家の拠点は八神殿・神祇官代であるとされるが[65]、仙洞御所の鎮守もまた、吉田家の領域であった。本章でみた中御門上皇の初度の御拝・奉幣に際して吉田家の作法が批判され白川家の作法が聞き比べられた例、享保一三（一七二八）年の雅富王による上皇御拝の代拝、また逆に享保一九（一七三四）年に吉田家当主が天皇の御拝代官をつとめたという事例[66]などから、一八世紀中葉における、白川家と吉田家による争いの新たな側面が見出せる可能性がある。実際に米を神供として鎮守に供し、「神供田」ととらえるような事態が生じた背景である可能性もあろう。

四点目は、近代以降の行事との関わりである。宮内庁『明治天皇紀』（吉川弘文館、一九六九）をみると、明治天皇が東京に移住した後の明治四（一八七一）年に、京都に残った皇太后の「娯楽・運動のため」として仙洞御所の田を再び開き、五月九日に田植が行われ、留守官らが拝観したという記録がある（二巻、四六〇頁）。のちの明治七・八年に、皇后が東京で農民による田植や製茶をみている記事がある（三巻、一七三頁・四六〇頁）。近世朝廷の行事に、大名家や清朝の例を含めて相互の関係や変化を論じることは、近代天皇制の行事の歴史的性格を論じるひとつの切り口となりうるであろう。

注

（1）本章でいう仙洞御所は、禁裏御所の南西に近世を通じて存在していた空間を指す。「下御所」と呼ばれ、桜町院の譲位に先立つ延享四年二月二八日に呼称が「桜町殿」と定められた（「通兄公記」）。範囲はやや伸縮し、建造物は上皇が没するたびに改築され、いくたびかの大火で焼亡もしたが、おおまかな位置は変わらず、宝永度造営以後は建造物の構造も基本的に同一となり、後水尾・霊元上皇と時期が重複する明正・後西・東山の各上皇を除く近世のすべての上皇が居住した。なお現在もほぼ同じ位置に「仙洞御所」があるが、建造物は安政年間に焼亡したのち再建されていない。

（2）奥野高廣『皇室御経済史の研究　後篇』（中央公論社、一九四四）五五七頁。

（3）「仙洞お庭の行事と遊び」（毎日グラフ別冊『日本の伝統美Ⅳ　仙洞御所』毎日新聞社、一九八五）。

（4）高木博志『近代天皇制の文化史的研究』（校倉書房、一九九七）四四―四六頁。

（5）桜井秀「宮廷と一般民衆との接近」（『風俗史の研究』宝文館、一九二九）。最近では、清水克行「戦国期における禁裏空間と都市民衆」（『日本史研究』四二六、一九九八）、高木博志「近世の内裏空間・近代の京都御苑」（『岩波講座近代日本の文化史二　コスモロジーの近世』岩波書店、二〇〇一、のち『近代天皇制と古都』岩波書店、二〇〇六）、森田登代子「近世民衆、天皇即位の礼拝見」（笠谷和比古編『公家と武家III　王権と儀礼の比較文明史的考察』思文閣出版、二〇〇六）、岸泰子「近世禁裏御所と都市社会――内侍所参詣を中心として」（『年報　都市史研究』一五、二〇〇七）など。

（6）非蔵人は禁裏御所・仙洞御所の表の機構の役職。番を組んで御所に参仕、取次ぎや送迎、書類の執筆などを担った。近世に入り再興され、多く社家の分家が取り立てられた。

（7）上北面は仙洞御所の表の空間の役職で、四位・五位相当。多くは非蔵人より選抜され、堂上公家に准じ、独自に番を組む。家伝は「地下家伝」に載る。

（8）松尾剛編『松尾家文書目録』（一九八一）解題による。剛は同家の直系の子孫。松尾家文書はマイクロと写真帳を史料編纂所が所蔵。

（9）松尾相尹は、宝暦四（一七五四）年生、文化二（一八〇五）年一二月八日後桜町院上北面、文化一四（一八一七）年三月二三日光格上皇上北面、文政六（一八二三）年七月八日没（『地下家伝』）。

（10）奥の空間における内々の儀式（女房による）を記した仮名書きのものを除き、管見の限りでは唯一のものである。

（11）幕末における儀式書として名高い。『故実叢書』一三巻（明治出版、一九九三）を参照した。

（12）いちおう簡単に概観すると、両仙洞御所の差異を大雑把にみると、後者の史料が一、二年分の行事に基づいていることに由来する対面者の個別記事などを除けば、それほど大きな差異はないといっていい。いっぽう、禁裏御所と比較すると、「仙洞年中行事」が上皇身辺の内々の行事までは記していないため、圧倒的に数が少ないが、四節会・官位関連・例幣など、大きな行事が仙洞御所では年中行事としては行われていないことが注目される。元旦・端午・八朔など、季節に関連した儀礼は共通している。少なくとも、後桜町・光格の仙洞御所は、近世に入り復古されるような、朝廷全体に関連する神事・儀礼を挙行する場ではなかったとおおまかには考えられる。

（13）宮内庁書陵部所蔵。文化一四年のものに筆記者として名のみえる渡辺内豎頭・町口下総守・平岡長門守は、同年「雲上明鑑」に仙洞御所の取次として載る。

（14）近世朝廷で作成された公日記については、拙稿「近世朝廷における公日記について」（田島公編『禁裏・公家文庫研究第四輯』思文閣出版、二〇一二）で整理したので参照されたい。

（15）台湾大学長沢文庫『都の日記　天保十年五月六月』。この史料の利用については、鹿児島大学の亀井森氏に大変お世話になった。史料の性格等については、亀井森「絵巻はなぜ模写されたのか――国学者長沢伴雄の『春日権現験記』模写一件」（九州大学学術情報リポジトリにてオンライン公開。https://qir. kyushu-u. ac. jp/dspace/bitstream/2324/15080/1/p022. pdf）を参照のこと。

（16）理由は不明だが、ひとつの可能性としては、行事が恒例化したのが、女性である後桜町院の時代であったためかもしれない。

（17）京都市歴史資料館がマイクロで所蔵。日下部家は、仙洞領であった小野郷上村の村役人を代々つとめた。

（18）月に数度のわりあいで通っているにすぎず、別に常駐の耕作者が存在しており、たとえばそれが霊元院以降の耕作を担っていた、という可能性もある。史料中の「村役」は、他の史料と照合すると、引率する村役人の人数とみられる。

(19)「柳原紀光日記」明和八（一七七一）年五月三日条（『後桜町天皇実録』三巻、八一五頁所載）。
(20)「仙洞後桜町上皇御所詰所日記」寛政五（一七九三）年六月四日条（同上、五巻、一三四三頁所載）。なお嗣永が、同様の記録から、寛政三年五月二七日条の同様の記述を紹介している。
(21)『愛宕郡松ヶ崎村志』によれば、明治一一（一八七八）年に大内保存係から、旧式の方法で行事を行うよう指示があり、明治二三（一八九〇）年まで行われたとあり、田植の後に少女八人が踊るとして、「御所の御庭の千代万代の」などの表現を含む音頭の文言も記されている。これによれば、単なる田植歌とは異なる次第であったことになるが、近世の実態とみてよいかは、なお検討を要するであろう。
(22)記主の橋本実久については、第II部第4章を参照。この記事の当時は評定衆であった。
(23)付武家は、禁裏御所・仙洞御所に幕府から付けられる役人。前任は目付が多い。御所に常駐し、口向の機構を統括した。
(24)賄頭は、禁裏御所に幕府から付けられる役人。御家人である。
(25)延享四（一七四七）年に桜町上皇の命で冷泉為村が撰した「仙洞十景」の一つに「寿山早苗」があった。修学院離宮は、後水尾上皇の時代に開かれ、霊元上皇・光格上皇もしばしば御幸した。離宮造営に先立つ万治二（一六五九）年、後水尾上皇の命で鳳林承章が撰した「修学院八景」のひとつに「平田落雁」がある。近世の造園に大きな影響を与えた中国湖南省の「瀟湘八景」のひとつに「平沙落雁」があり、これを念頭におきつつも、修学院の見どころのひとつとして田がひろがる風景が意識されているといえる。この田は現在も修学院離宮内に残り、宮内庁から委託された農家が耕作し、ビニールハウスが広がっている。
(26)神原邦男『大名庭園の利用の研究』（吉備人出版、二〇〇三）、第四章「御後園と菜園」（以下、岡山池田家の事例はこれによる）、小寺武久『尾張藩江戸下屋敷の謎』（中公新書、一九八九）。
(27)祝丹・神藤正人・蓑茂寿太郎「北京・頤和園の景観構成に見られる江南景観の影響」（『東京農大農学集報』五一、二〇〇六）。
(28)宮内庁書陵部に、中井役所で保管されていた御所作事関係の史料がまとまって所蔵されている。本書では、平井聖他著『中井家文書の研究・内匠寮本図面篇』全一〇巻（中央公論美術出版、一九七六—八五）に収録されている図面を参照。以下、『内匠寮本』と略称。
(29)図二。『内匠寮本』第六巻、図版五二八。畳紙外篾・本紙表紙題簽ともに「享保十八癸丑年霊元院御旧殿御庭絵図」とある。

中御門上皇の院御所として修復されるが、その作事に先立って作られた指図と推定される（『内匠寮本』第六、巻解説一九頁）。
(30) 図三。『内匠寮本』第四巻、図版三八七。袋題箋「仙洞御所・女院御所御指図但弐分計『中井控』」、袋付箋「貞享四卯年」とあり。元禄八年に修復工事について所司代に伺う際に使用された（『内匠寮本』第四巻、解説六四頁）。
(31) 『慶長昭和京都地図集成』（柏書房、一九九四）所収。
(32) 森蘊「仙洞御所庭園の研究」（『造園雑誌』二二、一九五九）所載、のち同『小堀遠州の作事』（奈良国立文化財研究所学報第二冊、養徳社、一九五四）に転載。
(33) 仙洞御所と呼ばれる空間は大きく東西に分かれ、東側が庭園、西北に大宮御所・南西に仙洞御所の建物がある。図二、三参照。なお庭園は公開されているが、田跡は参観ルートに含まれていない。
(34) 本書では原史料にあたることができず、一部文意が分りづらい箇所があるが、小山正『内山眞龍の研究』（内山眞龍会、一九五〇）所載の翻刻により、一部読点を補った（二〇六頁）。
(35) 現存する「基長卿記」は、宮内庁書陵部蔵原本・史料編纂所蔵謄写本ともに享保七年巻を欠いている。
(36) 前掲史料2にみるように、後桜町上皇以降は小野郷・松ヶ崎村が耕作するようになる。担い手が替わった経過は不明。
(37) 嗣永芳照は、「栄華物語」に女院が田楽・田植をみたとあることを引き、これを先例に女帝後桜町上皇の御所において恒常化したものと推測した（前掲一九八五）。しかし行事の内容からみて、そうした先例を意識したものと考えるのはやや不自然である。単純に、先行する仙洞御所における臨時の催しが恒常化したとみておきたい。
(38) 謄写本。史料編纂所での呼称は「兼胤記」であるが、同所がこれを翻刻・刊行している呼称に倣い、このように呼ぶ。
(39) 『内匠寮本』。興味深い事実としては、家光の奏請による日光例幣使発遣の開始・伊勢例幣使発遣の再興が同じ年である。
(40) 「院中番衆所日記」元禄二（一六八九）年六月三日条など（『霊元天皇実録』）。
(41) 上皇没後、その御所ははじめ「旧院」、人的機構の解体後は「後院」と呼ばれる。
(42) 岡山池田家の御後園では、弁才天、四天王堂、地蔵堂、稲荷社で祭礼が行われたという。前掲神原著、第五章「大名庭園と神仏信仰」。なお、仙洞御所の鎮守は、禁裏の内侍所とは異なり、民衆の参詣を受け入れてはいなかったようである。
(43) 院執権は、院司の第二席。大納言級。第III部第1章参照。
(44) 『後水尾天皇実録』承応二（一六五三）年九月八日条所引「隔蓂記」、「兼起日記」（吉田文庫）同日条・同年一一月一九日条。

(45)「御鎮守御神号之事」、「仙洞御鎮守遷宮奉仕記録」、「仙洞御所御鎮守勧請神号等之覚」、「仙洞御鎮守勧請遷宮年表」（以上吉田文庫）、「院御所御拝幷御手替之事」（『伯家神道』二九七頁）。
(46)三月一八日、火災のため吉田家宗源殿へ「山神御正体」などを移している（『霊元天皇実録』同日条所引「院中番衆所日記」）。
(47)なお、鎮守との関係は明瞭でないが、吉田家の記録には、後水尾院・明正院が唱え祈念すべき神名の書上が残されている。参考のために示しておくと、前者は、国常立尊・天照皇太神・高皇産霊尊・八万神・春日大明神（正保三〈一六四六〉年七月二日付「後水尾院御唱可被遊神号」）。後者は、天正一七（一五八九）年一二月二九日に後陽成院に吉田兼見が献上した例の通りといい、伊勢両宮・内侍所・斎場所八百万神・八幡三所・賀茂下上・松尾・平野・稲荷・春日・住吉・日吉・祇園三所天王・北野天満天神・貴布祢・八所御霊、である（明和九〈一七七二〉年正月「御祈念神号控」）。
(48)柿本人麻呂を祭る石見人丸社が大明神号を与えられたのはその前年、霊元法皇からであり（『続史愚抄』享保八年二月一日条）、歌神として霊元院が重んじていたことがわかる。
(49)京都大学電子図書館HP公開「平松家日記」文化一四年四月二日条。
(50)祝詞部分については、藤田覚が、上皇が朝廷再興を祈願する例として紹介している（藤田覚「近世王権論と天皇」大津透編『史学会シンポジウム叢書　王権を考える――前近代日本の天皇と権力』山川出版社、二〇〇六、一八五頁）。本文に述べたように、歴代の上皇がみな実際この通りの祝詞を唱えたかどうかは留保せねばならない。
(51)時期による相違、仙洞御所の鎮守に関わりの深い吉田家の次第が正しく、白川家では独自の解釈で代拝した、などの可能性がありえよう。筆者としては一つ目の可能性をとりたい。なお吉田家の記録では、霊元上皇の時代にも、元禄二（一六八九）年六月二一日に、御奉幣・御参詣次第を吉田家が伝授したとあるが（「仙洞御鎮守遷宮奉仕記録」）、具体的な伝授内容は明らかでない。
(52)中御門上皇の御拝始の時、幣を執って二拝する前後に一回ずつ二拝する吉田流を吉田から聞いているが、前後の二拝は除く、関白近衛家久も同様にしている、と院伝奏難波宗建に述べている（「難波宗建卿記」享保二〇〈一七三五〉年閏三月二九日条、史料編纂所「史料稿本」四月一日条所引）。史料17の次第は、このような変更を加えられた後の形であるかもしれない。
(53)宮内庁書陵部に、前欠・ほぼ同文の「院御拝御尋ニ付御答留」なる史料が所蔵される。別筆跡で「貞享四季九月一日依召老父参　院、御返答」と加筆があり、文中にいう一紙に雅光王が加筆したものとみられる。

(54) 後西上皇の御所には、正殿のうちに「御拝所」が設けられていたようである（史料編纂所「延宝三年新院御所御作事入用帳」）。従来あまり知見のない後西上皇の個性・地位に関わり、興味深い。
(55) 「主上御相伝事」、『伯家神道』「主上毎朝御拝幷御代官之事」一六九頁。
(56) 朝廷の神事の全体構造を論じた高埜利彦「江戸時代の神社制度」（同編『日本の時代史一三　元禄の社会と文化』吉川弘文館、二〇〇三）は、三重構造の中心となる「内の神事」として毎朝御拝を取り上げ、天皇が国家のために祈る、祭祀者としての天皇に欠かせないつとめと位置づけている。
(57) 「天皇の毎朝御拝と臨時御拝」（『古文書研究』五四、二〇〇一、のち『近世公家社会の研究』吉川弘文館、二〇〇二）。
(58) その他、御神楽や奏楽、吉田家による清祓・祈禱なども行われている。
(59) 「日次案」文化一四（一八一七）年四月一一日条（「光格天皇実録」同日条所引）。なお、神饌は辞書的には金銭ではなく食物を指すが、ここにみえる神饌の内訳が金銀である、と解すると、上皇が拝礼する際の供え物は変化していないことになる。
(60) なお、吉田家に伝来した一紙には、異なる石高が記されている。「院御所より仰被下御書面入」（吉田文庫）と題された包紙で、収められる八点の文書のうちのある切紙には、「吉田家へ渡されるべきこと」として、「当巳年」（寛延二〈一七四九〉年か）から「吉田家御預り御鎮守　柿本社神供料」三石と、「来午年」（寛延三年か）から「正五九月十五日　後院御鎮守御神供料」一五石が列記されている。同封されている文書は、桜町上皇院伝奏八条隆英差出の仙洞御所への召喚状など八点で、同時代史料の可能性が高い。本文所引の公武御用日記とも、いずれも信頼性の高い史料であると考えられる。付記して後考に俟ちたい。
(61) 岡山池田家では、築庭から一〇〇年以上のちに、初期の藩主が新田造成で井田制を採用したことを模して、井田が作られたという（前掲神原著、六二―六六頁）。仙洞御所では神供田のイメージが、池田家では周代および藩祖の土地制度のイメージが付与されたことになる。
(62) 前述の内山眞龍も同様の存在である。こうした存在については、たとえば小野将「国学者」（横田冬彦編『シリーズ近世の身分的周縁二　芸能・文化の世界』吉川弘文館、二〇〇〇）を参照。
(63) 高木博志『近代天皇制と古都』（岩波書店、二〇〇六）一一四頁。
(64) 年欠「就御糺奉申上候」（京都市歴史資料館所蔵「波多野周蔵家文書」F三六）。

(65) 高埜前掲二〇〇三。
(66) 蜂須賀本「宗建卿記」閏三月二九日・九月七日条。

終章　近世朝廷の制度化と変容

本書の構成としては、特に第Ⅰ・Ⅱ部ではある程度通時的に論考を並べたが、それぞれで触れた事実関係が互いに関連する点も多かった。また、おのおのの章で論点が異なる部分があったため、それぞれの論点から考えると、通時的な変化を十分論じていない点が多く残った憾みがある。以下に、近世の朝幕関係の変化、朝廷制度の成立過程、朝廷運営の実態と原理について、時代を通した整理を著者なりに行っておこう。

通史的な把握を試みる場合、当然時期区分が非常に重要な問題となってくる。本書で検討した範囲内では、時期区分としては、研究史に大きな変更を迫るものではないが[1]、まず延宝の末年ごろに一つの区切りを考えたい。

延宝六（一六七八）年に東福門院和子が、同八（一六八〇）年に四代将軍家綱・後水尾法皇が没している。これ以前の天皇家と将軍家は、和子を紐帯とした血縁関係にあり、幕府の出先機関ともみなせる人々が和子を中心に朝廷の中にも広がっていると理解するためである[2]。東福門院和子は、単なる中宮や女院ではなかった。その院御所の人的構成とその政治的・財政的機能は、これまで十分に明らかになっていないが、後世の女院とは異質な影響力をもっていたことは疑いのないところである[3]。近世朝廷には、その後も口向の上部に幕府の出先機関が存在するが、将軍の娘である和子の在世中に京都所司代ほかの畿内に存在する幕臣がもった朝廷との関与は、和子の没後とは相当に異質なものであったに違いない[4]。本書で直接検討したのは、和子の実の娘であった明正院への処遇の異質さ（第Ⅰ部第1章）であったが、その一端がうかがえるであろう。

一　延宝末年までの時代

これ以前の時代、幕府の朝廷に関する基本方針は、将軍が天皇の外祖父であろうとする外戚路線であり、近世朝廷の実質的な運営の中心は、将軍の女婿である後水尾院であった(5)。番衆の構成でいえば、（解消の時期はもう少し下るが）院御所群立と公家の家の成立の時代であった、と整理したい。

後水尾院譲位後に即位した明正・後光明・後西・霊元の各天皇は、すべて後水尾上皇の子で、後光明天皇・霊元天皇には上皇が近臣をつけ、養育し監督した（議奏の先駆）。制度化がなされるような時代ではなく、天皇と近臣は独自の動きをみせ、親政が展開される時期もあるが、運営の実態からみれば後水尾院が最高意思決定者と理解される時代であった。後西上皇の政治的位置(6)など不明な点も多いが、後水尾上皇による実質的な「院政」の時代と表現してもよいかもしれない。

家光政権までは、対朝廷政策の枠組みとして外戚路線があり、朝廷機構についても、将軍血縁者の嘱吏としての処遇が入り込む。しかしこの路線は継承されることなく、明正院の次代の後光明院以降、天皇が将軍と血縁関係を持たないことが以降の朝廷の基本となった(7)。家綱政権においては、これを前提に、幕政全体における家重視・官僚制整備といった動向に従う施策を朝廷にも用い、この時期に公家の家や、幕府と朝廷「役人」との基本的な関係が成立した。これ以降の朝廷の動向は、家綱政権期に確立した関係を前提に推移する。

番衆の体制は、おのおの異なる特徴を持つ複数の院御所からなっていた。後水尾上皇・後西上皇の御所では、院参衆として取り立てられる新家が多数存在し、幕府がしだいに蔵米や知行を給付した。旧家を含め、綱吉政権以降の基本となる知行高と家の顔ぶれが定まった(8)。後水尾上皇の御所では、多数の番衆の中の小数の側近が、後の院伝奏にいたるような上位の地位を徐々にあらわにしていった。上皇は伊勢両宮など諸神を勧請した鎮守をおき、自ら参拝した。明正上皇の御所では、院伝奏一名とごく少数の院参衆がおかれ、すべて幕府が任免し、合力米を給し、職掌を法度で規定した。他の院御所とは全く異なる職制であり、後の武家伝奏のみが似た処遇をうけているといえる。法度は、明正上皇自身への規制を含む。これらは明正院が将軍家の血を引くことによるものと理解される。承応年間には、この合力米がおそらく先例となって、小身の武家伝奏にも合力米が給付され、従来大身の公家に限られた武家伝奏の選出母体が拡大される契機となった。東福門院が没した翌延宝七（一六七九）年には、給付対象が拡大され、明確に「役料」の語をもちいた制度となった。

この時期には、番衆制から発展して朝廷の職制の制度化が進み、これに幕府が関与して、武家伝奏・議奏や幕府からの役料制度として定着していった。同時期に進行する家綱政権による幕府の制度整備の一環として理解可能な動向である。こうした幕府が関与する職制については、綱吉政権以降は大きな変更がなく、この時代におおむね定着したといえる。(9) 綱吉政権以降の幕府制度に関する改革、例えば地方直しや役料制の廃止・足高制などは、朝廷について同様の動向をみることはできないようである。この差異には注目したい。

二　天和期から享保期

続いては、幕府でいえば綱吉から吉宗の時代を、一つのまとまりと考えたい。朝廷でいえば、霊元院の親政時代から上皇として没するまでにあたる。この時代は、幕府の方針としては外戚路線が放棄されており、従来幕府が関わって定着した原則に大きく反さない限りで朝廷独自の運営が容認されていたとみられる。後水尾院は没し、朝廷の実質的な運営は霊元院が中心であった。番衆の構成でいえば、院御所の群立が解消され、新たに院―天皇―皇嗣の三御所に編成されて、公家たちは三御所間でしばしば転属する時代、と整理したい。

この時代の具体的な動向は、本書でもしばしば登場した霊元院を中心にして整理できる。霊元院は、旧来の職制の整理・改変（院伝奏・議奏・御献奉行など）、新たな職制の設置（院評定、禁裏四人衆、皇嗣付三人衆・番衆など）、中世以前の儀礼や職名の復活（立太子・院四方拝、議奏・院評定）などに意欲的であった。その目的は、後水尾院や後西院の番衆の吸収や、朝廷内外の批判勢力の存在を背景として[10]、自身による朝廷運営、特に譲位後の院政を、職制上も儀礼上も明確な形で確立しようとしたものと整理できよう。しかし、霊元院の「院政」を前提とした制度構想は幕府の掣肘により挫折する[11]。院政を前提とする職制の実現や、幕府が認識する議奏の職掌と齟齬する面はうまく実現しなかった（徳川将軍家の血を引かない院の院伝奏への幕府役料、院伝奏と議奏の兼任、これを可能とするための禁裏四人衆による議奏の代行）。しかし、その他の朝廷内部の編成や儀礼面は、おおむね定着していった。あらかじめ皇嗣を定めて番衆を付すこと、全ての公家が外様・内々小番に続し、そこから禁裏（近習）・皇嗣・院の三御所に番衆が配分され、さらに番衆を統括する三御所の「役人」（武家伝奏・議奏、院伝奏・院評定、皇嗣付三卿）が置かれる体制やその呼称、院伝奏・院評定への内分の役料、上皇が院四方拝を行う慣習などである。

定着の過程の中では、特に享保期に大きな意味があったと考える。この時代には、直系の上皇（霊元院）―天皇（中御門院）―生まれながらの皇嗣（桜町院）の三御所が安定して存在し、摂家との関係や将軍の姿勢という意味でも安定していた。制度の見直しや定着、文書記録の整備が盛んとなった社会全体の傾向の中で、後世にひとつの規範とみなされるような体制が定着したものであろう。

ここまでで、成立した職制と時代の変化についてさらに整理しておこう。幕府にかかわる朝廷の職制（武家伝奏・議奏）は、家綱政権期、東福門院和子の死の前後までに確立した。和子の娘明正院に付く公家や、一部の大身の家から出る武家伝奏、公家たちと将軍・幕閣の面識など、嘱人的関係に規定された仕組みを前提としつつ、外戚路線を前提とせず、より多くの公家を対象とするかたちに変化し、制度として成立した。他方、朝廷内部の職制は、綱吉〜吉宗の時代、霊元上皇の時代に成立した。政策的意図としては、霊元院は「院政」を制度化する意図で改変・制度化を試みたが、結局は「院政」ではなく天皇・禁裏御所による朝廷運営を前提に、禁裏御所・仙洞御所の機構が成立した。新たに皇嗣の御所（御殿）が成立して番衆が付けられるようになり、天皇が近臣を皇嗣に付けて養育し、皇嗣付の役人・番衆が他の御所の役人・番衆に転じていく形で定着した。これは、それ以前に後水尾上皇が実施し霊元上皇が制度化を試みた、若い天皇に近臣を付けて養育・監視する体制に似ており、制度化の過程で、中心が上皇から天皇に移ったものとまとめられよう。個々の公家に即してみると、これ以前の時代には特定の天皇・院との嘱人的関係が強かったのが、特定の天皇に皇嗣時代から上皇として没するまで仕えるもの、三御所の間を転属しながら累進するもの、ほぼ仙洞御所に属して累進するものなど、多様な履歴がありうることになった。

成立した職制を、簡単にあらわすならば、御所ごとの〈役人—番衆〉制ということになるであろう。中世の〈伝奏—奉行〉制、番衆制を前提とし、おそらく武家伝奏が番を免除されたことを勤務形態上の先例として確立していった体制である。「役人」とは、もちろん同時代的にも多様に用いられる語であるが、ここでは具体的に、禁裏御所に武家伝奏二名・議奏五名、仙洞御所に院伝奏二名・院評定三名、皇嗣御所に皇嗣付三卿三名、という役職のことである。このうち、議奏・院評定・皇嗣付三卿は、議奏のみが朝議に参画する点をのぞけばよく似た役職であると思われ、番衆などの御所の人員を管理、天皇・上皇・皇嗣の身辺に関わることや、殿舎の管理を任とした。武家伝奏は、幕府との関係および朝廷全体の統括を担い、院伝奏は取次が役割の主なものであった。御所の主が基本的に発言しないためか、皇嗣御所には皇嗣付三卿のみがおかれた。

このようにみると、互いによく似た職制が三御所で成立する結果となったのであるが、おのおのの確立の経緯は多様であった。近世的な武家伝奏の成立過程については中世からの連続性など不明な点が多いが、本書では小身公家の抜擢・役料の設定などを明らかにし、寛文期に幕府により整備・確立されることを見通した。議奏は当初、父で朝廷の中心である上皇と若い天皇を結ぶ役から始まったが、霊元院の譲位と「院政」構想の挫折を契機に、上皇と関わらず天皇に付く役職であることが確定した。院伝奏は、明正上皇においては将軍と上皇を結ぶ、武家伝奏に近い特殊な職であり、また霊元院によっては「院政」の回路として期待されたが、やはり霊元院の譲位を契機に、上皇の取次として確立したとみられる。院評定についてはなお具体的な成立の経緯が不明であるが、議奏が仙洞御所に参仕する構想が挫折したため、かわって御所を運営する職としておかれたと思われる。最後に皇嗣付三卿は、はじめ霊元院による「院政」の布石であったが、御所を管理し、上記の諸職に就くための経験をつむポストとして定着した。

成立の契機について整理し直すと、武家伝奏・明正上皇院伝奏は幕府によって、院伝奏・議奏・三卿（・院評定）は上皇によって、特殊な役割を期待されて始まった存在である。武家伝奏以外は、将軍とその血縁者の上皇、あるいは上皇と天皇、天皇と皇嗣などを個別嘱人的につなぐことを期待されたのが端緒であり、あるいは消滅し[12]、あるいは期待された役割が幕府により否定され、あるいは別個の機能をもって定着し、職制階梯を構築するにいたった。また役料という処遇からみると、明正上皇付・武家伝奏・議奏については幕府（武家）の制度・慣習が持ち込まれており、霊元院がこれを模倣する形で院伝奏・院評定に対し内分で設定し、近世の「役人」のあり方が定まっていったと思われる。

三　以降の時代

これ以降の時代については、幕府の関わりなどの論点や時期に関して、やや断片的な検討となったが、上記の整理に続く形で、いちおう見通しを与えておく。朝廷運営上の中心は天皇・禁裏御所で、上皇の関与が職制上のみならず意識の上でも小さくなっていく時代、制度上の変化としては、禁裏御所による皇嗣御所の管理の強化の時代、として整理する。

天皇・禁裏御所中心の朝廷運営の原則は、制度上はすでに確立しており、実態として上皇の早世が続いて上皇不在の時期がかなりあったことにより、次第に意識の上でも定着していったのではないか。中御門上皇や桜町上皇は、皇嗣が幼いうちに譲位しており、上皇不在・天皇幼少の寛延—宝暦期に女院青綺門院が重大事件に関する意見を上皇に準じて求められるなど[13]、意識の上での「院政」はなお存在していた。しかし、本書で検討した桜町上皇は短期ながら実質的な「院政」を行ったが、幕府に対して表向きに表明できない「内々の政務」として行われていた。上記のような枠組みのもとで、上皇が朝廷運営の中軸となるには、摂政・関白や武家伝奏らとの嘱人的な関係により、表に出ない形で意思決定の中心となる形をとった。

その後、女性である後桜町上皇と光格上皇が長い年月仙洞御所に居住することになるが、光格天皇が前例のない年齢になってもなかなか譲位しなかった点からみて、早期に退位して「院政」を行うのが原則という意識はなくなっていたのではないだろうか。光格上皇の没後、仁孝天皇・孝明天皇はいずれも在位中に急死したが、幕末朝廷をめぐる分厚い研究史でも、上皇の不在が問題化し、宝暦期の青綺門院のような代替の発言者が求められるというような事態は認められないようである。

ただし、この変化を確証するには、本書ですでに述べたように（第III部第2章）、後桜町上皇および光格上皇の実質的な政治関与の度合いを明らかにしていく必要があろう。後桜町上皇は、在位中は摂政がおかれるという幼帝と同様の扱いで[14]、譲位後も院四方拝に出御せず、従来の院政一覧から外されている。一方、光格は院政を行ったことになっている。しかしこうしたレベルと実態的な政治関与がかならずしも連動しないことは本書で論じた（第III部第2章）。後桜町上皇が文化的な指導を行ったり、光格天皇が意思決定に際して後桜町上皇や中宮新清和院に遠慮していたことは指摘されており[15]、本書では光格上皇の御所に関白鷹司政通が頻繁に訪れていることなどに触れたが（第II部第4章）、具体的な政策決定過程において両上皇が主体的に果たした役割は明瞭でない。

本書で明らかにした職制上のこの時期の特徴は、皇嗣付公家衆の編成の変化にある。儲君が天皇正配の実子とされて禁裏御所の郭内で同居する慣例となったのに伴い、議奏が兼任する肝煎が皇嗣付三卿を指導するようになり、また皇嗣付三卿を近習が兼任するようになる。これは、霊元院が構想し実現できなかった、院伝奏と議奏を兼任させて二つの御所をつなぐ構想に似ており、興味深いところである。

また仙洞御所では、番衆制上の変化は特にみられなかったが、これとは異なる性格をもつ院司の体系が発達した。院司は中世の呼称で呼ばれるが、院参衆と蔵人が兼任する原則、仙洞御所の儀式・行事の挙行を専ら職掌とすること、かなり厳密な官位相当の原則がみられることなどは、中世以前の例によるものとばかりは考えられず、近世朝廷独自の体系と考えられる。律令以来の官職制度に准じる体系付けがなされており、「擬古的」ともいうべき体系であった。

四　論点と展望

最後に、本書の中で述べたものの、必ずしも貫徹はできなかった点を含め、論点と展望を整理してむすびとしたい。

まず、朝廷―幕府の二者間の関係にとどまらない、広義の朝幕関係史について。狭義の朝幕関係・朝幕交渉上の問題として論じることが一見可能な題材であっても、できるだけそれを二者をとりまく環境全体の中で考えてみること。狭義の朝幕関係にとどまらない、幕府の政策の全体の中での朝廷政策の位置づけや影響、武家の慣習・制度全般や京都の町人などの影響についていっそう研究を深めていく必要がある。本書の範囲では、役料制を武家制度の適用・模倣で論じた点、岡山池田家と仙洞御所で非常によく似た行事がみられる点、などである。近年、所司代の個性もかなり浮き彫りにされているが（田中前掲著）、近世初期については周辺の譜代大名まで含めて考えていく必要があろう。

田植御覧については同時代の中国も含め、君主・領主の文化の問題としての検討も可能・必要であろう。

次に、近世朝廷の儀式・行事、一見伝統的にみえる職制について。近世朝廷における堂上公家の編成は、基本的に中世以来の編成である番衆制を基礎とし、将軍から反対給付として知行が与えられて成立している。ここに、律令制、公卿議定制、院評定制など、かつての朝廷の政治制度や慣行の一部が、あるいは形骸化して残り、あるいは形式的に再興され、あるいは近世的な変容をとげて、重層的に折り重なって存在している。朝廷の規模は戦国時代にいちどミニマムとなり、それ以降は朝廷再興・復古が進展すると理解される。本書でみた院司や院四方拝のような例は、古い事例・原理に基づくが、意識的あるいは無意識的に新たな役割が付加されており、いずれかの時代の再現を誤りや限界はあっても目指すような再興・復古とは、異質であるように思われる。近世朝廷の構成員および幕府の歴史観、有職・学問のあり方と変容を踏まえて検討し、先行する各時代に由来する部分、近世固有の部分（再興・復古と認識されていたものも含む）、政治上・経済上の要請に基づく部分を、可能な限り腑分けを試みてゆくべきである。本書では四方拝と院司について若干の検討を行ったが、近世の公家の中世に対する理解を明らかにしきれなかった。こうした作業を通じて、史料にあらわれる膨大な儀式・行事関連の記述からも、さらに近世朝廷の要請や実態、世界観や歴史観を取り出すことができるであろう。

次に、天皇・朝廷を通史的にみたとき、近世独自の要素ということについて。中世以前および近代との比較検討を十分に行い得なかったので、推測を交えることになるが、まず上述した御所ごとの役人と番衆の体制は、伝奏をのぞけば中世以前にも近代以降にも存在しないものであり、近世朝廷独自の体制が成立していたといえよう。第III部で扱った範囲では、一見伝統的であるかにみえる形式上の役職の体系や、古代以来現代まで行われている祭祀、また近代・現代の行事との関連を思わせる行事においても、おのおのが決して超歴史的に連続するものではなく、近世朝廷固有の要素を多分にもっていたことを論じたつもりである。いずれの要素も、明治維新後には全く消滅するか、抜本的な改変をうけることになる。近世朝廷は、基本的にはこれを再構築し支援した幕府とともに消滅したといえよう。

最後に、近世の公家の履歴の把握について。『諸家伝』『公卿補任』『公家辞典』が刊行され、史料編纂所蔵の家譜はオンラインで閲覧が可能となり、官位・家格・家職はある程度容易にわかる。しかし、政治的な情報を日記などから読む場合は、番衆制度上の位置づけを考えておく必要がある。『公家鑑』類の刊行は進められているが、近習小番衆や皇嗣付の番衆が記載されないなど、問題もあり、なお基盤としては不十分である。番衆制にもとづく履歴の共有により、膨大な量が現存する公家日記の利用に変化が生まれ、発展が見込めるのではないか。『公卿補任』などからわかる古代以来の位階・官職のみならず、番衆制にもとづく職制に留意すべきことを、改めて確認しておきたい(16)。

注

(1)　田中暁龍『近世前期朝幕関係の研究』吉川弘文館、二〇一一「終章」。

(2)　なお、幕府財政の困窮にともない、安永の御所役人不正事件を一つの契機として、幕府の勘定所系役人が朝廷の財務機構(「台所」)に進出してくる(佐藤雄介「京都町奉行・京都代官と朝廷財政――文政～天保年間を中心に」『史学雑誌』一一八―三、二〇〇九)。質的には異なっているが、幕府機構の朝廷への浸透度が再び高まったといえよう。

(3)　巨大な財力を背景とする文化面での影響力は従来よく知られるところである(久保貴子『徳川和子』吉川弘文館、二〇〇八)。近年は、奥向の統制に際して登場することが注目されている(石田俊「霊元天皇の奥と東福門院」『史林』九四―三、二〇一一)。

(4)　和子に付けられた女院付武士が、修正を加えられて禁裏付武家となる(横田信義「女院付武家考」『東北福祉大学研究紀要』三一、二〇〇七、石川和外「禁裏付武家――朝廷内の旗本」高埜利彦編『身分的周縁と近世社会八　朝廷をとりまく人びと』吉川弘文館、二〇〇七)。女院付武家については、同時代の名鑑で「御家老」と記したものがあるが(『近世朝廷人名要覧』)、実家から伴われてくる家臣という、本来の性格をよく現している表現と思われる。

(5)　近世朝廷の基本的な経済基盤は、ほぼすべて幕府が保障したといってよい。推測にとどまるが、特に個々の将軍との個別的関係がまだ重大であった近世初期において、将軍家と直接縁戚関係にあった後水尾上皇は、以降の天皇とはまた異なる独自の求心力をもちえたのではないか。

（6）ただし、本書中で述べたように、朝廷運営の主宰者が制度的・理念的に「治天」一人に確定されるような構造ではなかった可能性はある（第III部第2章）。後水尾上皇が官位をめぐって通達した意思決定のしくみをみると、蔵人は後西上皇を含む各御所をめぐるよう定められており（武部敏夫「議奏日次案に就いて」高橋隆三先生喜寿記念論集刊行会編『高橋隆三先生喜寿記念論集　古記録の研究』群書類従完成会、一九七〇）、近年では武家伝奏の排斥について後西上皇への「内通」が取り沙汰された事例が紹介され（石田前掲論文）、後水尾上皇が大きな影響力を有している時代における後西上皇の政治的地位についても検討を要する。

（7）ただし、これらの天皇は、東福門院和子の養子扱いとなっていた。擬似的な将軍家との血縁関係は、東福門院の死まで続くともいえる。

（8）山口和夫「天皇・院と公家集団――編成の進展と近世朝廷の自律化、階層制について」（『歴史学研究』七一六、一九九八）・同「近世の公家身分」（堀新・深谷克己編『権威と上昇願望』〈江戸の人と身分3〉吉川弘文館、二〇一〇）、第I部第1章・第2章。

（9）田中前掲著。

（10）山口和夫「霊元院政について」（今谷明・高埜利彦編『中近世の宗教と国家』岩田書院、一九九八）、同「近世の朝廷・幕府体制と天皇・院・摂家」（大津透編『史学会シンポジウム叢書　王権を考える――前近代日本の天皇と権力』山川出版社、二〇〇六）、久保貴子『近世の朝廷運営』（岩田書院、一九九八）。

（11）ただし幕府は、その子五宮（朝仁／東山院）にまつわる御所の造営や即位儀礼の再興を認めて出費をし、また霊元院による内分の役料の設定や院評定の位置づけについては容認しており（野村玄「天和・貞享期の綱吉政権と天皇」『史林』九三―六、二〇一〇）、激しい対立にいたることはなかった。

（12）将軍の血を引く上皇についた明正上皇付の院伝奏・院参衆、霊元院が議奏の代替を期待した禁裏四人衆などは、制度の一部が後の院伝奏や議奏加勢につながる面はあるが、消滅したというべきであろう。

（13）渡辺雄俊「青綺門院と宝暦事件」（『書陵部紀要』四九、一九九七）、久保前掲著。

（14）所功「後桜町女帝の大嘗祭と新嘗祭」『日本歴史』七一三、二〇〇七。

（15）長坂良宏「文化期の朝廷と幕府」『日本史研究』五九〇、二〇一一。

（16）第II部第2章第3節参照。

参考図1－A　天和・貞享期の番衆編成

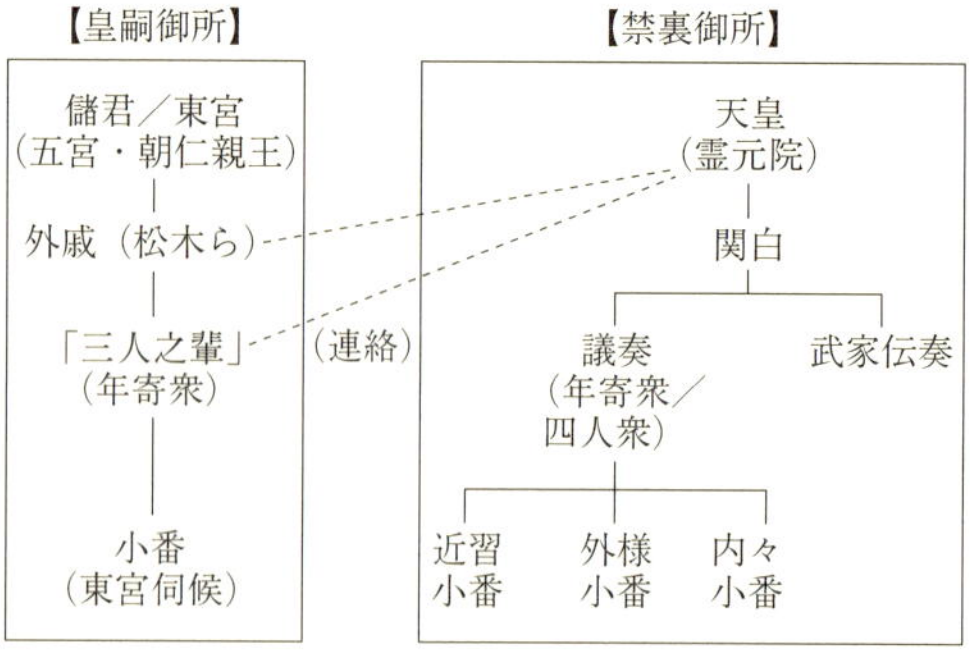

参考図1－B　霊元院の制度構想

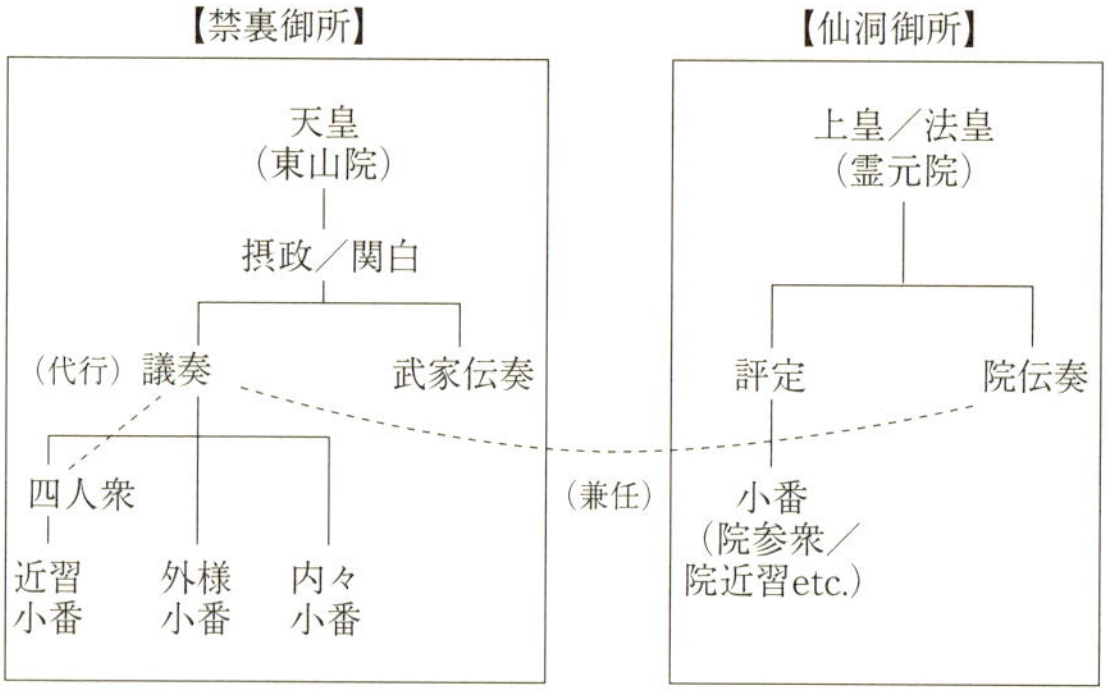

参考図１－C　享保期以降の番衆編成

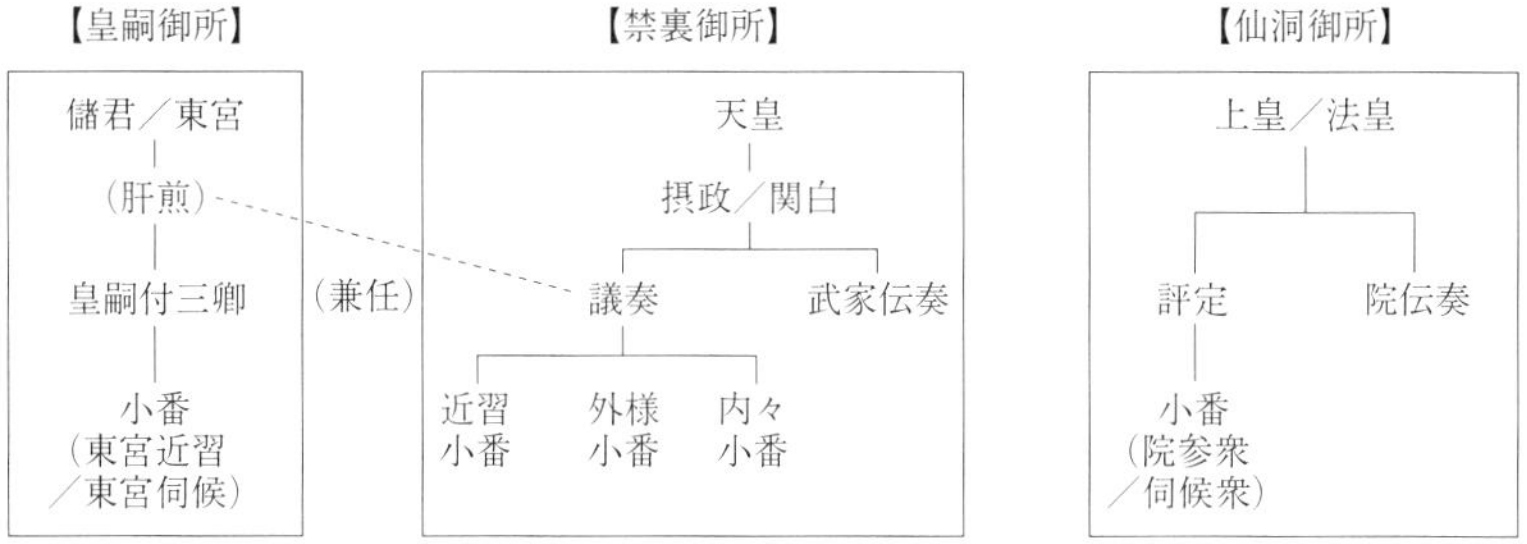

参考図１－D　19世紀同居期の番衆編成

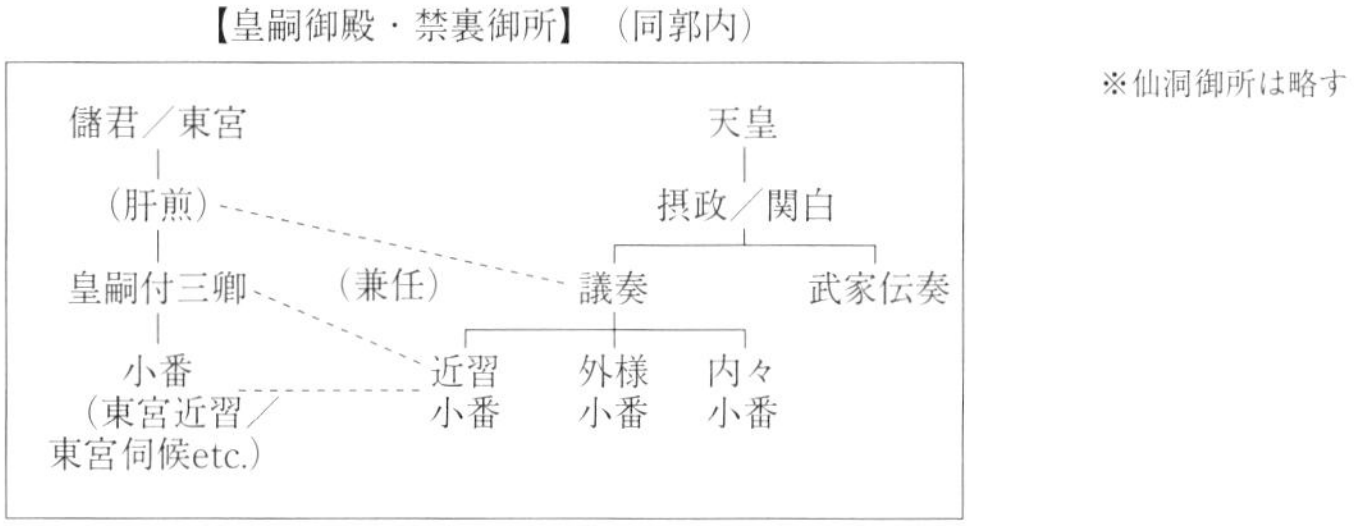

参考表1　霊元上皇の院両役

		〈霊元院院伝奏〉		〈霊元院評定衆〉		
貞享4	1687	議奏3.21-	議奏3.21-	献奉行-		
元禄元	1688	東園基量 ※病身，不参院(伊季)		三室戸誠光 -1.18(久保)		
〃 2	1689	6.28(伊季)-		1.18-(久保)		
〃 3	1690	今出川伊季				
〃 4	1691	-7.27(4.16蟄居,家譜)			押小路公音 (公起改)	藤谷為茂
〃 5	1692	1.23再任- 今出川伊季	庭田重條		[交替不明]	
〃 6	1693					
〃 7	1694					
〃 8	1695			竹内惟庸		
〃 9	1696	評定12.25(資廉)-				-12.25院伝(久保) 1.26-(稿本)
〃 10	1697					
〃 11	1698		-10.23免(久保) 賀茂伝奏12.12-(稿本)			
〃 12	1699				梅小路共方	堀川康綱
〃 13	1700					
〃 14	1701					
〃 15	1702		清閑寺煕定			
〃 16	1703			-12.26(稿本) 12.26(御日次)-		
宝永元	1704					
〃 2	1705	藤谷為茂				(6.13没) 6.4(御日次)-
〃 3	1706		-1.10没			
〃 4	1707		4.26評定(御日次)-		-4.26院伝(共方／久保) 4.26(共方・御日次)-	
〃 5	1708					
〃 6	1709					
〃 7	1710					
正徳元	1711			四条隆安		
〃 2	1712					
〃 3	1713	-6.13没 7.28(基長)-				
〃 4	1714		梅小路共方		上冷泉為綱	滋野井公澄
〃 5	1715					
享保元	1716					

〃 2	1717					
〃 3	1718					
〃 4	1719			-1.23辞(基長, 26没)		
〃 5	1720			献奉行8.16(基長)-		
〃 6	1721	東園基長				
〃 7	1722		-7.2(兼香) 8.4(兼香)-		-3.6没 4.16(御日次)-	
〃 8	1723					
〃 9	1724					-9.28(妙法院) 10.1(通兄・御日次)-
〃 10	1725			桑原長義	藤谷為信	
〃 11	1726					
〃 12	1727		坊城俊清			
〃 13	1728	-6.13免(11没) 評定7.1(御日次)-			-7.1院伝 献奉行7.2(御日次)-	石山師香
〃 14	1729					
〃 15	1730	藤谷為信			押小路実岑	
〃 16	1731					
〃 17	1732					

典拠:「伊孝記」「資廉卿記」「基長卿記」「兼香公記」「史料稿本」(史料編纂所)・「院中御日次」(宮内庁書陵部)・梅小路共方「日記」・『通兄公記』・『妙法院日次記』・久保著.

初出一覧

本書は平成二一（二〇〇九）年一一月に東京大学大学院人文社会系研究科に提出した学位請求論文『近世朝廷の成立と展開』がベースとなっている。その後発表したものを含めて五章は既発表の論考、四章は既発表の論考を大きく改稿した。

序　章　新稿。

第Ⅰ部

第1章「近世初期の朝廷機構と江戸幕府――明正上皇付公家衆を事例に」『論集きんせい』三一、二〇〇九

第2章「17世紀中期における江戸幕府の朝廷政策について――公家の家領・家禄・役料を中心に」（『歴史学研究』八九七、二〇一二）をもとに、大幅な加筆・改稿を行った。

第Ⅱ部

第1章「近世仙洞御所機構の成立過程について――霊元院御所を中心に」（『史学雑誌』一一七―三、二〇〇八）。第Ⅰ部第1章と重なる分を省いた。

第2章「十八世紀の朝廷と職制――皇嗣付三卿を中心に」藤田覚編『史学会シンポジウム叢書　十八世紀日本の政治と外交』（山川出版社、二〇一〇）に加筆。

第3章「十八世紀の朝廷運営と上皇――桜町上皇の時代を例に」東京大学日本史学研究室紀要別冊『藤田先生退職記念　近世政治史論叢』二〇一〇

第4章「近世院政の組織と制度――光格上皇の「院政」を事例に」『論集きんせい』（二四、二〇〇二）の第一章・第二章をもとに全面的に改稿。

第Ⅲ部

第1章　同右の、第三章をもとに、全面的に改稿。

第2章「近世の四方拝について――天皇・院の「政務」をめぐる一考察」朝幕研究会編『近世の天皇・朝廷研究』学習院大学人文科学研究所共同研究プロジェクト「近世朝幕研究の基盤形成」学習院大学人文科学研究所、二〇〇八

第3章　新稿。

終　章　新稿。

あとがき

本書は、著者の学位論文を改稿したものであり、卒業論文以来、少しずつ発表してきた近世の天皇・朝廷に関する仕事のほとんどをまとめたことになる。なお不満な点や課題は数えがたく、誤りも多々あろうが、ひとまず上梓して、諸賢のご高覧に供することにしたい。

いまあらためて、天皇や朝廷の歴史を調べるようになった経緯をふりかえってみると、我々の世代にとってはごくありふれた体験であろうが、ごく小さかったころに友人宅のTVでみた、昭和天皇の葬列の映像が思い出される。ひたすらに荘重さが強調された画面と、無言で見入る友人の祖父母の姿に、普段みていた世界から「ベールが一枚剥がれて奥が覗きみえた」かのような印象を、子供心にうけたことを記憶している（いまであれば、世界にベールを一枚掛けた、と感じるところかもしれない）。研究のまねごとをするようになってから似たようなストーリーを繰り返す中で、作り上げて来た記憶であるような気もするが、原体験のようなものがあるとすれば、この記憶がそうであろう。

その後の記憶は、不思議なことに卒業論文をまとめるまでの場面がとくに鮮やかである。高校の進路相談で、大学では歴史をやりたいと言って、担任の大橋幸泰先生を驚かせたこと。藤田覚先生のゼミで、天皇の問題を扱いたいと恐る恐る述べて、とりあえず最初に読んでみる史料をお勧めいただいたこと（たしか『孝明天皇紀』であったと記憶している）。その後ご紹介をいただいて、右も左も分からないままに山口和夫氏を訪ね、ごくごく基礎的な文献からご教授いただいたこと。ひと夏のあいだ史料編纂所に通って、橋本実久の日記をひたすら読み、ほとんど事実関係しか記さない記主がごくまれにこぼす感傷に、強い印象をうけたこと。作業仮説がまったく誤っていて泣きたい気分の中で、どうにか卒論をまとめたこと。

いま、本書をまとめてみると、さまざまな先人の仕事や史料をつまみぐいしながら、結局は卒論の注を少しずつ書いてきたようにも思われる。学問としては如何と思われなくもない進め方であったが、それがこのように身に余る立派な形で世に出せる運びとなったのは、ひとえに多くの方々の有形・無形のご薫陶とご支援によるものである。

藤田覚先生にうけたご学恩は、くずし字の読み方を最初に教わったことから始まって、本書の上梓にいたるまで、記しきれるものではない。本書の内容にみるべきところが若干でもあるとすれば、その多くは先生のご指導の賜物であると思う。吉田伸之先生はじめ、多くの東京大学の先生方には、今の筆者の知る勉強のしかたのすべてを教わった。研究室の歴代スタッフ・学友諸氏には、勉強を愉しむ姿、日常の何気ない会話のあたたかさで、辛い時期を助けてもらった。ゼミや内外の研究会では、多くの発表の場を頂戴し、夜の部も含めて、かずかずの貴重なご意見をたまわってきた。特に高埜利彦先生はじめ、朝幕研究会の歴代メンバーには、近世の天皇・朝廷を研究することがごくあたりまえに許容され評価される研究状況をはじめ、本書の基礎となる多くのことがらを築き、また教えて頂いてきた。房総史料調査会の歴代メンバーには、所在地にほど近い場で原史料に接する楽しさを教わった。私立武蔵高校の先生方が、材料を提示し論証するレポートの書き方を叩き込んでくださり、また研究をしながら生きる楽しさを体現してみせてくださったことは、研究を職業とする途を選んだ素因となっている。本書の素材となった史料のすべての収蔵機関と、その史料の保存と伝世・公開に尽力された、過去・現在のすべての人々にも、多大なる謝意を捧げたい。それらの材料なくして本書がなかったことは言うまでもないであろう。博士論文をまとめ本書を上梓することにご理解とご協力をいただいた、現在の職場である三井文庫の皆様にも感謝をささげたい。

研究を続けることを快く許し、経済的・精神的な支援を惜しまなかった家族・親族にも、感謝に堪えない。今日、研究を続けられるかどうかは、経済的事情をはじめとする環境によるところ大であるのは、残念ながら事実であろう。

その点、著者はひたすらに幸運であった。スポーツ観戦やカラオケ、ややマニアックな映画など、著者の気分転換につきあってくれた友人諸氏にも感謝したい。学問とは畢竟そのひと自身であるように、今の自分には思われるから、著者がうけた多くの方々の薫陶は、自身では測り切れない広範さ・深大さであることと思う。皆様の氏名を省略するご無礼をお許しいただきたい。

さまざまな人の顔や言葉が脳裏をよぎるが、いま特に強く思われるのは、本書をみてもらい、謝意を伝えたいが、それが叶わなくなってしまった人である。最初に史料を読み始めてから今まで、一瞬のことのようでもあるが、それなりに歳月が経過したことを感じざるを得ない。いつも著者の顔をみると喜んでくれ、言葉を発せない身体となった最後の面会で、著者の手を固く握りしめた祖父・大島文雄。自信をもてず成果を出せないまま漫ろに日々を送っていた著者を、優しく励まし叱咤してくださり、一夜この世を去られた川勝守生先輩。死後の世界があって、この書をみていて欲しいと感じる。

今回出版の労をとっていただいた東京大学出版会の山本徹氏には、著者の怠惰さと諦めの悪さから、多大なご迷惑をおかけしてしまった。氏のご尽力がなければ、本書がこうして形となって世に出ることはなかった。お詫びと感謝を申し上げる次第である。

いま著者は、公益財団三井文庫に奉職し、史料にかこまれた日々を過ごすことができている。この一館に収められた史料と参考文献だけでも、一度の生涯で読みきれる量ではない。また世間知らずなりに歳を重ね、懸命に生きる人ひとりひとりの生涯の長さと重さ、その無数の蓄積である過去の茫漠さ、それを理性で要約してしまうことの恐怖を感じることも増えた。海を埋めようとする小鳥のような心細さを覚える。しかし、著者らの背には、いまある史料やテーマに取り組めないまま亡くなった人々、存分に勉強をしたいと願いながら果たせない人々の、無数の声なき声があるであろう。多くの人々との出会い、いまだ平和で豊かな土地と時代に生をうけたことを含め、あまたの幸運によって現在の著者はあり、それを活かし、わずかでも還元していく責務があると感じる。じみな学問に割ける社会の余裕が徐々に目減りし、また情報の蓄積・収集・発信の方法が激変しつつある現在、社会と環境、研究のあり方が今後どのように変化していくのか不明瞭であるけれども、微力を尽くし、この世の人のともがらと共に、少しずつ勉強してゆきたいと思う。

最後に、その仕事を通じて、人間の主張は相対化して読むべきことを教えてくれ、なかなか成熟せず不安定な著者を見守り支え続けてくれた母・千鶴子に、この一書を捧げたい。

なお本書は、日本学術振興会平成二四年度科学研究費補助金（研究成果公開促進費）の交付を受けて刊行された。

二〇一三年一月

村　和明

索　引

事項索引

あ　行

か　行

さ　行

た　行

な　行

は　行

人名・家名索引

た　行

な　行

は　行

ま　行

や行・ら行・わ行

史料名索引

あ　行

か　行

ま　行

や行・ら行

図表一覧

著者略歴
1979 年　愛知県生まれ
2002 年　東京大学文学部卒業
2010 年　東京大学大学院人文社会系研究科博士課程修了
現　在　公益財団法人三井文庫社会経済史研究室研究員

主要著書・論文
三井文庫史料叢書『大坂両替店「聞書」1』（三井文庫編集・発行，吉川弘文館発売，2011 年）
「東京大学所蔵の近世朝幕関係史料について」（『東京大学日本史学研究室紀要』11，2007 年）
「近世朝廷における公日記について」（田島公編『禁裏・公家文庫研究』第四輯，思文閣出版，2012 年）

近世の朝廷制度と朝幕関係

2013 年 2 月 28 日　初　版

［検印廃止］

著　者　村《むら》　和明《かずあき》

発行所　一般財団法人　東京大学出版会
代表者　渡辺　浩
113-8654 東京都文京区本郷 7-3-1　東大構内
http://www.utp.or.jp/
電話 03-3811-8814　Fax 03-3812-6958
振替 00160-6-59964

印刷所　三美印刷株式会社
製本所　誠製本株式会社

ISBN 978-4-13-026233-0　Printed in Japan